大切なことに集中していた母に

デジタル時代の
「集中力」の科学

ATTENTION SPAN《アテンション・スパン》

A Groundbreaking Way to Restore Balance,
Happiness and Productivity

グロリア・マーク

依田卓巳 訳

日本経済新聞出版

ATTENTION SPAN
A Groundbreaking Way to Restore Balance, Happiness and Productivity
by Gloria Mark

日本語版への序文

日本で講演をするために、私は２０１６年に京都大学デザインスクールに招かれた。東京には以前も行ったことがあり、日本を再び訪ねて新しい都市を知るのはとても楽しみだった。多忙なスケジュールの合間に、運よく京都の有名な寺社をいくつか巡ることができた。

実際に目にする建造物の美しさは、旅行前に見た写真とは比較にならなかったが、私が最も感銘を受けたのは、名高い龍安寺の石庭だった。私は座って、一見ばらばらに並んだ岩をじっくり眺めた。それらのちょっとした表情や、流れるような砂の完璧と言っていい模様に、こんなにも魅了されるとは思ってもみなかった。美と静寂の世界に体ごと移されたような感覚を味わったのは本当に久しぶりだった。興味深いことに、そのとき、私のまわりにスマートフォンを見ている観光客はひとりもいなかった。

あの龍安寺の石庭での体験が本書を執筆するヒントになった。「余白の美」という日本語の表現にたどり着くきっかけになったからだ。私は日々の生活に余白を設けることの大切さを伝えたいときに、この表現を用いる。デジタルデバイス（デジタル機器）なしで過ごす余白の時間は、心身の回復につながるのだ。

科学の道に進む前の私の職業は画家で、美術を研究していたときには、人物や物を描く際に余白についても考えなければいけないことを学んだ。同様に、私たちはデバイスから離れて過ごす時間の重要性を理解しなければならない。思索したり、静かに座ってコーヒーや紅茶を飲んだり、ときには（できれば自然のなかで）散歩をしたりする時間のことである。そうした余白の時間があることで、仕事の成果も上がる。それはちょうど、龍安寺の石庭の岩のまわりにある余白が庭自体のユニークな価値を高めているのと同じだ。

デジタル時代のいま、テクノロジーから離れることは容易ではない。その理由のひとつは、そもそも携帯電話の発明を促した考えにまでさかのぼることができる。すなわち、固定電話回線が引かれた家やオフィスなどの「場所」だけでなく、「個人」に電話をかけられるべきだという大胆な発想だ。実際にスマートフォンが世界の隅々にまで普及すると、居場所に関係なく、どんな人にも連絡がとれるようになった。それはつまり、自宅や休暇先や友人のパーティーでくつろいでいる人にも、雇用主や同僚から連絡が入るということだ。

テクノロジーが人間の能力を広げ、不可能だったことを可能にしたのは事実だが、そのせいで雇用主や同僚たちは、私たちが四六時中、組織のために働くことを期待するようになった。テクノロジーは便利さをもたらすと同時に、日常生活の不便さも生み出したのだ。テクノロジーから離れて

「余白の美」を味わいたくても、職場の要求や電子的なコミュニケーションに応じなければならず、私たちは難しい立場に置かれている。どんなときにもショートメッセージや電話に割りこまれ、仕事がらみの案件にはすべて答えなければいけないと感じている。私が長年インタビューしてきた多くの人々は、デバイスを使っているとくたびれてしまうと語っていた。

私たちは、仕事で使うデバイスの呪縛から逃れられるのだろうか？　人間とデバイスとの関係を長く研究してきた私の考えでは、それは可能だ。そのためにできることを、本書では紹介する。

まず大切なのは、人間の認知リソースは有限で貴重なものであることを理解することだ。心の燃料タンクに集中力が蓄えられ、それをその日の活動で消費していく様子を思い描いてもらいたい。たとえば、注意を向ける先を1日中頻繁に切り替えていると、タンクはすぐに空っぽになり、集中が難しくなって、仕事に悪影響が出る。一方で、たとえば仕事から完全に離れる休息を長めにとると、認知リソースのタンクはまた満たされる。

ただし、本書で説明するように、認知リソースの増減と集中力のリズムは人によって違い、個人にはそれぞれ集中力がピークに達する時間や、集中しにくくなる時間がある。あなたも自分の集中のリズムを考慮して1日の計画を立てることができる。集中力がピークになる時間に最大の努力と思考を要する仕事を持ってくるのだ。その貴重な時間をメールやソーシャルメディアで無駄遣いしてはいけない。

私たちがデバイスを使って無意識にしていることはあまりにも多い。メッセージの通知音が聞こえると、すぐさまチェックするし、スマートフォンを見れば何も考えずに手に取って画面をスワイプする。だが、私は「メタ認識」を実践することを学んだ。「メタ認識」とは、自分の無意識の行動（ついソーシャルメディアを見てしまうことなど）をしっかりと認識することだ。そうした行動を自覚することで、デバイスをもっと意識的に使うことができる。自分の行動を意識すれば、計画を立てて、デバイスの使用をコントロールできるようになる。

「事前の考慮」も役に立つ。これは、自分のいまの行動が1日の終わりにどんな影響を与えるか、よく考えることだ。仕事中にニュースを読んだり、ソーシャルメディアを見たくなったりしたとき、私はその日の終わりにやるべきことを終えてソファでくつろいでいる自分の姿を想像する。それが脇道にそれずに目標をめざす動機になるからだ。

集中力のコントロールを回復し、もっと幸福になるためにできることはほかにもたくさんあり、これらはそのわずかな例だ。本書ではこうしたテクニックやほかの実践例について、さらにくわしく説明する。

デジタル時代には、文化的な変化も必要になる。個人の力だけでデバイスから長いあいだ離れることはできないからだ。離れすぎると、仕事や家族、友人たちに関する重要な情報を逃してしまうおそれがある。そのため、「社会」全体でもっと賢くデバイスを使い、情報過多で疲れ果てないようにする方法を見つけなければならない。私たちはみなデジタル社会のネットワークに組みこまれているので、たとえば退勤後にデバイスへの依存度を下げるには、組織ぐるみの協力体制が必要になる。勤務が終われば、私たちは心理的に仕事から離れ、消耗した集中力のリソースを回復しなければならないが、組織や企業の側にも、それを支援することでメリットが生まれる。翌日、私たちがまた新たな気分で仕事に集中し、生産性を高め、いっそう楽しく働くことができるからだ。

私はぜひまた日本を訪れたいと思っている。そのときまで、認知リソースと幸福度を回復させてくれる「余白の美」を味わえるように、集中力のバランスを保ちながら働くことの大切さを忘れないようにしたい。

グロリア・マーク

ATTENTION SPAN
デジタル時代の「集中力」の科学
目次

第4章

マルチタスクの真実

第5章

絶え間ない中断がもたらすもの

II

集中を中断させるさまざまな力

Part II
The Underlying Forces of Distraction

第11章 メディアによる集中の条件づけ

第14章 デジタル時代の集中力を育む 317

はじめに

「集中」の神話を打ち破る

「われわれは文明の頂上近くにいると思っているが、まだ雄鶏が明けの明星の訪れを告げたばかりだ」

——ラルフ・ワルド・エマーソン（アメリカの思想家）

デバイスのせいで集中できない

1日の初めに、あなたがノートパソコンを開くところを想像してほしい。たちまち目の前にメールの山が現れ、ざっとそれを見る。その多くは少し考えた上で返事を書かなければならない。さっそく返信しはじめるが、どの案件もけっこう手間がかかることに気づく。

しかたがないので、今日中に仕上げなければならないプロジェクトに切り替える。いくつか電話がかかってきたあと、上司からまた新しいメールが来る。これにはすぐ返信して、ちゃんと働いていることをさりげなく伝えなければならない。ところが、予定管理ソフトから次のオンライン会議の通知が来る。

まだ午前10時なのに、あなたはもう疲れてきた。午後3時には、締め切り間際のプロジェクトに頭を使うことなどほとんどできなくなる。取りかかってはみたものの、なかなか集中できず、ミスばかりしてしまう。

別の例をもう1つ。あなたは今日、税務関連の仕事をしようと思っている。しかしその前にFacebookをチェックして、友人たちの投稿に夢中になってしまう。動画のリンクからYouTubeを見はじめると、サイドバーで次々と別の動画を勧められて、しばらく没頭する。ようやくYouTubeから離れて仕事に戻るが、そこでいくつかのメールを送らなければならなかったことを思い出して受信トレイを開いたとたん、またしても返信が必要な新しいメールが目に入る。こうしてあっという間に3時間が過ぎ、もう税務処理をする気力は残っていない。

私たちは起きている時間の大半を、コンピュータやスマートフォンを見て過ごしている。メッセージが届いたことを知らせる通知音が鳴ると、もう無視できない。スマートフォンとインターネットにいつでもアクセスできることで、仕事とプライベート双方の標準的な環境が変わり、1日24時間の対応を求められるようになった。夜中に目覚め、メールやメッセージは来ていないかとスマートフォンをチェックする人も少なくない。私も研究中にそのような話をたびたび聞いた。周りの世界との接続を断とうとする人は、情報やメッセージの波から取り残されてしまう。競争の激しいビジネスの世界と、相互接続された人間関係のネットワークのあいだで、平然と蚊帳の外にいられる人はいないのだ。

スマートフォンやインターネットがここまで広く普及したことで、さまざまなアプリ、画面、デバイスのあいだで集中先を頻繁に切り替える新しいタイプの行動が見られるようになった。幸い私は科学者として、人間がデバイスへの依存度を強めたこの20年間、集中の切り替えとそれに伴うストレスと疲労の増加を観察し、実験によって明らかにしてきた。簡単に言えば、個々人が所有するパーソナルテクノロジーの使用が、私たちの集中力に多大な影響を与えているのだ。

この20年で私たち人間が情報に集中する方法は、驚くほど変化した。同時に、集中の切り替えとストレスが結びついていることもわかった。このことはもっと真剣に受け止めたほうがいい。世界保健機関（WHO）が、ストレスを21世紀のエピデミック［一定の地域や集団で通常の予想を超えて発生した公衆衛生上の流行現象］に指定しているからだ[1]。人々はデバイスの利用にかつてないほどの時間を費やし、ストレスをためこんでいる。

私は心理学の専門家だが、最初から心理学者をめざしていたわけではない。キャリアの最初は画家で、将来自分が心理学者になるとは考えていなかった。美術大学で美術を専攻し、絵画と描画を学んで抽象表現主義にのめりこんだ。

大学卒業後、英国芸術評議会から奨学金を得て絵画の勉強のためにロンドンに渡ったが、すぐに画家として生計を立てることは難しいと思い知った。幸い私は数学も得意だったので、ミシガン大学の修士課程で統計を学び、心理学とコンピュータ利用についての研究を始めた。そして就職活動で、情報科学者マンフレッド・コッヘンの研究助手の求人に応募した。

面接を受けに彼のオフィスに行くと、「プログラミングはできるかね？」と聞かれた。「いいえ」と私。「ファジー集合理論は知っているかな？」「いいえ」「ネットワーク理論は？」「知りません」。このやり取りで見込みがないと感じてバックパックを取ってオフィスから出ようとすると、博士が呼び止め、「では何ができる？」と聞いてきた。私が振り返り、「絵なら描けます」と答えると、博士は「まあ、戻って座りなさい」と言った。

コッヘン博士は、マサチューセッツ工科大学（ＭＩＴ）で数学の博士号を取得する前、ニューヨークの美術学校で講義を受けていたのだ。芸術について2時間ほど話したあと、博士は、「情報発見プロセスに関する研究助成金をもらっているんだが、やれるかね？」と言った。私は若さゆえの無知と度胸で、「もちろんです」と答えた。芸術家が「発見」することを学問的に説明する方法を見つければいいと思ったのだ。こうして認知心理学の世界に飛びこみ、学会で論文を発表するようになった私は、心理学と情報科学の世界にすっかり魅了され、最終的にコロンビア大学で博士号を取得した。

卒業後に就職した最初の企業エレクトロニック・データ・システムズ（ＥＤＳ）で、再びチャンスが訪れた。テクノロジーの利用を心理学の手法で研究するその企業は、ＭＩＴの傘下で研究所を設立し、コンピュータでビジネス会議を支援する実験をおこなったり、コンピュータ・ネットワークを利用した働き方を探ったりしていた。今でこそオフィスの会議室にネットワーク化されたコンピュータがあるのは珍しくもないが、当時は未来に足を踏み入れたようでワクワクしたのを憶えている。実際の職場環境で人々のテクノロジーの使い方を研究するのは、実に刺激的だった。その仕事を皮切りに、テクノロジーの使用と使いすぎの問題を心理学的に分析する数十年間の研究の旅が始まった。本書はその旅の成果である。

本書では、人間の資質や社交性、考え方、働き方、相互交流、使用する道具《ツール》が与える影響などについて、これまで私が学んだあらゆることを紹介している。その道具を取り巻く環境は、この数十年で大きく進化した。デジタル機器は私たちの仕事や人間関係、私生活と緊密に結びついているので、本書ではデジタル時代に生きる私たちの生活がどう変わったかという問題にも触れる。テクノロジーの使用はもはやあらゆる場所で当たり前になり、私たちの存在から切り離せなくなっている。人間行動とコンピュータ技術の設計が互いに影響し合うことで、目まぐるしい変化が起きているのだ。

デジタル世界のパラドックス

大学で教えはじめたばかりのころ、私は人々のテクノロジーの使い方を研究するために、「生きた実験室」なるものを考案した。心理学者として、多くの変数をコントロールするために実験室での行動を観察することには慣れていたが、テクノロジーの使用法と人間への影響を正しく理解するには、実際の職場環境に足を踏み入れなければならないと感じたからだ。それによって、コンピュータやスマートフォンを使うときの感情や相互関係、仕事上のプレッシャー、対立、そしてマルチタスクや集中の中断、ストレスの全体像を把握することができると考えた。

私たちは職場で働く人たちのうしろに座り、彼らがコンピュータの画面を切り替えたり電話を取ったりするたびに、その時間をストップウォッチで計測した（その後、技術の進歩により、人々の行動を自動追跡できるようになった）。ある企業では重役たちを説得し、社員のメールの利用を1週間停止して全員に心拍数モニターをつけてもらい、その変化を記録したこともある。別の実験では、勤務時間中の対面のやりとりを観察するために、定期的に相手の顔を撮影する装着型カメラを用いた。

こうして何千時間もかけて、実際に働く人々を調査研究するうちに、「処理すべき情報やメッセージがあまりに多すぎて、疲れ果ててしまう」という声を何度も耳にするようになった。受信トレイのメールをゼロにすることは、巨石を何度山頂に運んでもまた麓に落ちてしまう、ギリシャ神話のシーシュポスの刑罰と同じくらい困難で不毛な作業だ。なんとか処理可能な数まで減らしても、すぐに新しいメールがどっさり届く。コンピュータやスマートフォンを使うときになかなか集中できないという訴えもよく耳にした。

本書では、そうした注意散漫の原因が、画面に現れるリマインダーや電話の通知音だけではないことを見ていく。驚いたことに、人は自分の内部で生じる何か――ちょっとした思いつきや記憶、情報を調べたい、ほかの人とつながりたいという欲求など――によって、同じくらい気が散ってしまうのだ。さまざまな誘惑に負けずにいるのは難しい。

私たちは、多くの時間をデジタル世界で過ごすようになった。ここで言う「デジタル世界」とは、コンピュータやスマートフォン、タブレットにアクセスして経験する環境のことだ。完全なバーチャルリアリティの環境でなくても、日常的なデバイスで充分熱中できる。私たちは長時間これらのデバイスに熱中することで、新しい習慣や文化的なふるまいを身につけ、従来と異なる考えを持つようになった。そしていま、多くの人が疑問に思いはじめている――このデジタル世界で、どうすれば集中力をコントロールできるのだろう、と。

現実世界では自分の生活をコントロールしている感覚があるのに、なぜデジタル世界では集中力をコントロールできていないと感じるのか？　これはインターネットやスマートフォンの台頭がもたらしたパラドックスの1つにすぎない。本来、テクノロジーは人間の能力を補強し、より多くの情報を生み出すために設計されたはずなのに、私たちはむしろ気が散って疲れている。たとえば上司が部下にメッセージを送るときには、すぐに返事が来ることを期待すると同時に、高い生産性も求める。ある会社で1週間、メール利用を禁止したところ、上司は部下に電話をかけたり直接会いに行こうとはせず、ただ仕事を与えなくなった。なぜなら、電子ツールを使って仕事を頼むほうがはるかに楽だからだ。

インターネットの設計そのものにもパラドックスがある。インターネットは、連想のネットワークとして整理される人間の記憶にも似た構造を持っているが、そのせいで私たちは無限のネットサーフィンに追いこまれてしまうのだ。マルチタスクで集中先を次々と移せば、私たちの処理能力が高まり、より多くのことができると思うかもしれない。しかしそれは幻想で、実際にできることは少なくなる。ある研究では、マルチタスクが増えると成果が落ちることがたびたび確認されている。

マルチタスクにはほかのデメリットもある。1つは「切り替えのコスト」だ。集中をほかのものに移すたびに、その新しいタスクに集中しなければならず、タイムロスが生じる。一度中断したプロジェクトにすぐ戻れば、それに伴うコストはさほど大きくないと思うかもしれないが、残念ながら研究データが示す事実はそうではない。いったんタスクを中断すると、ほかのタスクに集中を切り替え、もとのタスクに戻るまでに、少なくとも25分以上かかってしまうのだ。それだけの時間がたつと、状況が変わって仕事の継続性が失われる。

マルチタスクのもう1つのコストは、心配、ストレス、極度の疲労といったネガティブな感情が生じることである。メールは仕事中の注意散漫の原因の主犯格だが、とくにストレスと結びついている。メール利用を1週間禁じたある研究では、社員は明らかに長く集中できるようになり、注意散漫になることも少なかった。さらに好ましい結果として、メールの閲覧を禁じた週の終わりには心拍数モニターの数値が目に見えて好転し、ストレスもかなり減っていることがわかった[2]。

マルチタスクがストレスを増やすことは科学的に何度も証明されてきた。マルチタスクをしていると血圧が上がり、心拍数も増えて、「いつもよりストレスを感じる」という自覚とも一致するはずだ。マルチタスクの最中は、病気に対する免疫反応すら低下するという結果も出ている。さらに、手元のタスクをこなしながら1つ前にしていたことをまだ考えていなければならないというコストもある。オンラインで少し前に読んだ興味深い人物の話が頭から離れず、目の前のタスクの邪魔をすることもあるかもしれない。

とはいえ、マルチタスクの最大のコストは、とりわけ何度も中断しながら複数のタスクをこなさなければならない場合、限られた貴重な集中力や認知リソースを無駄遣いしてしまうことだ。これは燃料もれのするタンクのようなもので、実際に仕事をしている人は燃料不足になってしまう。

パーソナルデバイスの使用中に集中するのが難しいという私たちの実感には、科学的根拠もある。さまざまな科学研究によって、過去15年間で、デバイスを使うときの「集中時間《アテンション・スパン》」が短くなっていることがわかっている。私たちがコンピュータやスマートフォンを使うときの集中時間はいまや異常なほど短くなり、平均47秒だ。この傾向はすべての世代に共通して見られ、ベビーブーム世代〔1946年から1964年生まれの世代〕にも、X世代〔1960年代初めから70年代半ばに生まれた世代〕にも、ミレニアル世代〔1980年代から2005年ごろにかけて生まれた世代〕やZ世代〔1990年代後半以降に生まれた世代〕にも言える。

インターネットが広く普及してからまだ30年にもならない。私たちはデジタル生活の歴史が浅いことを忘れがちだ。ベルリンの壁崩壊や、欧州連合（EU）の誕生、HIV／AIDSウイルスの発見よりあとなのだ。世界人口の30パーセント近くを占めるZ世代は、インターネットとスマートフォンとともに成長してきたため、この革命の前の生活を経験していない。私自身はインターネットのない世界も知っているので、人々がほんの数秒で最新ニュースを知り、医学的アドバイスを探し出し、友人の訪問先を見つけ、同僚と共同で文書を作成し、世界中に発信できるようになったことにいまでも驚かされる。その一方で、私たちはインターネットに依存しすぎていて、一瞬でも接続が切れるとパニックに陥るようになった。

デジタル社会と私たちの集中

コンピュータ、スマートフォン、インターネットの普及によって、私たちとテクノロジーとの関係は急速に変化した。なかでも、集中力を必要とする行動の変化は著しい。いま私たちは、1日のかなりの時間をデジタル機器の前で過ごしている。では、デバイスの使用のどのような点が、私たちの集中力に影響を与え、これほどの疲労感をもたらしているのだろうか。

インターネットが興隆するはるか前、ノーベル経済学賞を受賞した経済学者で、認知心理学者のハーバート・サイモンは、デジタル世界に生きる私たちの本質的なジレンマについて、「情報の豊かさが集中力の低下を生み、効率的に注意力を分散させなければならなくなっている」と書いた[3]。テクノロジーの発達によって、絶え間ないデータの創造と、情報や人へのほぼ無限のアクセスが可能になった。私たちは毎日、世界中から莫大な情報を得ることができる。人間の能力をソフトウェアやAI（人工知能）で補強して、それらの情報を処理しているが、実は最終的なボトルネックは人間の精神なのだ。

私たちが「超人」になれれば、もっと集中して情報を吸収し、無限の記憶力を持てるのかもしれない。あるいはそう遠くない未来に、人間は前頭前皮質にチップを埋めこんで、高い処理能力と膨大なメモリバンクを備えるようになるのかもしれない。しかし、こうしたイメージはまだ空想の域を出ない。デジタルメディアが私たちの集中や気分に与える影響は、手元の情報量の多さだけではとても説明できないほど複雑だ。

急速に発達するハイテク文化という話題でよく引き合いに出されるのが、注意欠如・多動症（ADHD）である。しかし、コンピュータやスマートフォンの画面に集中できないという問題は、ADHDの患者数をはるかに上回る人々が経験している。私は2021年に、10万7000人を超える個人を対象とした40の研究をレビューし、成人のADHD有病率を4・6パーセントと推定した[4]。一方、2016年にアメリカの5万世帯以上を対象にした調査では、2～17歳でADHDと診断された人は、親の申告にもとづくと、全体の8・4パーセントだった[5]。

ADHDの人々はそうでない人たちと比べて、携帯電話の使用に問題を抱えやすいことを示唆する研究もある。432名を対象としたある調査では、ADHDの自己申告者と携帯電話の使用とのあいだに相関が認められた[6]。興味深い結果ではあるが、ADHDとパーソナルデバイスの使用との関係については、まだ多くのことが解明されていないことを強調しておかなければならない。因果関係があるかどうかは、さらに研究する必要がある。いずれにせよ、集中力とデバイスの問題をADHDの人々だけの問題と限定すべきではない。これは、現代に生きるすべての人に関係する問題なのだ。

注意散漫に関する現代の神話

激変する文化のなかで、私たちとデジタル技術との関係についてよく語られる現代の神話が4つある。いずれも広く知られたものだが、科学的には間違いであることが証明されている。本書ではそれらの神話についても考える。

第1の神話は、「効率的にコンピュータを使うには、つねに集中すべきである」というものだ。しかし、とりわけ休憩なしで長時間集中するのは、ほとんどの人にとって自然な行動ではない。自然界にはあらゆるリズムが存在するが、私たちの集中にもリズムがあることが研究でわかっている。集中力は自然に強まったり弱まったりするのだ。1日のある時間にピークに達し、ほかの時間はそうでもない。また、集中が長く続くとストレスが増す。1日中集中しなければならないという難しい課題では、私たちが1日中ノンストップでウェイトトレーニングができないように、必ずエネルギー（認知リソース）が切れて成果が落ちはじめる。しかもそれはたいてい、1日の平均労働時間である8時間よりはるかに前に起きる。

第2の神話は、「テクノロジーを使うときにも『フロー』という理想状態をめざすべき」という考えだ。フローとは心理学者ミハイ・チクセントミハイが提唱した概念で、何かの体験に没入するあまり外界を意識しなくなり、時がたつのも忘れてしまうような究極の集中状態を指す。フロー状態にある人は喜びを感じ、興奮し、創造力がピークに達する。たいていの人は一度はそんな体験をしたことがあるはずだ。それは音楽を演奏しているときかもしれないし、好きな音楽を聞いているとき、あるいは、サッカーの試合で選手全員が魔法のような連携プレーをしているときかもしれない。アーティストなら、制作中にフローの状態になるだろう。そういうときにはいくらでもアイデアが湧いてきて、集中も維持しやすい。

フローという理想状態をめざすのはいいが、それが日常生活で出現することはめったにない。仕事でデジタル情報を扱う人たちの場合にはなおさらだ。アーティスト、ダンサー、ミュージシャン、木工職人、アスリートがフローを体験するのは珍しくないが、日常生活の大半の時間をデジタル機器の画面を見て過ごしている私たちにこのフローが訪れることは、ごくまれだ。フローを妨げるのはコンピュータそのものではなく、仕事の性質によるところが大きい。コンピュータで作曲したり、複雑なプログラミングをしているときには容易にフロー体験ができても、仕事で会合の予定を入れたり、報告書を作ったりしているときには難しいのだ。オンラインでクロスワードパズルをしているときや、Netflixを見ているときにも発生しない。たしかにそれらも注意は引くが、創造性が頂点に達するような体験ではない。むしろデジタル世界での集中は持続時間が短く、集中先も活発に変わるという性質を持っている。本書ではこれを「動的集中」と呼ぶ。

第3の神話は、「デバイスの使用中に注意がほかに移ったり、中断したり、マルチタスクになってしまうのは、おもに外部からの通知や自制心不足のせいである」というものだ。アルゴリズムによって個人向けに調整された通知が私たちを注意散漫にさせることについては、すでに多くの研究があるが、集中に影響を与えるほかの要因についてはあまり知られていない。私たちは真空状態でテクノロジーを使っているわけではないので、現実世界での行動は日々の生活を取り巻く文化の影響を受ける。同様に、デジタル世界での行動も環境や人間関係やテクノロジーの力に影響される。こうした影響は世界中で見られる。

影響の一部は意外に思えるかもしれない。まず、人間は連想によってものを考えるが、インターネットはそれを助長する。ネットワークの設計が人間の思考法とぴったり一致しているからだ。インターネットでは、求めていた情報を簡単に見つけられるが、探していたものが見つかったあとも、さらに興味深い情報を探さずにはいられなくなる。また、人間にはそれぞれパーソナリティの違いがあるが、そうした性格特性も集中時間に影響を与える。Instagram を見ないように自制するのが簡単な人もいれば、それが非常に難しい人もいるのだ。

いくつかの性格特性がデジタル機器に集中する時間やメールチェックの頻度に影響を与えることも、実はあまり知られていない。私たち人間は社会的な存在なので、他者の要求に応じようとする。たとえば、他者とのやりとりから社会的な報酬を得ることもあれば、周囲の圧力に屈したり権力に従ったりすることもあるだろう。同僚や友人とのあいだの社会関係資本《ソーシャル・キャピタル》〔人々の協調行動を促す信頼関係や人間関係〕をプラスに保ちたいという思いが、メールやソーシャルメディアをチェックしつづけるという行動を引き起こすのだ。

さらに、コンピュータやスマートフォン以外のメディアから習得した習慣が、コンピュータ使用時の集中時間にも影響を与えている。私たちが1日にテレビや映画を見て過ごす約4時間（視聴時間は年齢とともに増える）に加え、YouTube や音楽動画の視聴などが、すばやく画面を切り替えつづけるという新たな習慣を生み、それがコンピュータ画面への集中状態にも影響しているのだ。

第4の神話は、「コンピュータやスマートフォンで頭を使わずにできる活動には価値がない」というものだ。この考えに従えば、くだらないパズルゲームやソーシャルメディア、ネットサーフィンは、生産性が落ちるからやめるべきということになる。そう、たしかにソーシャルメディアの

「罠」にはまるのは時間の無駄だ。重要な仕事や締め切りがあるときにはなおさらである。

この「集中の罠」については後述するが、実は意図的に短い息抜きとして、頭を使わない「慣れた活動」を取り入れるのも効果的だ。ふだんからやり慣れた単純な活動に人々が惹かれるのには理由がある。私たちの実験でも証明されたように、要するに、そういう活動は人を幸せにするのだ。

難しさやストレスのない、楽しい単純作業に集中しているときに、人間は最大の幸福感を得る。オンラインでも現実の世界でも、休憩をとりながら簡単なことをして心をさまよわせていると、稀少な認知リソースが補充され、リソースが増えれば集中力も生産性も上がる。ピューリッツァー賞受賞作家のジーン・スタフォードは、ガーデニングのような単純作業をすることで執筆によるストレスを発散し、必要な認知リソースを回復させていた[7]。単純な活動は集中と連動しているだけでなく、幸福感の向上にも一役買っているのだ。

本書では、広く知られたこれらの神話がなぜ成り立たないのかを掘り下げる。こうした神話が生まれた1つの理由は、集中に関する科学が、パーソナルテクノロジーの使い方という観点でとらえられてこなかったからだ。コンピュータを使うときの私たちの集中は、仕事の内容、利用可能な認知リソース、時刻、ストレス、睡眠の質など、ありとあらゆる要素に影響される。集中が途切れやすくなるのはその人自身のせいだという見方は、私たちの行動を大きく左右する社会や技術、文化という重要な存在を無視するものだ。

「生産性」から「幸福」へ

２００９年、私は突然、ステージ３の結腸がんを宣告された。それまでは毎日ジョギングを欠かさず、食事に気を使い、体重も抑えていたので、自分は誰よりも健康だと信じきっていた。しかし、5年後の生存率は69パーセントだと宣告されて、私はその69パーセントに入ろうと決意した。本書執筆時点でがんは14年間再発しておらず、今後もそうであることを願っている。宣告を受けたとき、がんの原因遺伝子は見つからず、家族にもがんの罹患者はいなかった。ただ、それまでの数年間はきわめて強いストレス下にあり、いつか自分がこの代償を払うことになるだろうと思っていたのを憶えている。

がんの原因をコンピュータ画面を見ていた時間や激務だけのせいにはできないが、ストレスが免疫システムを弱らせることはよく知られている。それに、人は病気や命を脅かされるような経験をすると、人生は有限だということに気づくものだ。がんの宣告は私にとってそれまでの時間の過ごし方を変えるきっかけになった。当時の私は多くの時間をデバイスの前で費やし、そのせいでストレスをためこんでいたのだ。現代のデジタル社会で、そのようなプレッシャーとストレスが蔓延していることは、まわりの同僚や被験者の話を聞けばすぐにわかった。こうした経験から、デジタル機器が私たちの健康や幸福に与える影響について、私はいっそう深く考えることになった。

とはいえ、デジタル機器がもたらした恩恵は大きく、私たちの生活は格段に楽になった。そのおかげで自宅で働き、遠くにいる大好きな人たちとつながり、専門医の診断を受け、必要な情報を見つけられるようにもなった。だが、自分が健康不安に陥ったことで、私は健康と幸福を両立させながらデバイスを使う方法について、改めて考えなければならないと思い知らされた。

不眠不休で生産性を追求できる技術を手に入れたいま、もっと効率よく時間を使うべきだという声をよくに耳にする。しかし私は、自分の人生経験と研究を通じて別の結論に達した。そうではなくて、私たちはむしろ「最大の幸福を実現する方法」を考えるべきなのだ。生産性の最大化のために生活を変えるという議論を、精神のバランスがとれるように生活を変えるという方向に切り替えていかなければならない。デバイスを使うときの目標は、精神的なリソースの蓄えを維持し、最終的にいまより幸福感を高めることであるべきだ。そうすれば、長期的な仕事の生産性も高まるだろう。

デジタル化は私たちの考え方や働き方のみならず、集中力のあり方も根本的に変えた。私たちが日常的に使うテクノロジー、文化的・社会的環境、個々人のパーソナリティなど、さまざまな要素が複雑に絡み合い、集中しにくい状況を作り出すようになったいま、幸せを保ち、生産的で、充実した生活を送るための新しい理論的な枠組みが必要だ。これまで集中力と生産性を確実に高めると言われてきた方法は、実は間違った前提に立っていて効果がない。集中はスイッチのオンとオフのような二元論ではなく、もっと多様な形態であるととらえるべきだ。本書では、1日を通してバランスよく認知リソースを維持する上で、集中のそれぞれのタイプに（「没入」や「慣れ」だけでなく、「退屈」にさえ）個別の意味と目的があることを説明する。没入だけが「最適な」状態ではなく、精神的なリソースを使いすぎないほかのタイプと組み合わせることで、最も効果が上がるのだ。

本書は3つの部に分かれている。Ⅰ部では、集中に関する重要な科学的知見を紹介する。人間の集中力や注意力は広大な研究分野であり、これまでも無数の論文が発表されてきた。その歴史は、「心理学の父」と呼ばれるウィリアム・ジェイムズ〔アメリカの哲学者・心理学者。1842～1910年〕までさかのぼる。デジタル世界で私たちが経験する集中のあらゆる側面を網羅しようとすれば何冊もの本になるので、本書では限られた認知リソースの理論と役割など、いくつかの主要な概念に絞って説明したい。それは、読者のみなさんがデバイスを使用する際の行動を理解する上で役立つだろう。

Ⅰ部の後半では、私たちがおこなった研究を紹介する。いかに多くの人がマルチタスクによって集中が削がれているか、パーソナルコンピューティングとスマートフォンの台頭によって、私たちの集中時間がどれほど短くなってきたかを説明する。第1の神話に関しては、ノンストップで集中を維持しようと努める代わりに、集中状態のバランスを考慮すべきであることを示し、第2の神話についても、「フロー」をめざすより、自分の最適な集中のリズムを見つけるほうが現実的であることを論じる。

Ⅱ部では、第3の神話に触れ、マルチタスクをすると集中が続かない理由を示す。ここでは、デジタル世界での集中、注意散漫、中断、マルチタスクに対する社会的、環境的、技術的な影響について、詳しく見ていく。第4の神話についても、頭を使わない単純な活動が認知リソースの回復に役立っているという研究結果を紹介する。

Ⅲ部では、まとめとして具体的な解決策を述べたい。私たちは集中をコントロールするための「主体性」を発達させる必要がある。実験によって、私たちは変化の主体になれることがわかっている。あなたの集中のリズムに沿ったデバイスの使用方法も提示しよう。

長年、私の研究には、多くの同僚や学生、研究者から賛同の声が寄せられてきた。本書を読めば、おそらくみなさんも集中力に関する自分の認識に必要な科学的根拠を得ることができるだろう。本書は、なぜデジタル世界に生きる私たちは集中するのがこれほど難しいのか、なぜ簡単に気が散ってほかのことをしてしまうのか、そしてデバイスを使うときに、なぜすぐに集中先が移り変わるのか、といった問題を理解してもらうために書いた。

本当の変化は意識することから始まる。集中をコントロールする「主体性」を育てるには、私たちがなぜいまのように行動するのかを理解し、軌道修正する必要がある。健康的な精神のバランスを実現したいなら、まず、認知リソースを補充しつづけることだ。その副産物として生産性が向上する。私たちは、デジタル化が加速する世界でも、バランスをとることができると信じている。

I

集中の構造

Part I
The Anatomy of Attention

第1章 限りある認知リソース

いま、ほとんどの人はコンピュータやタブレット、スマートフォンの設定やアプリのダウンロードのしかたを知っている。インターネットの基礎知識があり、デジタルデバイスがインターネットにつながらなくなったときに自力で問題を解決できる人も多いだろう。だが、デバイスの仕組みはわかっていても、それを使うときの自分の集中のしかたについて正しく理解している人は少ないはずだ。

デバイスを使うと、なぜ集中がすばやく切り替わるのか？ なぜ気が散ってしまうのか？ なぜ毎日消耗していると感じるのか？ これらの問題を理解するために、この章では、デジタル世界特有の行動を引き起こす心理学的なプロセスを探っていく。後の章では、マルチタスクで注意散漫になってしまうことの背後で働くさまざまな力について全体的に見ていく。だがはじめに、集中力の基本を知り、私たちの集中の仕組みや、「単純なタスク」をこなすのに必要なエネルギー、そして私たちが常用しているデジタルツールが、いかに独特のやり方で限りある集中リソースを消費しているかを明らかにすることから始めよう。

私たちの集中と行動

デジタルデバイスを使うとなぜすぐに集中が途切れるのかという問題を研究するようになったのは、私が大学助教になった2000年のことだ。当時すでにドットコムバブルは弾けていたが、デジタル技術の進化はますます加速していた。2000年〜10年の間に約500万の新興企業が生まれ、2003年には巨大ソーシャルメディアが誕生し、そこからさらに新しい巨大ソーシャルメディアの波が生まれて、個人の生活と社会全体が一変した。2007年になると、スマートフォンが登場し、人々が情報にアクセスする時間、場所、方法ががらりと変わった。

2000年はデジタル革命の大きな節目であると同時に、私自身のテクノロジーとの関係においても重要な年だった。当時はドイツの大きな研究施設で働いたあと、アメリカに戻ってきたばかりだった。ドイツでの仕事はきわめて順調で、助成金の申請も、授業も、委員会への出席も必要なく、私は1つのプロジェクトに集中することができた。

しかし、アメリカに戻ってカリフォルニア大学アーバイン校の助教として働きはじめると、まったく異なる文化のなかに放りこまれることになった。複数のプロジェクトを掛け持ちし、プロジェクトの資金を確保するために助成金を申請し、授業をおこない、学生たちの相談に乗り、委員会にもいくつか出席して、新しい人間関係を築かなければならなかったからだ。いくつかのプロジェクトを断るべきだと頭ではわかっていたが、いずれもワクワクする案件なのに、どうしてノーと言えるだろう。

山積みの案件に追いつこうとしてコンピュータ画面の前に張りついていると、異なる複数のプロジェクト間で自分の集中先が次々と切り替わることに気づいた。いろいろなアプリや、プロジェクトとは関係のないウェブサイトをつい見てしまうことも多かった。メールなどの通知で気が散ることもあれば、自分の頭のなかの考えが集中を削ぐこともあった。1つのプロジェクトの一部すら仕上げていないのに、気がつけばほかのことをしている。しかも、年を追うごとに画面を切り替えるペースが速まっているように感じられた。

テクノロジーとの関係の変化は、私の昼食時間の過ごし方にも現れていた。ドイツにいたときの1日の主要な食事は、温かい昼食だった。正午が近づくと、たいてい職場の人たちが仲間を集めて昼食に出かける。1時間ほどの長く楽しい休憩を誰もが心待ちにしていた。カフェテリアに行って温かい食事をとりながら、ゴシップや新しいテクノロジーについて活発に話し合う。そして残りの休憩時間で同僚たちと研究施設の構内を20分ほど巡回するのだ。すると、職場に戻るころには気分がすっきりして新しいアイデアが湧いてくる。

ところが、アメリカに帰ってからの私の昼食時の行動は劇的に変わった。午前の授業を終えたあと、カフェテリアに駆けこんでテイクアウトの食べ物を買うようになったのだ。昼食時はもはや休憩ではなく、食べ物を調達してコンピュータ画面の前に戻るまでの短い中断時間だった。

1日中コンピュータ画面の前に座っているのに、どうしても画面に映っているものに集中できないという話を同僚や友人にすると、彼らもどうやら同じ行動パターンに陥っているようだとわかった。集中先をたびたび切り替えなければならない一方で、デバイスを使う時間はかつてなく増えているという困った現象に、私は科学者として興味を覚え、デジタル時代の集中について研究しようと真剣に考えはじめた。

ちょうどいい時期に、ちょうどいい分野の職場にいたのも幸運だった。当時は携帯電話などの、今日では当たり前の新しいテクノロジーが登場しはじめたばかりだった。

数年後、最初に就職した企業の会議室でネットワーク接続されたコンピュータを見たときに、同じ興奮を味わった。その後、グラフィカルなウェブブラウザ、ストリーミング動画、CAVESと呼ばれる没入型のバーチャルリアリティ空間、さらに現在のメタバースの小型版とも言うべきオンラインのバーチャル環境と初めて出会ったときも同じだった。

心理学者という職業についていたのも幸運だった。こうしたテクノロジーが日常生活に浸透する時期に、私たちの集中と行動が変わっていく様子を観察し、研究する方法を習得することができたからだ。

集中のコントロールは難しい

数世紀、ことによると数千年の歴史がある物理学、化学、医学などに比べると、心理学は比較的新しい領域だ。集中に関する研究の開拓者は、「心理学の父」として知られるウィリアム・ジェイムズ。彼は1842年にニューヨーク市の裕福な国際人《コスモポリタン》の家庭に生まれた。弟は著名な小説家のヘンリー・ジェイムズである。若いころは進むべき道が定まらず、芸術、化学、医学などの道を転々としたが、最終的に心理学に落ち着いた。しかし、彼が教授となった1870年代半ばのハーバード大学には心理学部がなかったので、生理学、哲学、やがて新設される心理学部など、さまざまな学部を渡り歩くことになった。こうして心身の異なる側面を扱うさまざまな分野にかかわったことで、人間の最も基本的な行動の1つである「集中」への興味と理解が深まったのだ。

ジェイムズは多くの書物を執筆し、1890年に、1400ページ近くの偉大な論文『心理学の根本問題』（三笠書房）をまとめた。驚くべきことに、彼が1日2000ワード以上のペースで書くことができたのは、賢明にも心理学的手法で集中の中断を減らし、効率よく執筆していたからだ。彼は学生たちとの議論を自宅で夕食時におこなうことで、日中の仕事の妨げにならないようにしていた。たいていの学生は気が引けて教授の自宅まで出向こうとしなかったので、訪問者の数は自ずと限られた。彼のもとを訪れた学生はダイニングルームに案内され、ジェイムズは食事をとりながらその相手をしたという[1]。

ジェイムズは心理学的見地から人間の集中について定義した最初の人物だ。その定義は、いま私たちが考えるものとさほど変わらない。「集中とは、精神が同時に存在しうる複数の対象物や思考の流れの1つを明確にとらえることだ。その本質は意識の焦点化、つまり専念である[2]」というものだ。

しかし彼は、何に注意を払うかを決めるのは意思の力によると考えていた。つまり私たちの経験は、次のように成り立つというのだ。「無数の物事が私のまわりにあるが、それがそのまま経験になることはない。なぜなら私にはなんの興味もないからだ。私が関心を向けると決めたものだけが経験になる。私が気づいたものだけが精神を形作る。自ら関心を向けるという選択をしなければ、経験は完全なる混沌にすぎない[3]」

ジェイムズは、私たちが意図的に注意を向ける先を選んでいると考えていた。たとえば、スマートフォンを手に美しい庭園のなかを歩いているとき、あるいは友人とのショートメッセージのやりとりで単語を正しく綴ろうとしているとき、私の経験として記録されるのはショートメッセージのやりとりであって、足元の土の柔らかさや鳥のさえずりや、庭のツツジの花の赤さではない。メッセージのやりとりに集中しているので、場所は無関係なのだ。

したがって、彼の見方では、私たちは世界のなかで活動しながらさまざまな刺激と出会い、自らの意思で集中するものを選んでいる。つまり、何に集中するかを自分でコントロールしていることになる。しかし現実はそう単純ではない。

集中のネットワーク

ジェイムズの説明を前提とすると、脳のなかには集中を司る中枢が1つだけ存在するように思えるかもしれない。だが実際には、集中は脳内のいくつかのネットワークからなる体系的な活動である。脳の異なる部分の異なるネットワークがまとまって、集中のシステムを作っているのだ[4]。これはたとえば、金融システムが単一の存在ではなく、投資会社や銀行、保険会社などが提供するさまざまな金融サービスによって成り立っているのと似ている。

私たちがある画面を注視したり、気が散らないように意識的に何かに注意を払おうとするときには、その集中のシステムのなかで、ネットワークのさまざまな活動が見られる。まず「警戒」がある。これはタスクの遂行中にビジランス（警戒状態、覚醒度）を維持することだ（たとえば、締め切りまでに報告書を仕上げようとするときなどがこれに当てはまる）。次に「方向づけ」があり、優先順位をつけて、集中すべき刺激を選ぶ（真っ先に返信しなければならない上司からのメールが届いたときや、ショートメッセージの通知音に反応するとき）。そして最後に「実行管理」があって、邪魔になる無関係な刺激を管理して、集中を維持する（気が散るものに手を出さないよう努力するとき[5]）。

もう1つ、このシステムの働きを理解する上で助けになる方法がある。自分をオーケストラの一員だと考えてみることだ。「警戒」は、正しいタイミングで音を出せるように音楽の流れを追い、指揮者の動きを注意深く見つめること。「方向づけ」は、自分が楽譜の正しい場所を正しい調号と強弱で演奏していることを確かめ、ほかの演奏者の動きも理解していること。「実行管理」は、誰かが奏でる美しいソロパートに耳を傾けながらも、観客のカメラのフラッシュやまわりの演奏者の動きに気をとられないようにすることだ。

私たちが何かに集中して目標を追求するときには、「実行機能」と呼ばれる精神のプロセスを利用する。「実行機能」はいわば心の統治者だ。それは、タスクの優先順位づけや切り替え、意思決定、集中の維持と割り当て、ワーキングメモリの使用、自制といった異なるタイプの処理を見事に管理している。[6]

簡単なタスクの場合、この統治者は完璧に働く。問題が生じるのは、タスクとその管理が複雑になったときだ。複数のタスクを処理しているときにたびたび中断されると、多くのことが起きる。たとえば、手元のタスクに集中していても、突然別のことが割りこんできて、中断したタスクを頭の隅に置きつつ、新たな仕事に集中しなければならない。時間的制約があるなかでこの状態が長く続くと、負荷がかかりすぎた心の統治者は目標に向かって進むことが難しくなり、成果に影響が出はじめるのだ。

私たちがデバイスを使うときには、目標への集中を妨げるインターフェースが目の前にある。たとえば、ブラウザのタブや、ソーシャルメディアのアイコン、メールの通知などだ。しかし、私たちの集中を妨げる情報への入り口となるのは、そうした視覚的な要素だけではない。身近にアクセス可能な膨大な情報があるという「考え」自体も妨げになる。締め切りを過ぎた月例報告を仕上げなければならないときには、まわりに無尽蔵の情報があると意識すること自体が集中の妨げになるだろう。そういう情報に近づきたくなる誘惑に必死で抵抗して目標に集中できたとしても、その裏ではあなたの実行機能はフル回転し、集中の切り替えを禁じているのだ。

認知リソースの量は限られている

私たちが午後3時にはヘトヘトになり、気づくとソーシャルメディアをぼんやり眺めてしまうのはなぜなのか。その理由について考えてみよう。

50年にわたる研究の成果として広く受け入れられた心理学の考え方がある。私たちの精神には集中や認知リソースの汎用的な蓄えがあるというものだ。[7][8]私たちは日々それを使って活動しているが、集中力、あるいは利用可能な集中の量と言い換えてもいいだろう。

大前提として、人が情報を処理するときにはこのリソースが必要となり、リソースの蓄えには限度がある。たとえば、中断の誘惑を退けながら困難な仕事を1時間おこない、認知リソースが枯渇すると、短期的に成果が落ちる。しかし1日全体で見ると、成果の低下には、朝、目覚めてからの時間の経過に伴うホメオスタシス〔外界の変化にかかわりなく体内の状態を一定に維持する能力〕の変化も関連している。[9]私たちが疲れを感じてミスをしはじめるのは、おそらくこの有限なリソースを後先考えずに使い、利用可能な量を超えてしまうからだ。大量のメールやメッセージ、電話を処理しつづけて、まともに休憩をとらなかった午後3時には、集中を維持するためのリソースが減り、実行機能（心の統治者）がソーシャルメディアの誘惑に負けるのを止められなくなるのだ。

認知リソースの量は限られているという考え方によって、仕事が増えたときに成果の質が下がる理由についても説明できる。[10]これは私たちの日々の生活でごく普通に起きていることだ。たとえば、目の前のコンピュータやスマートフォンに集中しようとするが、何かと邪魔が入ってタスクを切り替えなければならず、気が散らないように抵抗しているときなどがこれに相当する。あたかも手持ちの金融資産を分散させるように、限られた集中リソースを読書や電話、中断への対処、さらに自分の思考にも割り当てなければならない。

たとえば、あなたがATMの前にいるところを想像してほしい。現金をおろしてポケットに入れ、地元の店に行く。この店は現金しか受け付けないので、欲しかったものを買うと、手持ちの現金はほとんどなくなってしまう。もっと質のいいものを買いたければ、またATMに戻って財布の現金を増やすしかない。これと同様に、一度使ってしまった集中リソースを回復するには、補充するしかないのだ。休憩をとってリフレッシュしなければいけない。利用可能な量を超えてリソースを要求されると、成果に影響が出る。[11]

活動に伴う認知負荷（心的努力）は、認知リソースへの要求に比例すると考えられている。[12] 実験室での認知負荷の計測には、通常、「成果」が用いられてきた。たとえば、画面上に現れる多数の文字のなかからある特定の1文字を見つけるというタスクでは、時間の経過とともに成果は落ちる。これは認知リソースが消費されたからだと考えられる。

私たちの目の瞳孔も、認知負荷が増すと大きくなることがわかっているため、暗算や持続的注意課題、意思決定などの認知タスクをおこなう実験では、よく瞳孔の直径を測定する。[13] ただ、その際もやみくもに測定すればいいわけではない。実験環境の光によって瞳孔の直径は変わり、自宅や職場で完全に光量が一定になることはないからだ。認知負荷のもう1つの測定法として、顔面の体温を測るサーモグラフィが用いられることもある。これは心的努力の度合いに応じて顔面の温度が変わるからだが、この方法では顔面をカメラでとらえるために被験者の頭の動きを制限しなければならない。

脳内には認知リソースの使われ方にかかわる生理学的な部位があることもわかっている。神経科学の研究によれば、人が集中すると脳の一部の代謝が活発になり、血中の二酸化炭素量が増える。そして血中の二酸化炭素濃度が高くなると血管が広がり、動きが活発になった脳のその部分から老廃物を除去しようとする[14]。

ところが、集中時間が長くなるとビジランスや行動の質が低下し、血流が遅くなる[15][16]。その場合、集中力と成果が落ちることから、タスクの実行中に認知リソースが補充されなかったことが推定される。それを補充するには困難なタスクを一度中断して、リソースを回復しなければならない。つまり、脳内の血流は、集中時の認知リソースがどう使われているかを示す代謝的な指標になる。これは認知リソース理論の神経科学的なエビデンスであり、困難な仕事に集中しつづけようとしたときに脳内で何が起きているかを説明してくれる。

認知神経科学と人間工学、人工知能分野を総合した神経人間工学という新しい分野では、活動中の人の脳の活動を追跡して認知負荷を測定する。この分野の研究者たちは、人が集中しつづけているときの脳の活動を、PET(ポジトロン断層法)やfMIR(磁気共鳴機能画像法)などで測定してきた。しかしこうした手法の問題は、被験者がじっとしていなければならず、測定できる活動が非常に限られることだ。

そこで、この問題を解決したのが、「経頭蓋ドップラー超音波法」という技術である。これは脳に多くの血液を供給する中大脳動脈の血流速度を超音波で測定する技術で、通常は脳卒中や動脈閉塞の診断に使われるが、集中を要するタスクに取り組む人の状態を測定することもできるものだ。集中時の被験者の血流を測るには、実験室で小さな変換器が埋めこまれたヘッドバンドを装着すればよく、ＰＥＴやｆＭＲＩのように体の動きが妨げられることはない。

認知負荷を脳の血流で測定するもう1つの有望な方法は、「ｆＮＩＲＳ（近赤外線分光法）」という、光の反射を利用して酸素化・脱酸素化されたヘモグロビン濃度の変化を測る技術である。オフィス環境を再現したある実験では、さまざまな邪魔が入る環境下で複数の文章を読むタスクにおいて負荷の違いを検出することができたが、書くタスクでは検出できなかった[17]。

経頭蓋ドップラー超音波法やｆＮＩＲＳといった脳とコンピュータのインターフェースは、飛行機の操縦席や実験室内のオフィスのような環境では有効だが、それ以外の場所で集中と認知リソースの使用を測定することは難しい。私たちの日常的な活動は、一定の環境に保たれた実験室内とは異なるため、多くの要素に左右されるからだ。日頃の私たちの精神活動は、利用可能な認知リソースの量だけでなく、タスクそのものの種類や難易度、同時にこなそうとしているタスクの数などにも影響される。

たとえば、YouTubeの動画をぼんやり見るような簡単なタスクでは認知リソースはあまり使わないが、報告書を書くような困難なタスクになると、資料を探し、文章を読んでまとめる以外にも、さまざまな複雑な決定をしなければならず、多くのリソースを使うだろう。また、長年の実証研究によって、2つの異なるタスクを同時にこなしても成果が落ちないのは、少なくとも一方のタスクがほとんど、あるいはまったく努力を要しない場合のみであることがわかっている（たとえば、静かな音楽を聞きながら画面上の文章を読むなど）。

では、もっと複雑な複数のタスクを切り替えている場合はどうだろうか。たとえばショートメッセージを送り、履歴書を更新し、インターネットを検索し、メールをチェックし、電話に出るといった複数の作業をせわしなく切り替えるのは、ただ歩きながらメッセージを送るときより多くの認知リソースを消費するだろう。歩くことは無意識にできるが、電話に集中すれば、まわりの環境に対する意識は薄れる。

さらに認知リソース理論によると、異なる種類のタスクには異なる認知リソースが使われる。視覚、聴覚、空間処理にかかわる複数のタスクでは、それぞれ別のリソースを使うということだ。[18][19] たとえばニュース記事を読む、電話で話す、空間処理のスキルが必要なゲームをする、といった場合は、使うリソースがそれぞれ異なる。同じ種類のリソースを奪い合う複数のタスク（電話会議を聞きながら別の電話で会話をするなど、いずれも聴覚にかかわるタスク）では相互干渉がさらに大きく、とくにタスクを頻繁に切り替えなければならない場合、間違えずに実行するのはかなり難しい。

私たちが集中したいときに何度も邪魔が入り、複数のタスクを切り替えていると、疲労困憊してしまうのはそのせいだ。あなたの精神の実行機能は成果を維持するためにフル回転する。この種のタスクの切り替えを長く続けていると成果が落ちることは、多くの実験でも確認されている。充分な休憩をとらずに複数のタスクを頻繁に切り替えながら働いていると、その日の終わり、場合によってほんの数時間後には、初めに持っていた処理能力を発揮できなくなる。とにかくへとへとに疲れてしまうのだ。

　幸い、認知リソースはさまざまなタスクに柔軟に割り当てることができる。運転中に携帯電話で話しているときに、突然前方に別の車が割りこんでくれば、あなたの注意力はすぐさま運転の方に再分配され、会話を中断するだろう。あるいは、パートナーとの食事中にショートメッセージを打っているときに、相手が会話をしようとして声をあげれば、メッセージを打つ手を止めて相手に注意を向けるだろう。

　メールに返信し、途中で割りこんでくる雑用を片づけ、四半期報告を仕上げるといった作業の切り替えを繰り返していると、すぐに認知リソースを使いきってしまう。だが、これを補充する活動もある。そのいくつかは本能的なものだ。たとえば週末をくつろいで過ごし、たっぷり睡眠をとったあと、月曜の朝に仕事に戻れば、認知リソースは充分回復しているはずだ。記憶と集中の維持に役立つ適度な深い睡眠とレム睡眠を含む一晩の眠りは、リソースの補充に不可欠だ。ストレスの多い状況から心理的に解放された人も認知リソースを回復する。[20]休暇にのどかな場所に出かければ、気分をリセットすることができるし、たった20分自然に触れるだけでも、心身がリフレッシュするのだ。[21]

　しかしその一方で、頭を使わない〈ツードット〉のような単純なゲーム（文字どおり、点《ドット》と点《ドット》をつないで遊ぶアプリ）も、脳を休息させるのに役立つことはご存じだろうか。

認知リソースの使用という考え方は、集中の働きを説明する際によく使われてきた。どれだけの認知リソースが残っているかを示す燃料計を想像してもらいたい。あなたが消耗していると感じ、仕事の成果が落ちはじめたら、燃料計の目盛りはほぼゼロを指していると考えていい。一方、すっきりした気分で始まった朝の燃料計は満タンなはずだ。

持続的集中と「動的集中」

私たちの集中は刻々と変化する。神経が鋭敏になるときとぼんやりするときがたびたび入れ替わるのだ。心理学者は「段階的開始連続パフォーマンスタスク（grad CPT）」と呼ばれる高度な技術を開発し、この短期的な揺らぎを計測している。[22] このテストで被験者は実験室に入り、山や都市などの異なる写真を次々と見せられ、写真は800ミリ秒（1秒弱）というペースで次々と変わっていく。[23] 被験者は都市の風景が見えたときにボタンを押し、山の風景では押さないという課題を与えられ、それを何百枚という写真で繰り返す。こうして集中と注意散漫の移り変わりを観察すると、集中状態と非集中のぼんやりした状態の切り替えが増えるにつれて、テストの成績は悪くなる。[24]

grad CPTを用いるような持続的集中に関する研究のほとんどは実験室内でおこなわれ、短期的な変化を計測するものだ。だが、現実の生活環境下で、私たちの集中はどうなっているのだろうか。私自身は職場でリアルに働く人々の集中に関心があった。grad CPTテストの結果から、同じ画面を見ているあいだも集中と非集中が切り替わることは想像できたが、実際に観察してみると、集中先は異なる場面やアプリにも移行し、さらに、それがかなり頻繁に切り替わることもわかった。文字や画像という比較的似た刺激によって集中度が測られる実験室の環境とは違い、現実世界では、まったく異なる刺激を持つさまざまなタスクのあいだで集中先が移り変わっていたのだ。複数のタスクのあいだで頻繁に切り替えることもあれば、長く1つのタスクに集中することもあった。また、単純な記号を用いる実験室での研究とは異なり、職場での多様な行動は人々にさまざまな感情を引き起こしていることもわかった。たとえば、ニュースを読んで悲しくなったり、友人からのメッセージで楽しい気分になったりするのだ。

複数の異なるタスクのあいだで集中を切り替えていると、1つのタスクの内的表象〔心のなかの外界の情報の表現〕を次のタスクの内的表象へと再設定しなければならない。心理学者スティーブン・モンセルの言う「心のギアチェンジ」だ。[25] こうした表象は「スキーマ」と呼ばれる。[26] 簡単に言えば、ある活動の行動パターンを記した台本のようなものだ。私たちは心のなかのスキーマを用いてまわりの世界を解釈し、行動を計画している。たとえば報告書を書くときには、ワード文書を開いてタイピングを始めるというスキーマが呼び出される。

一方、メールの返信には別の行動パターンがある。あなたはメールソフトを開き、新着メールから返信すべきものを選び、それ以外のメールを削除したり保存したりするだろう。このようにタスクを切り替えるたびに集中の方向が変わる。タスクの切り替えは、心のなかのホワイトボードに書かれていることを一度消して、新しいタスクの注意事項を書くようなものだ。このため、たびたび中断されると、スキーマを頻繁に設定しなおさなければならない。ホワイトボードを消して、また書きこみ、また消して、という具合である。これによって認知リソースがいかに消費されるかは想像に難くないだろう。

この章を書きながら気づいたことがある。職場や家庭でデバイスを使うときに観察される、この種の集中の切り替えを表す適切な用語がないということだ。私たちには切り替えの目的がわかるときもあれば、わからないときもある。集中を持続できているようでも、なぜか突然、別のプロジェクトやメール、ネットサーフィン、ソーシャルメディアなどに集中先が変わることもある。チャイムやポップアップなどの刺激でも移り変わるが、その人自身の何か（記憶や内部の衝動など）が引き金になることもある。

この状態を表すにふさわしい用語を探して物理学用語を調べていると、「動的《キネティック》」という単語が目に飛びこんできた。これは精力的な活動や、活発な動きを表す用語である。つまり「動的集中《キネティック・アテンション》」とは、複数のアプリやソーシャルメディア、インターネットのサイト、あるいはコンピュータとスマートフォンなどのあいだで集中が活発に切り替わっている状態を指す。

現実世界では、grad CPTのような実験室内の刺激を使わないため、人々がある瞬間に集中しているかどうかを測定するのは難しいが、メールソフトを開いたり、画面を切り替えたり、ネットサーフィンをしはじめるなどの行動の切り替えを観察し、記録することは可能だ。動的集中は、それ自体良いものでも悪いものでもなく、人間の現実世界の集中行動の1つである。だが多くの点で、これはデジタルメディアが生み出す豊富な情報と私たちを注意散漫にする事象への適応反応であり、限られた集中力を効率よく割り当てようとする働きだと言える。

そして、ほとんどの場合、私たちはこの動的集中をうまく使いこなせておらず、このままではさまざまなストレスや疲れ、成績低下が生じ、燃え尽き症候群にもなりかねない。なぜなら、すばやい集中の切り替えが認知リソースを消費し、枯渇させてしまうからだ。

次の章では、私たちが集中力を持続させるのがなぜ難しいのかを、さらに詳しく見ていきたい。

第2章

集中をめぐる争い

私のもとには、集中力をうまくコントロールするためのアドバイスがほしいという依頼がよく来る。たとえば、最近送られてきたメールは次のような内容だった。

「職場で集中するのがとても難しいと感じます。ややこしい仕事を正確にこなそうとしているのに、次々とメールが来たり、同僚が話しかけてきたり、電話がかかってきたり、ショートメッセージが届いたり。退社時にはヘトヘトで、スマホやPCなんて見たくもありません。私たちはまるでデバイスの奴隷のようです」

こういう話を本当によく聞く。本章では、私たちがデバイスを使うときに、なぜここまで集中できなくなるのかを探っていこう。

集中をコントロールできないとき

車で初めての道を走るとき、私たちは多くの判断をカーナビゲーションに任せるが、その指示に従うにはかなりの集中力が必要になる。慣れないタスクや難しいタスクを与えられたときに私たちがおこなうのが、いわゆる「統制的処理《コントロールド・プロセッシング》」である。そこでは非常に多くの認知リソースが使われる。もっとも、私たちは全集中力を意図的に統制《コントロール》できるわけではない。初めてスマートフォンを手にしたときのことを思い出してみよう。最初の通話では、通話ボタンやスワイプする場所がわからずに手間取ったはずだ。だが、いまのあなたは、電話がかかってきたら、ほぼ無意識に操作して応答している。同様に、画面にメールの着信通知が出るたびに自動的にクリックしているかもしれない。こういう場合、私たちの脳は自動タイプの認知プロセスを用いる。

よく知っている簡単なタスクの場合、この自動プロセスが作動する。メールチェック、いつも通る道の運転など、同じ行動を何度も繰り返していると、この自動プロセスはさらに発達し、認知リソースもあまり消費しないので、まっすぐな道を運転しながら話すこともできるかもしれない。通り慣れた道ではあまり意識的に考える必要がないからだ。だが、そこで信号が突然黄色に変わると、臨機応変にそちらに注意を向けて、ブレーキを踏み、話すのをやめる。この種の自動的な集中は「外因性注意」と呼ばれ[1]、通常、道路の信号のような外部の刺激によって発動する。

この自動プロセスは迅速に働き、ほとんど努力を必要とせず、たいてい自分ではコントロールできない。コンピュータやスマートフォンの通知に私たちがすぐに反応してしまうのはそのせいで、何度も学習してきた反応だからだ。興味深いことに、アルコールを摂取すると、意図的にコントロールするプロセスに影響は出るが、自動プロセスにはほとんど影響しない[2]。だから酔ったときでもメッセージの着信音が鳴ればすぐに画面をタップできるが、返信のタイピングはうまくできないのだ。

実際、「外因性注意」を禁じて通知に反応しないことのほうが難しいときがある。それは、J・リドリー・ストループが1935年に考案した古典的な心理テストでも示されている。「色・単語ストループ課題」と呼ばれるそのテストで、彼は2つの異なる刺激が与えられたときの干渉効果を調べた[3]。

ストループ課題は、「読む」という習慣を扱う実験だ。参加者にはまず、2組の色の名前が示される。一方は文字の色が単語と一致している（たとえば、青い文字で「青」と書かれている）が、もう一方は文字の色と単語が違う（黄色い文字で「青」と書かれている）。テストで求められるのは文字の「色」を正しく答えることで、文字の色と単語が一致している最初の組では容易に答えられる。しかし、2番目の組では自動的に単語を読んでしまう傾向がある。「黄色」と答える代わりに「青」と答えそうになる自動反応を抑えるのに苦労するということだ。

ストループ課題を正確にこなすには、単語を読みたくなる衝動に逆らって「色に集中する」という目標を積極的に維持しなければならない。実行機能は課題を遂行するために競合反応を抑えようとするが、いつもうまくいくとはかぎらない。

ストループ課題が発明される前の1912年にも、タイピングの訓練を受けた参加者が、タイプライターのキーが入れ替わっても元のキー配列で打ってしまうことが確認されている[4]。これは定着した習慣が、異なるキー配列でのタイピングという新しい課題に干渉したためだ。

日常的なデバイスの使用において、私たちはつねに自動反応を抑えなければならない。たとえば、ダッシュボード状のコンピュータ画面を想像してもらいたい。あなたが締め切りを過ぎた月例報告を書き上げようとしていると、ブラウザのタブやアイコンが目に入る。そこには報告書よりはるかに楽しそうなものがあるので、思わずクリックして画面を変えたくなる誘惑に抵抗しなければならない。自制心が必要なときに画面に通知や広告が出てくると、つい反応してしまうのだ。行動が自動的なものであるほど修正は難しく、通知などの刺激に反応しやすくなる。

最近、集中に関する神経作用（集中を管理する脳内のメカニズム）の研究で、行動を抑える認知的制御を長時間続けると、徐々に衝動的な選択をしやすくなることがわかった。実験室での自制のテストは10分間程度と短い。そのくらいの時間なら自制できるかもしれないが、それを1日中続けるのははるかに難しい。

より現実に即した結果を得るために、フランスの研究者らが6時間に及ぶ自制の実験をおこなった。被験者は実験室に入り、一連の数字を聞いて「2個前の数字を憶える」という複雑な課題を与えられる。たとえば、9、7、4、2、8と聞いたら4を憶え、そのあとの数字が1つ出るたびに、2、8……と憶えていくのだ。実験中、被験者は定期的に、100ユーロの報酬をあとで受け取るか、それより少ない額をいますぐ受け取りたいかと尋ねられる。これを6時間続けると、徐々に抵抗力が落ちて、被験者は衝動的な選択をするようになる。つまり、長く待って高額の報酬を得るより、低額だが即座に得られる報酬を選びはじめるのだ。[5]

しかし、簡単なタスクを6時間続けたときには衝動的な行動は見られなかった。この実験では、難しいタスクに集中しようとして認知制御をおこなううちに、気が散るものを排除する能力が弱まることがわかった。タスクの開始時、中間点、終了時の3つの段階で収集したfMRIのデータでは、ワーキングメモリとタスクの切り替えにかかわる脳の領域の活動が減っていることから、衝動性が増していることも明らかになり、研究者たちはこれを「認知疲労」と呼んだ。おおかたの研究が1時間か、せいぜい2時間の実験で認知制御の維持能力を調べるのに対し、この研究では1日の平均労働時間のようなもっと長い時間でも、同じように制御が衰えることを確認したのだ。

目標達成まで集中を持続させるには？

先日、大手IT企業で働くある友人と話したときのことだ。私が本書を完成させるまで何にも邪魔されない時間が欲しいと言うと、彼は、邪魔になるものは次々に創られていると嘆いた。「メール、ショートメッセージ、電話、ソーシャルメディアがあるだろう。だがこうした気を散らすものを使わずには仕事ができない。ぼくたちは気が散るものをどんどん発明して、仕事の能率を下げているわけだ」

たしかに、目標までの道筋からそれることはあまりにもたやすいし、気づくとそれていることが多い。報告書を書くようなタスクをこなすには、心のなかで目標をつねにとらえつづけるスキルが必要だ。もちろん、本の執筆などには長い時間がかかるから、その間すべての邪魔を排除することは不可能だ。目標めざして集中しているとき、私たちは注意を向ける先を統制しながら決定している。それによって目標と無関係な刺激から自分を守るのだ。「集中の対象を自分の意思で選んでいる」とウィリアム・ジェイムズが言ったのは、まさにこのことである[6]。

トップダウン方式で目標に注意を向けている状態を「内因性注意」と呼ぶ[7]。たとえば、私の目標がこの本の1章分を書き上げることなら、注意を執筆、読書、情報調査、その他目標達成に必要なあらゆることに向ける。一方、電話やメッセージの通知など、環境内の刺激に自動的に反応するときには、注意は目標指向ではなく、いわばボトムアップ方式で刺激に動かされているだけだ。これが、信号が突然黄色になったときにブレーキを踏むような「外因性注意」である。

私たちは日常生活で、このコントロールされた集中と、外部の刺激によって動かされる集中のあいだでつねにバランスをとっている。どんな行動においても心のなかの目標（たとえば報告書を書く）に従おうとするが、ソーシャルメディアの通知などの外部からの影響や、場合によっては、クロスワードパズルを完成させたいというような内なる衝動に屈してしまう[8]。このように気が散るものに意識が向かってしまうのは、おそらく人間の進化の結果であり、環境内にひそむ危険に柔軟に反応するためなのだ。

今日でもそうした能力は欠かせない。たとえば、友人にスマートフォンでメッセージを打ちながら通りを渡ろうとすると、まわりに注意を払っていなければ自転車とぶつかって大怪我をするかもしれない。だが、デバイスを使用中の人は外部環境にうまく注意を払えないことがわかっている。歩いているあいだ（運転中も）、メッセージを打つのに夢中になりすぎて状況認識ができず、怪我をする確率が高くなるのだ。[9] 私たちの祖先が狩猟採集中に捕食者から身を守るために周囲に注意を払っていたのに、今日のデジタル世界を生きる私たちはデバイスに完全に気を取られて、危険信号さえ見落とすようになったというのは、進化の観点から見ると実に皮肉なことだ。

目標に向かって行動するには、思考のなかで積極的に目標を維持する必要がある。目標に向かって集中しているとき、私たちは意図どおりに行動することができる。現実世界で目標を忘れてしまうとどうなるか、想像するのはたやすい。

25歳のハイカー、アンドルー・ディーバーズの例を紹介しよう。ある日、山歩きをしていたこの青年は、考えごとをしていて山道に集中することを忘れ、遭難してしまった。草の実を食べたり沢の水を飲んだりして生き延び、幸い軽い怪我だけで発見されたが、本人にとっては恐ろしい体験だった。「山道の怖さを甘く見ていた。道だと思ったところを歩いて、考えごとをしながら50分ほど進んだあとで振り返ると、そこにはもう道がなかった[10]」と彼は述べる。

デジタル世界でも同様に、デバイスを使っていると目標を見失いがちだ。トップダウンの集中のコントロールがなければ刺激に流され、注意を持っていかれる。私たちの心はメッセージやソーシャルメディアの通知、ターゲティング広告などによって、ピンボールの球のようにあちこちに弾かれるのだ。

「毎朝運動をする」という立派な目標を立てても、それを忘れるのは簡単だ。天気が悪いだけでソーシャルメディアに30分費やしてしまうこともある。では、目標に集中しようとしているとき、私たちの脳では何が起きているのか。舞台裏では多くのことが進行していて、その大半を受け持っているのは実行機能だ。[11] この実行機能を働かせるにはまず正しい目標を選ばなければならないが、これはまだ簡単なほうかもしれない。やることリストを見て優先順位をつければいいからだ。次に、心のなかに長いあいだ目標を留める能力が必要だが、これははるかに難しい。目標達成を妨げるような干渉に耐えなければならないからだ。外部からの通知はオフにできても、自分のなかの衝動をコントロールするのは難しい。

ニュースやソーシャルメディアの新しい情報に乗り遅れたくないという思いも難敵だ。そこで介入してくるのが実行機能で、集中が中断しないように抵抗する。そして最後に、必要に応じて機敏に目標を調節しなければならない。[12] たとえば、同僚から重要な情報が得られないなら、次善の目標に移る必要があるかもしれない。もとの目標にしがみついて気が散るものに抵抗しつづけていると、貴重な認知リソースのタンクがゆっくりと空《から》になってしまうのだ。[13] リソースが少ないときに集中が途切れると、もとの目標を維持することはいっそう難しくなる。

集中の罠

デバイスの使用中に集中をコントロールするのが難しい理由を、具体的に見ていこう。私は長年、個々人のテクノロジーの使用法を観察し、インタビューなどで多くの人と話すうちに、いくつかの共通する行動パターンがあることに気づいた。集中をコントロールできないそれらのパターンを、私は「集中の罠」と呼んでいる。自分の行動を振り返って思い当たることがあれば、事前に避けることに役立ててほしい。

フレーミングエラー

なぜ集中をコントロールできない行動パターンに陥ってしまうのか。それはまず、行動を選ぶところから始まる。「フレーミング」とは、その選択の状況に特定の意味（枠組み《フレーム》）を与えることだ。たとえば、仕事の締め切りが迫っているときに友人から電話があり、週末に旅行に行かないかと誘われたとしよう。あなたは週末の休暇という選択にポジティブな意味を与えることもできるし（ゆっくりと休めば翌週元気に働ける）、ネガティブにとらえることもできる（仕事の締め切りが近いのに時間を奪われる）。

何かを意識的に決定するときには、その選択に意味づけをしているはずだが、当人がそれに気づかない場合もある（通知メッセージなどの刺激に自動的に反応してしまい、意味づけをしている暇がない場合など）。そのときの状況、感情や精神的エネルギーの状態によって行動の選択が変わるのだ。

ある行動を選ぶときに、その行動の価値を見誤るのが「フレーミングエラー」だ。たとえば、新聞の日曜版のクロスワードパズルを解けばいい息抜きになると思ってやってみても、達成できずにストレスを感じるだけかもしれない。

「フレーミングエラー」は、ある行動にかかる時間を読みちがえたときにも生じる。ほとんどの人は時間の見積もりが苦手だ。ある研究では、人々がコンピュータに費やす時間の見積もりには32パーセントの誤差があることがわかった。ヘビーユーザーは実際の使用時間より低く見積もり、ライトユーザーは高く見積もったのだ[14]。たとえば、あなたが仕事の気分転換に短い休憩をとりたいと思ったとする。10分のつもりで誰かのブログを読みはじめたら、別のおもしろそうなブログのリンクが張られていて、ふと気づくと1時間たっていて、大切な会議が5分後に迫っているのに準備ができていない。私たちはこうした集中の罠にたやすくはまってしまう。

のちの章でこのような罠から抜け出すテクニックを紹介するが、その前にさらにいくつかの集中をコントロールできない別の行動パターンを見てみよう。

さまよいの罠

授業中にぼんやり宙を眺めていた学生を当てると、何を聞かれたかわからないことを隠そうとして慌てるので微笑ましい。私たちの注意はこのように、外の刺激と自分の考えのあいだを自然にさまよっている。この状態を「マインドワンダリング」と呼ぶが、自分のなかに注意が向いており、私たちが起きている時間の思考の25〜50パーセントはマインドワンダリングだと言われるほど、これは一般的なものだ[15]。

デバイスを使うときにも、ブラウザのタブやアプリが引き金になって思考がさまようことがある。インターフェース上の視覚的なきっかけがなくても、たんにスマートフォンやコンピュータが近くにあるだけでさまようことも多い。さらにインターネットが、1つの話題から次の話題、外部コンテンツから自分の思考、あるいはその逆方向に注意が移ることを促す。ノードとリンクからなるインターネットの柔軟な構造が、意識のさまよいに拍車をかけるのだ（第6章参照）。

マインドワンダリング自体は悪いものではない。簡単で負荷の低い集中力の使い方だし、認知リソースを回復するというメリットまである。新しい事物を発見して学ぶこともできる。問題をとりあえず脇に置いて心をさまよわせれば、独創的な解決の道が開けることもある。[16] しかし、インターネット上をさまよいすぎて、本来やるべきことから時間を奪いすぎてしまうのは問題だ。

キーワードや話題に思考を刺激され、集中が拡散しやすいデジタル活動はたくさんある。たとえば、婦人参政権の歴史に関する Wikipedia の記事を読めば、#MeToo の運動について考えはじめるかもしれないし、そこから #MeToo の記事に飛び、関連するほかの話題に注意を引かれるかもしれない。これは、Wikipedia を見る選択をした際に時間の見積もりに失敗したか（前述の第2のフレーミングエラー）、熱中しすぎて時間のことなどまったく忘れたかのいずれかだ。

実行機能がすぐれた人は目の前のタスクにもっと集中し、マインドワンダリングや際限のないネットサーフィンを防ぐこともできるが、[17] 集中が続くのはそのタスクが多大な努力を必要とするときだけだ。タスクがあまり難しくなければ、実行重要性は減り、ほとんどすべての人が注意散漫になりうる。とくに集中がさまようのは認知リソースが少ないときだ。単純なことをしたいという誘惑に勝てず、刺激に身をまかせてウェブページのリンクをクリックしてしまう。

これに対して、「マインドフルネス」のような瞑想のテクニックがマインドワンダリングをコントロールするのに有効であることを示した研究もある。そこでは、マインドフルネスの講座を受けた人は、受けなかった人と比べて、各タスクに有意に長い時間をかけて気が散ることも少なかった。つまり、マルチタスクを減らしたのだ。[18] こうした実験から、ふだんは得られない現状についての新しい知見も得られている（第13章参照）。

単純作業の集中の罠

また別の行動パターンとして、簡単で熱中しやすい活動をデバイスで始めるとやめられないという報告がある。〈キャンディクラッシュ〉のような単純なオンラインゲームをしたり、ソーシャルメディアのサイトを眺めたりすると、私たちは軽く集中し、ストレスの多い仕事から距離を置いて集中リソースを回復できる。Twitter〔現在のX〕の投稿を読んだり、単純なゲームで慣れた動作をひたすら繰り返したりするのも、ほとんど負担はない。認知リソースが減ってきたとき、頭を使わないこうした活動はよい選択に思えるかもしれない。

だがここで第2のフレーミングエラーが起こりうる。休憩時間の見積もりを誤りやすいのだ。単純な反復動作はすぐに時間を忘れさせ、活動の単純さそのものにも注意を引きつけ、夢中にさせる力がある。私たちの研究では、頭を使わないこうした活動をしているときに、人々が感情的な報酬を得て最も幸福を感じることがわかった（第10章参照）。幸福感自体が報酬となって、この種の活動から離れられなくなるのだ。人々がTikTokを見つづけてしまうのもそのせいだ（第7章参照）。

こういう単純な活動にはある種の刺激・反応行動が含まれる。つまり、笑う、得点する、ゲームのレベルが上がる、試合に勝つといった単純な報酬で即座に満足が得られるのだ。学習心理学者のエドワード・ソーンダイクはこれを1911年に発見し、「効果の法則」と呼んでいる。ポジティブな効果を生む反応は再現されやすい。[19] さらに、満足が大きければ大きいほどその行動との結びつきは強くなる。ゲームで何かするたびに報酬を得る必要もない。これは行動心理学者のB・F・スキナーが研究した「間欠強化」〔毎回報酬が与えられるときより、ランダムな報酬のときの方が学習が進みやすいこと〕と呼ばれる心理効果で、報酬がたまにしか得られなくても私たちが単純なゲームを何度もしたくなる理由である。間欠強化によってその活動に集中する習慣が定着するのだ。

ポイントを獲得する、レベルが上がるといった単純なゲームの報酬以外に、私たちの想像のなかに生まれてポジティブな感情を引き起こす報酬もある。たとえば不動産取引のサイトを見てまわれば豪邸での暮らしが想像できるし、ネットショッピングのサイトを見ることも私たちに報酬を与えるが（いわゆる「リテール・セラピー」）、そこには間欠強化の報酬もある。インターネットを見つづけていると、ときに素晴らしいバーゲンセールに当たるのだ。こうした単純な活動は習慣化しやすく、その最中は時がたつのを忘れる。やめようと思ったときに初めて習慣化に気づくこともある。「習慣の鎖は感じるときには弱いが、断ち切るときには途方もなく強い」と、イギリスの文学者サミュエル・ジョンソンも述べるように。[20]

ソーシャルメディアの罠

多くの人が、ソーシャルメディアを使っていると離れられなくなると言う。私たちがソーシャルメディアやショートメッセージに引きつけられるのは、社会的存在である人間が支援やつながり、社会関係資本を強く望み、他者に対する社会的好奇心を満たしたいという欲求を持っているからだ。ソーシャルメディアは息抜きや他者とのつながり、仕事や私生活の目標の支援に使うのが望ましい。しかし、ここでもフレーミングエラーが生じやすい。たとえば、私たちはFacebookで親密な人間関係を築くことができると過大評価しているが、実際、Facebookはそのようには設計されていない。一方、そこに費やす時間については過小評価しているかもしれない。私たちを誘いこんでサイトにとどまらせる社会的な力を見くびっているのだ（第8章参照）。この種の行動パターンでは、社会的な好奇心を満たすという短期的利益を、仕事を完成させるという長期的利益より優先させてしまいがちだ。

社会的報酬による間欠的な条件づけも、人々をソーシャルメディアに縛りつける。Facebookの「いいね」はその好例だ。投稿への「いいね」の数が多いと、自分の社会的価値が上がったような感覚になるため、私たちはいつか自分の投稿が「いいね」の大当たりを得ることを期待して、次々と投稿しつづける。TikTokの動画もすべてがおもしろいわけではないが、見つづけていれば爆笑できるものに出会うこともある。フレーミングエラーと、人々をソーシャルメディアに引き寄せる社会的な力と、そこで受け取る社会的報酬が相まって、集中を罠にはめる完璧な環境がつくられるのだ。

アイデンティティの罠

若い人たちは、自分のウェブ上のイメージづくりにかなりの時間と集中力を使う。フランスの哲学者ジャン・ボードリヤールは、私たちは社会的な記号や象徴によって自らを定義する世界に生きていると書いた[21]。私たちはそうやって自己を定義して他者とかかわるが、インターネットでは本人のアイコンが本人そのものになる。本人のアイデンティティの延長上にソーシャルメディア上の人格がある人もいれば、現実世界の人格より重要になる人さえいる。TwitterやTikTokで大勢のフォロワーがいることが、現実世界でのあらゆる経験より重要になることもある。一部の人たちはインフルエンサーとして仕事の幅を広げているが、そこではアイデンティティが最も重要だ。Facebookの「いいね」で自分のアイデンティティを認められたと感じ、投稿が拡散されると名誉の勲章のように思えたりもする。

とりわけ若者にとって、ウェブ上のアイデンティティは所属する社会集団や世界に見せる自分の姿になるので、大きな意味を持つ。だが、ウェブ上のアイデンティティは職業上のアイデンティティにもなるため、すべての年代の人々にとって重要である。人は誰しも成功していると見られたいので、現実世界の自分に最高の光を当て、慎重にウェブ上の人格を構築しようとする。アイデンティティの維持は人間の強力な基本欲求の1つだ。ウェブ上のアイデンティティを重視するあまり、投稿やプロフィールの作成に膨大な時間をかける人もいる。仕事や勉強などの目標に向けて努力するより、そちらのほうに力が入ってしまうこともあるのだ。

サンクコストの罠

「サンクコスト〔すでに投じてしまい回収できないコスト〕の罠」によってデバイスに縛りつけられる行動パターンもある。たとえばあるサイトやゲームにかなりの時間と集中力を使ってしまったので、いまさらほかのことに注意を切り替えるのはもったいないというわけだ。このサンクコストの罠は、現実世界で頻繁に起きる。爆発的に売れそうな新製品を作る事業に投資したが、蓋を開けてみるとまったく売れず、資金ばかりが出ていくときなどである。すでに大金と労力を投じてきたので、明らかに赤字の事業から撤退する代わりに、いつか投資が回収されることを願って事業を続けてしまうのがそのよい例だ。

ギャンブルもまたサンクコストの罠の典型例だ。スロットマシンに５００ドル分のコインをつぎこめば、そこから立ち去るのは容易ではない。次こそは負けを取り戻せるかもしれないと考えるからだ。こうしたサンクコストは人間関係でも生じる。友人や配偶者、パートナーとして長年いっしょにいると、関係解消はそれまでの努力を無にすることのように思えるのだ。関係がギクシャクしているなら、合理的な選択はそれを解消し、サンクコストとして損金処理して先に進むことだが、人間は必ずしもそこまで合理的になれない。

同様に、デジタル世界でサンクコストを認めることも難しい。短い休憩のつもりでオンライン記事を読みはじめ、これは意味のある行動だと考えて30分間読んでみると、あまり収穫がなかったことに気づく。しかし読むのをやめればそれまでの時間が無駄になってしまうので、最後はうまくまとめてくれるのではないかと期待して読みつづけてしまう。

〈ワールド・オブ・ウォークラフト〉のようなオンラインゲームには複数のレベルがあり、プレーヤーはゾーンごとのクエストをこなして上のレベルに行こうとする。ゲーム制作会社は、サンクコストによって人が抜け出せなくなるのを見込んでゲームを設計し、プレーヤーをつなぎ止める。すでに多大な時間とお金と感情的なエネルギーをつぎこんで高いレベルに達しているプレーヤーは、途中でやめたくないだろう。最近の研究では、人々がこうしたゲームに費やす時間は1回平均1時間22分だった。[22] 1日に1時間半ゲームをする余裕がある人はいいが、たいていの人にそこまでの余裕はない。

こうした活動は必ずしもすべてが有害ではなく、ストレスを解消して認知リソースを補充するポジティブな役割も果たしうる。しかし、TikTok の視聴をやめられなかったり、Wikipedia やショッピングサイトに時間を使いすぎたりするなど、自分の行動をコントロールできないと感じているなら、それはあなたにとって有害だ。フレーミングの罠に陥っていないか、あるいはここで述べた集中の罠にはまっていないか、よく考えてみてほしい。あとで説明するように、デバイスを使うときの「主体性」を発達させれば、もっと目標を意識して集中できるようになる。

集中の対象の選び方

集中のリソースは有限であり、たやすく注意散漫になってしまうことを考えると、私たちは集中を意識的に使う選択をしなければならない。集中の対象を選ぶとは要するに、どこにリソースを割り当てるかを決めることだ。ポケットのなかの小遣いで何を買うか決めるのと似ている。とはいえ、集中の投資先をどうやって決めればいいのだろう。

従来の集中のモデルでは、集中力をどう割り当てるかはその人の嗜好、優先順位、必要とされるリソースによって決まると考えられていた[23]。たとえば、ある人は1日の仕事をまずメールの処理から始め、優先順位に沿って報告書を正午までに仕上げなければならず、それにどのくらいのリソースが必要かを考える。

嗜好、優先順位、必要なリソースという個別の要素が選択に影響を与えるとしても、話はそれだけではない。人間は社会的、文化的、技術的な環境のなかで生きている。集中や行動に対して自分の意思を超えたところから無数の影響を受ける。つまり、デジタル世界での集中の割り当てを正しく理解するには、まわりの社会や、日常的に用いるテクノロジーとの複雑な相互作用を考慮しなければならないのだ。集中先の選択は、個人の嗜好や優先順位だけでなく、その人の生きる大きな社会的、技術的世界にも左右される。私たちの精神と集中は、自分自身だけでなく、外部の世界からも影響を受けているのだ。

デバイスの使用に文化が影響を与えた例として、2014年に発売されて短命に終わった個人向け製品、グーグルグラスを取り上げよう。このグーグルグラスは眼鏡のようにかけて、手を使わずに画面に映し出されたコンテンツを見ることができる。フレームに小さなカメラが搭載されていて、装着者が移動しながら見ているものを録画することもできた。

ところが、かなり接近しないとカメラがオンになっていることがわからないので、この製品は多くの人に、自分が録画されているかもしれないという不安を与えた。装着者は小さなディスプレイに集中しているつもりでも、まわりの人は監視されているように感じたのだ。かくしてグーグルグラスの初期バージョンは、技術的というよりむしろ、社会的な理由で失敗した。同様に、私たちは社会のなかでほかのさまざまなデバイスも用いている。のちの章で見るとおり、こうした社会的な影響は私たちのデバイスの使い方や集中力にも及んでいる。

作家ウィリアム・ジェイムズは、人間の「集中力」を個人の意思でコントロールできるものと考えた。[24] しかし21世紀のデジタル社会では、この集中という概念を、もっと広くとらえる必要がある。パーソナルデバイスを使うときの集中は、社会的、環境的、技術的環境の影響下にあることを考慮しなければならないのだ。そうした集中への影響を正しく理解するには、個人を超えた「社会技術的な」方法論を採用する必要がある。

こうした多くの要素が影響しあう複雑な世界で、私たちはどうすれば、集中を完全にコントロールし、目標から離れず、動的集中を自分のために役立てることができるだろうか。この問いに答える前に、現実世界に生きる私たちが、デバイスを使ってどのように集中しているかを調べた研究を見てみよう。実際に職場で働く人々を調べることによって、どのくらい頻繁に集中を切り替え、中断しているか、1日のあいだに集中がどのようなリズムをたどるかがわかる。

事実は小説より奇なり。その結果を見れば、みなさんもきっと驚くはずだ。

第3章

集中のタイプを理解する

偉大な作家で詩人のマヤ・アンジェロウは、自伝『歌え、翔べない鳥たちよ』（人文書院）以降の作品を、仕事場にしていたホテルの一室で書いた。その部屋は月借りで、夜は自宅で過ごしていたが、朝6時半にホテルに現れ、ベッドで昼過ぎまで執筆した。大切なアイデアを書き留めた紙を捨てられるといけないので、清掃係にシーツは替えさせなかった。気が散るので壁の絵は取りはずしたが、黄色い法律用箋、ロジェ類語辞典、辞書、聖書、シェリー酒のボトルという仕事道具に加えて、クロスワードパズルやトランプなど、気晴らしになるものをいくつか持ちこんでいた。

そうした気晴らしは、本人曰く、「私の小さな心を占めるもの」だった。「祖母が教えてくれたのだと思う。祖母はあまり意識せずによく『小さな心』と言っていたので、私も3歳から13歳ごろまで、自分のなかに『大きな心』と『小さな心』があると思っていた。『大きな心』は深い思索を可能にしてくれるけれど、『小さな心』は気が散らないように引き止めてくれる。『小さな心』がクロスワードパズルやソリティア〔トランプを4枚ずつ複数列並べて隣接するカードに同じ数字があれば取り除いていく遊び〕をしているあいだに、『大きな心』が書きたい主題を深く掘り下げて考えるの」[1]

アンジェロウにとって、「大きな心」も「小さな心」も執筆プロセスには欠かせないものだった。「大きな心」のほうが文学的インスピレーションを与える点で強力かもしれないが、小休止を提供する「小さな心」も必要なのだ。私の研究でも、マヤ・アンジェロウのこの考え方が科学的に裏づけられた。2つの心は補完的に思考を支え、両方があってようやく完成するのだ。

「集中には異なるタイプがある」という考えを最初に述べたのは、3世紀以上前の哲学者ジョン・ロックだ。『人間知性論』（岩波書店）でロックが描いた集中のタイプは、アンジェロウのそれといくらか似ている。思考を記録し、1つの考えだけに注意を向ける「専心」の時間と、「放心」または「夢を見る」時間があるというのだ。ロックはそれらの違いを普遍的真理と考えていた。「この専心と放心の違い、前者の熱心な探究と後者のほとんど何も考えていない状態のあいだには、実に大きな差があるが、これは万人が体験していることだ」[2]と彼は述べる。おそらくロックは、集中をオンかオフだけではない微妙な差異のあるものとして記述した最初の人だろう。

作家ウィリアム・ジェイムズも集中の異なるタイプについて述べている。集中力を完全にコントロールできている状態とは逆の状態を、「混乱し、ぼんやりして、脳内が散らかった状態。フランス語でディストラクシオン、ドイツ語でツェルシュトロイトハイト」と説明した。[3]ジェイムズはまた、「意識の流れ」にも触れている。思考と感情のプロセスが意識と無意識のあいだを行き来する「マインドワンダリング」（第2章参照）に似た状態だ。

現在の変化の激しいデジタル世界は、ロックやジェイムズが生きてきた時代の環境とはまったく違う。集中を中断させようとするものの数は増え、刺激の強さも増して、私たちの集中時間は短くなり、注意や集中について考えるための新しいモデルが必要になるほど変化した。この章では、異なる集中状態をとらえる新しい枠組みを説明する。私たちはさまざまな集中状態を切り替えて、異なる目的のために利用しているのだ。

集中をめぐる言葉

注意や集中についての私たちの考えは、それを表す言葉にも表れている。集中を「フォーカス」と言うのは、光で何かを照らすこと、つまりコントロールできるもののように考えているからかもしれない。「フィルター」「キャパシティ」「プロセッサー」などの言葉とともに使うときには、機械的なプロセスとしてとらえているようだ。また、注意を「払う」と言うことからは、稀少なリソースとしてとらえていることがわかる。

さらに言葉は、注意や集中に「主体性」があることも伝えている。つまり、私たちは注意を主体的に何かに「向け」、「維持し」、「集中させる」。それに対して、集中を「失い」、注意が「さまよう」のは、主体性のない状態だ。

しかし、画面を見て1日の大半を過ごすデジタル時代に、こうした言葉だけで集中力を正確に理解することはできない。デバイスの使用中に集中状態が活発に変わることを表す新たな言葉が必要なのだ。

私たちの社会は集中力に高い価値を置く。だが実際、何かに集中、熱中、没入《アブソーブド》しているというのは、どんな状態だろう。ラテン語で「アブソルベーレ（*absorbere*）」は「飲みこむ」「貪る」の意だ。心理学者は、本やWikipediaの記事やゲームが私たちの注意を完全にとらえたときがこれにあたる。心理学者は、そういう外部の刺激に没入できる能力を、外向的、内向的というような性格特性に近いその人固有の資質としてとらえている。

この没入の資質は、昔は「テレゲン没入性尺度[4]」という基準によって測定されてきた。これはたとえば、「音楽を聞くと、ほかのことに気づかなくなるほど夢中になる」といった質問にイエスかノーで答えるテストだ。このスコアが極端に高い人は、想像と現実世界での知覚の境界があいまいであることが多い。海について書かれたものを読むと波の音が聞こえたり、ミステリーを読むと殺人者が階段を軋ませてのぼってくる音が聞こえたりする。心霊現象を体験していたり、バーチャルリアリティのシミュレーションで対象物の存在をより強く感じやすいといった報告もある[5]。

このように生来の没入能力が高い人もいるが、私たちの大半はテレゲン尺度でそこまでの資質は示さない（ただし、女性のスコアは男性より有意に高い[6]）。没入することはできても、その状態が状況次第で変わるのだ。つまり新たな刺激が生じると、知覚と認知体験がそちらに移ってしまう。同じ刺激を受けているあいだも集中の状態は刻一刻と変わりうる。没入からマインドワンダリングに移り、また没入へと戻るのだ。

1つの活動にしばらく集中したあと、さほど頭を使わない（ときには遊びのような）別の活動に移って少しだけ集中することもある。[7] だが、「集中のコントロール」とは、たんに集中を持続させたり中断に抵抗したりすることではなく、マヤ・アンジェロウの言う「大きな心」と「小さな心」の切り替えのように、別の集中状態に移行しようとする能力も含むものだ。

とらえにくい「フロー」

没入状態の典型が「フロー」である。心理学者ミハイ・チクセントミハイによると、[8] この「フロー」はある活動に没頭して「ほかのことが重要でなくなる」状態を指す。ハンガリー生まれのチクセントミハイは、チェスの世界に完全に没入することで第二次世界大戦を生き延びた。彼が11歳のときに戦争は終わったが、父親が当時のハンガリーの在ベネチア総領事だった関係で、家族はイタリアの捕虜収容所に送られていた。若いチクセントミハイは戦争の恐怖を心から締め出すために収容所でチェスに没頭し、まわりとは違う独自の世界に生きていた。7カ月後に父親の容疑は晴れ、家族は釈放された。彼は学校を中退したが、1956年にアメリカに移住し、高校卒業認定試験に合格してシカゴ大学で心理学を専攻する。若いころの没入体験が、「最適経験」に関する何十年もの研究のきっかけになったのだ。

チクセントミハイは、なぜ報酬もないのに人がチェスに没頭したり、ロッククライミングのような危険な活動をするのかという問題を解明しようとした。調べてみると、彼らはみな、チクセントミハイが「フロー」と名づけた感情を味わっていることがわかった。その状態になると、自分のなかの流れに乗って活動そのものが報酬となり、集中を完璧にコントロールできる。また、自分のスキルとその活動に必要なものとのあいだで最適なバランスが実現する。フロー状態の人は好奇心と遊び心にあふれ、自意識すら失い、集中リソースをその活動に大量に投入するので、時間がたつことも認識できなくなる。[9] フローとは要するに、あらゆるスキルを使い、深い満足感が得られるユニークでクリエイティブな体験だ。

主観的な体験であるこの「フロー」について研究するために、チクセントミハイは「経験抽出法」というテクニックを用いた実験をおこなった。[10] 実験の参加者は、決まった時間にポケットベルの音がなるたびに、そのとき自分がしていることに対する集中、熱中度、楽しさに関する質問に答える。ベルの音が鳴るとき、ガーデニング、料理、ビジネスの交渉など、あらゆる種類の活動をしていて、必ずしもフローの状態にあるわけではない。だが、この実験を1週間おこなうことで、参加者の1日の行動の良質なサンプルを得ることができた。問題は、ポケットベルの通知で集中が途切れてしまうことだったが、それでもチクセントミハイはこの実験結果から理想的な集中状態を導き、定義することができた。彼の著書『フロー体験　喜びの現象学』(世界思想社)は、人間の集中に関する研究に大きな影響を与えた。

絵を描いたり、作曲やスキーをしているときにフロー状態になるのは難しくないが、その度合いは仕事の性質によってかなり異なる。いま私は大学で教え、研究し、科学的調査をおこない、論文を書くという仕事をしているが、分析的な思考には深い集中が必要になる。仕事中には集中状態が切り替わり、みんなで議論したり、論文を書いたりするときにフローの状態になることもなくはないが、ごくまれだ。

ほかの人からも似たような話を聞いた。シリコンバレーの大手IT企業のあるマネジャーのふだんの仕事は複数の業務を同時にこなすことだ。彼の話では、クリエイティブなブレインストーミングでグループ全体でフロー状態になることはあっても、彼自身は1人でプログラミングをしていたときのほうが頻繁にフローに入っていたそうだ。

マヤ・アンジェロウでさえ、執筆中に没入はするが必ずしもフローにはならないと述べている。ある雑誌のインタビューで執筆プロセスについて聞かれたとき、彼女はいつも簡単に執筆できるわけではないとして、こう述べている。「言葉を強く引き寄せようとしすぎて、ページに収まりきらなくなるの。簡単に書いたように見せなきゃならないけれど、そのためには膨大な時間がかかる。私は必死に言葉と向き合っている[11]」

フローはあいにく頻繁に経験できるものではない。1990年代半ばにジャンヌ・ナカムラとチクセントミハイがおこなった調査では、フロー体験をしたことがあるかという質問に対し、アメリカ人の42パーセント、ドイツ人の35パーセントが、めったにないか、一度もないと回答した[12]。私たちの研究でも、芸術活動や音楽の演奏などでフロー体験をした人々がいる一方で、知識労働者で体験したことがある人はほとんどいなかった。知識労働という性質上、クリエイティブな作業に最適なフローにはつながりにくいのだ。だからといって、その仕事が充実していないわけではない。大いに充実することだってある。

デバイスの使用中にフロー体験をする人もいる。たとえば、複雑なプログラミングをしたり、クリエイティブなものを書いたりしているときだ。しかし現実には、ほとんどの知識労働者にとって、コンピュータを使う環境や仕事の性質に加え、複数のプロジェクトやタスクを同時にこなさなければならない状況がフローの妨げになっている。だが、このフロー状態になれなくても気落ちする必要はない。自分に合った自然な集中のリズムで働けば、バランスのとれた満足感が得られる。

集中状態の理論的枠組み

私にとって、夏のあいだにマイクロソフトリサーチで客員研究員として働けたのは幸運だった。シアトルの夏は素晴らしく、豊かな緑を楽しむだけでなく、集中に関する研究に思う存分のめりこむことができた。

当時の私はフローに魅せられていたが、それが職場ではめったに起きないことを発見してからは、人々がデバイスを使って働くときの経験をもっとうまくとらえた集中状態のモデルはないかと考えるようになった。デバイス上で集中が頻繁に切り替わる場合、「大きな心」と「小さな心」のように異なるタイプのあいだを行き来しているのではないか。異なるタイプの集中は、デジタル世界の特定の活動と結びついているのではないか。そう考えたのだ。

さらに研究を進めると、何かに取り組む「熱心さ」の度合いだけではこの状況を説明できないことがわかった。フローと同じように、その活動の難しさも大きく影響していたのだ。すなわち、どのくらいの心的努力、つまり認知リソースの使用が含まれているかということだ。一方、フローとは異なり、同じように熱中しているときでも、人々が感じる難易度に差が生じることもあった。たとえば、戦略的な計画を立てることにはかなりの難しさが伴うが、FacebookやTwitterをスクロールするのはまったく難しくない。

こうしてデジタル世界での集中の実態が見えてきた。詩を書くときとクロスワードパズルを解くときで異なる集中を使い分けていた作家のマヤ・アンジェロウのように、人はまったく心的努力を必要としない〈ツードット〉のようなゲームにも、多大な心的努力を必要とする難解な財務資料を読むことにも熱中できる。いずれも精神は集中しているが、消費される認知リソースの量に応じて私たちの集中のしかたはずいぶん異なる（第10章参照）。

活動への熱中度だけでなく、それをどのくらい難しいと感じているかという点も考慮すると、さまざまな活動の多様な集中状態を特徴づけることができる。**図3-1**は、熱中の度合いを縦軸に、難しさの度合いを横軸にとって、集中を二次元の理論的枠組みとして示したものだ[13]。どれも一時的な状態である。私たちは1日のなかで、目標やタスク、他者との交流、頭のなかの考えなどに従って、この4つの集中状態のあいだを移動する。それぞれの状態はまったく質が異なる。詳しく説明してみよう。

没入

難しいことに熱中している状態を「没入」と呼ぶ（**図3-1**右上）。この状態は一時的なもので、

図3-1　異なる集中状態を表す理論的枠組み

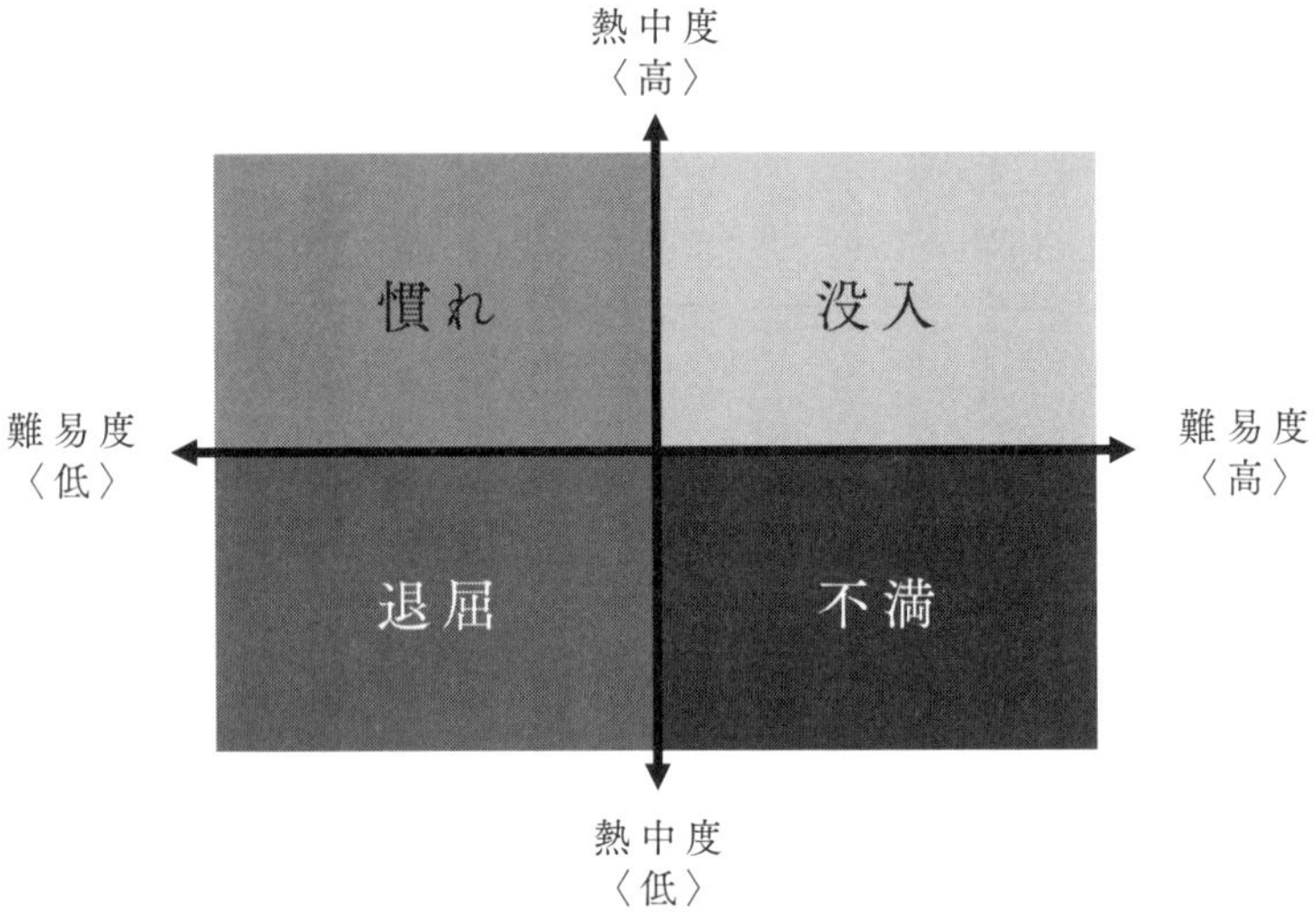

その人にとってやや難しい活動に熱中している。熱中度と難易度がともに高いと、モチベーション、活動量、集中、創造性、満足につながるが[14]、これはフローとは異なる。たとえば、取扱説明書を読むときなどは、フローの条件（深い創造性を感じる、時間の経過を忘れる、スキルを最大限使う）がそろっていなくても没入はできる。むしろここで「没入」と名づけた集中状態は、フローの前提条件と言えるかもしれない。

　また、この状態は、注意を「払う」という言い方から推察されるように、大量の認知リソースを消費する。

慣れ

　さほど難しくない活動に熱中している状態が「慣れ」である（**図3-1**左上）。この活動は決まりきっていて機械的だ。簡単にこなせるし、集中しやすい。マヤ・アンジェロウがソリティアをするときなどがこれに当てはまり、「小さな心」がこの単純な活動をおこない、熱中していても頭はほとんど使わない。同様に、〈キャンディクラッシュ〉のように機械的・反復的なデジタル活動をするときもこの熱中状態にある（このゲームのアクティブユーザーは2億7300万人で、900万人以上が1日3時間以上プレーしている）[15][16]。

この単純な活動は難しくないので、認知リソースはあまり使わない。〈キャンディクラッシュ〉を毎日数時間やっても疲れを感じないのはそのためだ。

退屈

あまり難しくない活動にさほど熱中していない状態が「退屈」だ（**図3-1**左下）。ネットサーフィンやサイト間の移動、おもしろくない読書を数行でやめたり、テレビのチャンネルを切り替えたりするのが退屈の典型例である。言うまでもなく、退屈しているときには認知リソースをほとんど使わない。むしろ手持ちのリソースを有効活用していないと言うべきだろう。

熱中度も難易度も低いこの状態は、一般的な「退屈」のイメージと一致している。退屈な活動は刺激に欠けるので集中しにくい[17][18]。ただ、静かであることや動きがないことがすべて退屈であるわけではない。ヨガや禅の瞑想を楽しんでいるときは、退屈ではないだろう。

フロー状態の人は時間の経過を忘れるが、退屈ではまったく逆のことが起きる。認知リソースが余りすぎて、その活動が終わるまでにどのくらい時間がかかるか、そして時間の流れがいかに遅いかを、考えずにいられなくなるのだ。

不満

最後に、難しい活動にまったく熱中していない状態が「不満」である（図3－1右下）。誰しもいっこうに進まない仕事にイライラして頭を壁にぶつけたい気分になったことがあるだろう。困難な仕事なのに、締め切りがあったり、上司から頼まれたり、あるいはどうしても完成させたいなどの理由から投げ出すわけにはいかない。ソフトウェア開発者はバグを解決できないときに苛立ち、私たちは難しいパズルがどうしても解けないときに不満を感じる。そして、この状態は私たちの認知リソースを大量に使ってしまう。

1日の集中状態の移り変わり

リズムは生きることの一部だ。自然のなかには四季、日照時間、月の出、潮の満ち引きといったさまざまなリズムがある。私たちの生体プロセスのなかにも、睡眠、体温、代謝、インスリン値の高低、神経伝達物質セロトニン、ストレスホルモンのコルチゾールなどのリズムがある。人はそれぞれ24時間周期のリズムを持っていて、いわゆる朝型の人は早朝にいちばん調子がよく、夜型の人はもっと遅い時間から調子が出てくる。

24時間周期のリズムは体温にも影響を与え、朝は低く、夕方にかけて高くなる。こうしたリズムから、1日を通した注意深さと集中の選択に個人差が生まれる。[19] 記憶課題を用いた研究では、目覚めてからのホメオスタシスのリズムと、1日の経過とともに成果が下がることの相関が確認されている。[20]

人の視覚系が脳内の電気的活動のリズムの影響を受けるという神経生理学上のエビデンスもある。[21]実験では、被験者がコンピュータ画面の左か右に出る合図に注意を向けたあと、小さな光点が見えたかどうかを回答した。すると、各人の脳内の神経活動の揺らぎによって光点が見えるときと見えないときがあり、反応の大きさも影響を受けていることがわかった。つまり、視覚系がごく基本的な神経のリズムに従っていることがわかったのだ。

この実験はまた、私たちがたんに長く集中しつづけるだけではなく、「知覚の瞬間」があることも示唆している。一方で、人間には別種のリズムもあることから、1日のなかでそれらが入れ替わることもあるだろう。

では、集中にも1日のうちに山や谷があるのだろうか。

集中のリズムを知る

私はマイクロソフトリサーチの同僚たちと、職場で実際に働く人々の行動を観察し、集中にリズムがあるかどうかを確かめようとして、ある問題に直面した。働いている人の頭のなかをどうやって知ることができるのかという問題だ。

過去の研究では、コンピュータの使用履歴や心拍数モニターといった客観的な指標を用いていたが、それでは人々の集中の主観的な経験をとらえられない。チクセントミハイの経験抽出法は主観的なフロー体験をとらえるのに適していたが、私たちが研究するのは実際に職場で働く人々なので、コンピュータで作業している人の集中状態を把握するための新しい手法が必要だった。

そこで私たちは、コンピュータ画面に一時的に現れるポップアップウィンドウを使って、そのときの活動についていくつか質問することにした。ポップアップのタイミングは参加者の普段の行動に合わせて設け、3分以上連続してメールを使用したあと、Facebookを1分間使用したあと、スクリーンセーバーを解除した直後、そしてポップアップなしで15分経過したあととした。質問には数秒で答えられる。調査の参加者にはポップアップを見たときに従事していた活動について、どのくらい「熱中している」か、どのくらい「難しい」と感じているかという2つの問いに答えてもらった。さらに、そのときの気分も報告してもらうことにした（第10章参照）。

私たちは32名の参加者に対し、1日に約18回のポップアップを送って1週間観察することにした。1日のなかで集中がどう移り変わるかを詳細に把握しながら、仕事をしている参加者の負担にならないように調整しようとすると、18回が最大限と思われた。ポップアップによって一瞬集中は妨げられるものの、回答はほんの数秒で終わるので、参加者はすぐもとの活動に戻ることができた。ポップアップを煩わしいと感じても、その感情は回答に反映せず、あくまで直前までしていた活動について答えてもらった。ありがたいことに参加者はみな協力的だった。

コンピュータの使用履歴も記録し、「センスカム」という小型のウェアラブルカメラ（後述）を使って参加者の対面のやりとりも観察した。1週間分のデータを集めたことで毎日の行動のサンプルがそろい、1週間のあいだに人々の集中がどのように移り変わるかを観察することができた。この

図3-2　平日の集中状態のタイプごとの移り変わり

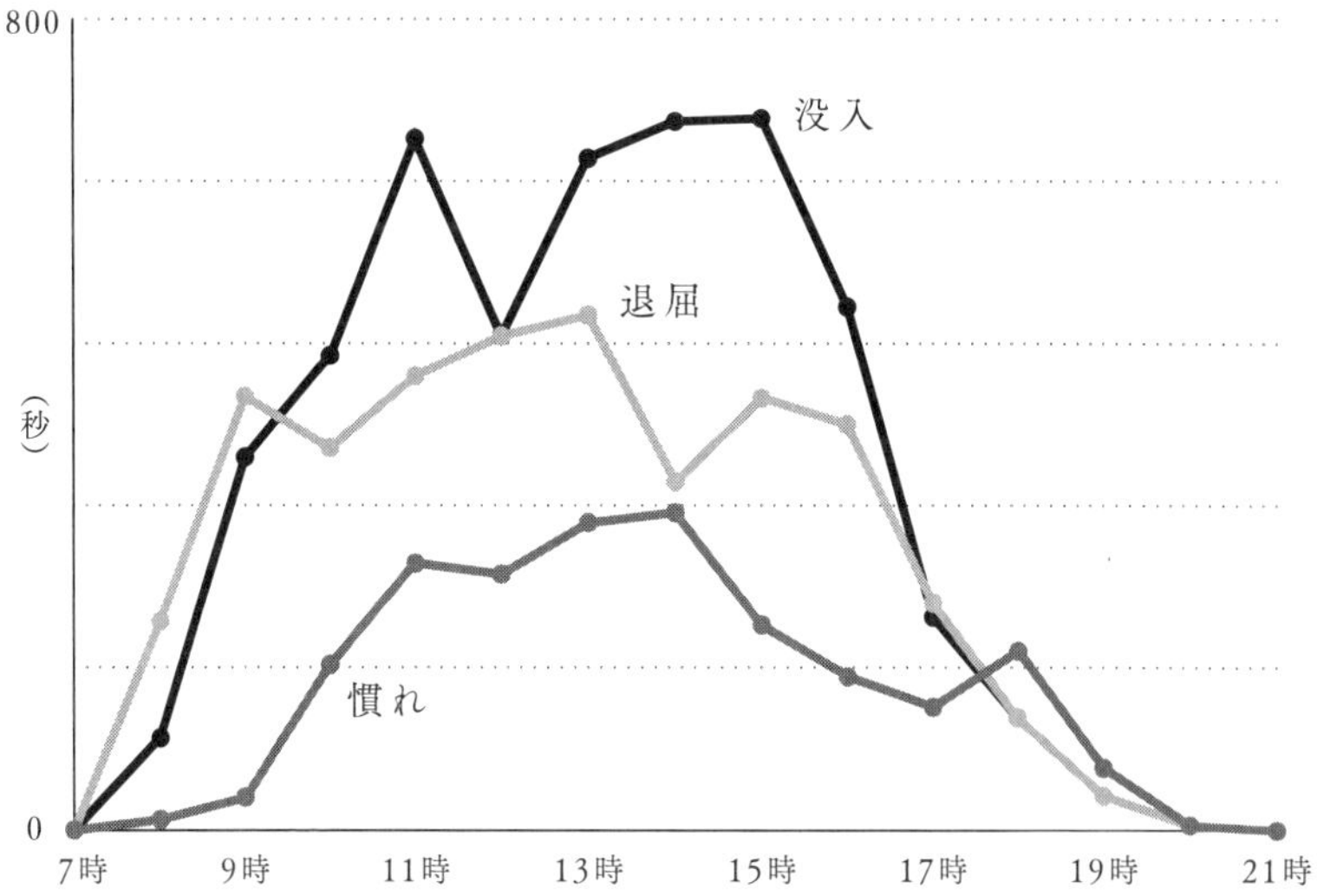

ようにして、事務スタッフ、マネジャー、技術者、エンジニア、デザイナー、研究者など、さまざまな分野の人たちの集中を調べた。

データ収集を終えると、参加者の回答を3つの集中状態に分類した。驚いたことに、参加者は仕事の最中に苛立つことはほとんどなく、回答が先ほどの枠組みの「不満」に当てはまったのはわずか7回だったので、グラフには記していない。不満の数が少ない理由の1つは、認知リソースを急速に消費するので、その状態を意図的に避けようとするからだろう。

集中にはやはりリズムがあるようだ。**図3-2**に、1日のあいだに人々が感じる「没入」「慣れ」「退屈」の集中状態の移り変わりを示した。[22] すべての仕事に共通して、「没入」のピークは2回見られる。午前11時と午後3時だ。始業時にはまだ心の準備ができておらず、最初から没入状態にならないこともわかった。「没入」

には時間がかかるのだ。昼食休憩のあとは、またゆっくりと集中を高めるが、午後3時を過ぎると「没入」は減る。これはおそらく認知リソースの消費と一致している。

「慣れ」の集中状態は1日の多くの時間で別のリズムを示す。午前9時ごろから上がり、午後2時ごろまで続いて、そこから落ちはじめる。「退屈」のピークは昼食のすぐあとの午後1時ごろだ。一方、1日を通じて、職場の人々はおおむね退屈するより没入している時間の方が長かった。1日のほとんどで、退屈している時間のほうが慣れの時間より長かった。

これに関連した別の研究で、私たちはある大企業の文書管理者に、集中の山と谷についてインタビューした。彼女の場合、集中のピークが訪れるのは正午から午後2時で、その間にメールを処理し、上司や部下と話し合っていた。午後2時から4時は集中の「谷」で、緊急の文書点検のような予期せぬ事案が突然降ってくるのを怖れている。心身ともに集中度が落ちる時間帯にピーク時の集中力で働くことを求められるため、わずかな集中リソースをかき集めなければならない。

人々がデバイスを使う行動にもリズムがあった。私たちはコンピュータの使用履歴も記録したので、参加者がコンピュータでおこなう活動を秒単位で正確に知ることができた。そこで、その結果を発信時刻つきのポップアップの質問への回答と突き合わせ、それぞれの活動の集中状態を確認した。

図3-3に、コンピュータを使った活動ごとの状況を示した。[23] これを見ると、1日のあいだにやはり集中度が変動していることがわかる。参加者がメールの受信トレイとカレンダーに使う時間のピークはだいたい午前10時と午後2時で、「没入」のピークとほぼ一致している。ワードやエクセ

図3-3　コンピュータの使用履歴にもとづく1日の活動の移り変わり

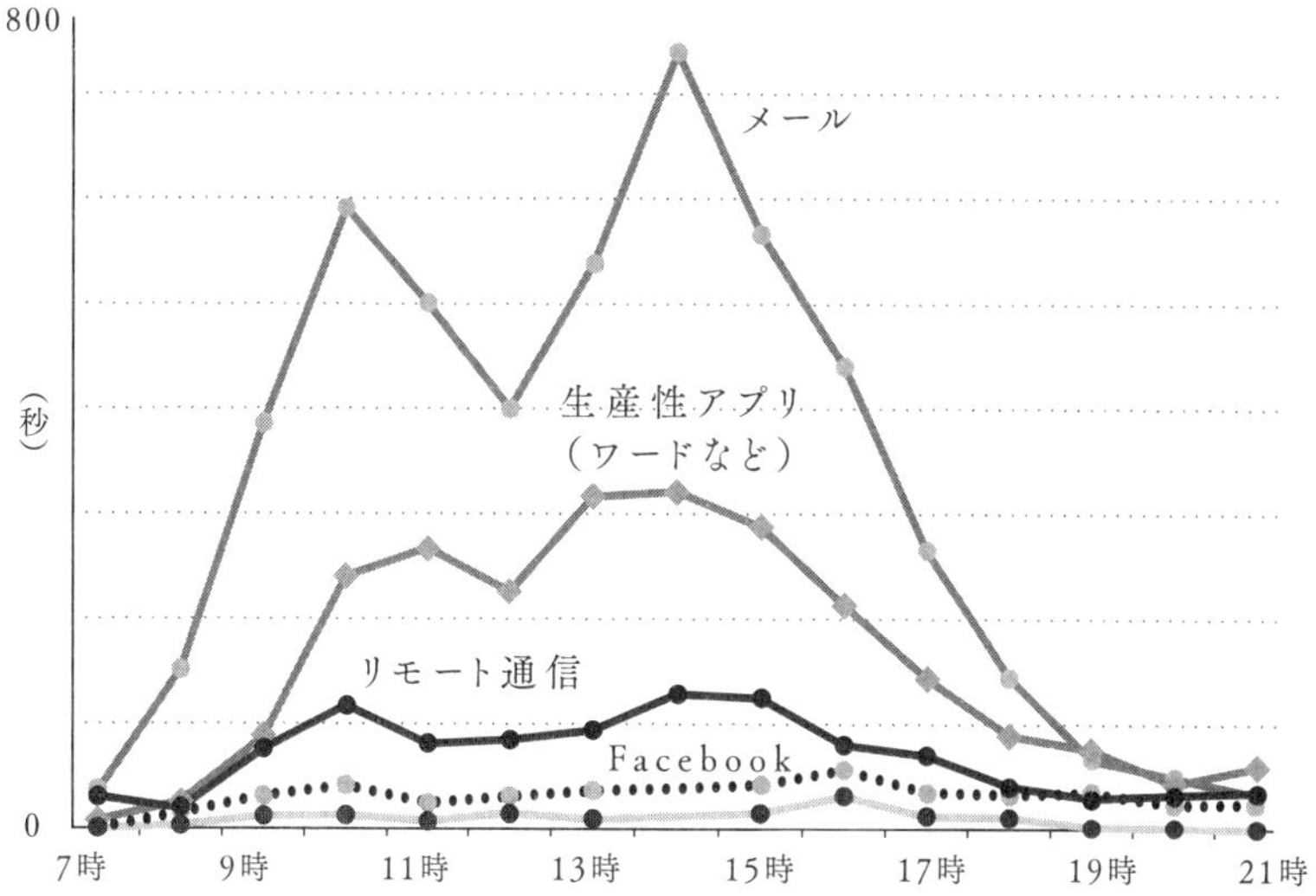

ル、パワーポイントなどのアプリも、ほぼ同じリズムで使用されていた。リモート通信とウェブ検索は1日中おこなわれる。Facebookも1日中見られていたが、別の統計学的分析によると、Facebook関連の活動は昼食前より昼食後のほうがはるかに多く見られた。

コンピュータを使った活動と4種類の集中状態との関係をさらに探るために、私たちはデータを精査することにした。その結果、人々は没入しているときにメールの処理をしがちであることがわかった。ネットサーフィンやPCのウィンドウを盛んに切り替えるのは、退屈しているときが多い。Facebookを見るのは退屈または単純な活動をしているときで、没入状態のときはほとんどない。こうした結果は私たちの予想とほぼ一致していた。

1週間のなかでリズムがあることもわかった。最も没入度が高いのは月曜で、これは週末に充分な睡眠や休養をとって認知リソースを回復した直後だからだろう。月曜の突出した没入のあと、おそらく少し気を抜くせいか、火曜は週のなかで最も没入が少なく、水曜になるとまた少し増える。木曜は単純な活動が最も多いが、おそらくそれも少し気を抜いてリソースを回復するためだ。そして金曜になると没入が多少増える。

人はなぜ注意散漫になるのか

なぜ私たちの集中力は長く続かず、注意散漫になってしまうのか。一般的には、深く集中していたときに中断されると、その後は集中するのが難しくなり、退屈しやすいと考えられている。しかし、特定の集中状態にいるときに注意がそれやすくなることもあるのではないか。

ある実験で、私たちは調査の参加者が最も注意散漫になりやすいと申告した3つの刺激――メール、Facebook、対面のやりとり――についてデータを分析した。[24] これらはいずれもコミュニケーションだ。メールはたいてい仕事に関連しているが、社交や私生活で使うこともある。Facebookは一般的に社交目的で、対面のやりとりには仕事も社交もある。対面のやりとりの観察にセンスカムを用いたことは前述したとおりだが、これは参加者が首まわりに装着する小型カメラで、15秒おきに装着者が見ているものの写真を撮る。私たちは、そこに人の顔が写っていれば誰かとやりとりしていると見なした。

実験の結果、退屈した人はFacebookか対面のやりとりに注意を向けやすいことがわかった。同様に、単純な活動をしているときにも、対面のやりとりに注意を向けることが多かった。つまり、慣れ、または退屈な状態のときに注意がそれがちだった。この実験は、特定の集中状態になると注意がそれやすいという私たちの仮説を裏づけるものだった。

では、なぜそうなるのか。それは、退屈しているときには目標をめざす強い集中がなく、単純な活動をしているときにも目標意識が弱くなりやすいからだろう（たとえば、ソーシャルメディアの投稿をスクロールしているときなど）。集中は目標によって高まる。退屈したり単純な活動をしているときのように、はっきりとした目標がなければ、私たちの注意はあちこちにさまようのだ。

集中度を高めるのは「フロー」より「リズム」

私たちの研究データは集中に関する神話を打ち消すものだった。集中は「している」か「していない」かの二者択一ではなく、人はさまざまな方法で対象に注意を向けていることがわかったのだ。それではなぜ、私たちの集中の度合いは変化するのだろう。また、なぜ、ある状態から別の状態へと移るのだろう。

集中は1日中、認知リソースのレベルの影響を受けるようだ。ある研究によれば、24時間周期の体のリズムにも影響されるし、[25] 目覚めている時間[26]やホルモンの影響についても研究が進んでいる。だがこうした要素以外に、心理学的な見地から、集中にリズムがある理由を説明できるかもしれない。

この考えを裏づけるために、私たちはリズムの専門家を見つける必要があった。そこで私は、ドラマーのバリー・ラザロウィッツに話を聞いてみることにした。ジャズ、フォーク、ロックなどさまざまなジャンルで活躍し、多くの素晴らしいミュージシャンと共演しながら、グラミー賞受賞作品や、アカデミー賞受賞映画のサウンドトラックの制作に参加してきた人物だ。ラザロウィッツによると、人間には特有のリズムがあり、私たちが毎分60拍の行進曲やディスコミュージックに共感しやすいのは、人間の心拍数が毎分約60回で、歩く速さも毎分約60歩だからだという。

体内のリズムについては、ほかのミュージシャンも似たような考えを持っている。1950〜60年代に人気を博したダンスバンドのリーダー、レスター・ラニンも、「ビジネスマンズ・ビート」と呼ばれるツービートのテンポが人気であることを指摘している。踊り方を知らない人も歩き方は知っている。歩調は人間の典型的なリズムである。[27] ラニンの人気も、人間の歩くテンポに似た彼のツービートが多くの人をダンスフロアに引き寄せたからだろう。

しかし、人にはもっと深く長い内部のリズムがある。それは、ある作業を中断して別のことをしているあいだも、そのリズムを維持できることからもわかる。ラザロウィッツによると、サックスの名手のジョン・コルトレーンは、33分間のフリー演奏後に、1拍もはずさずにもとのテンポに戻ってサックスを吹きつづけたという。

コルトレーンは体内にメトロノームを持つリズムの達人だったが、私たちも自分のリズムを見つけることはできる。みな心臓の拍動があるし、認知リソースの増減も感じることができる。そこに注意を払えば、補充が必要なタイミングがわかり、ノンストップの没入で疲労困憊することも避けられるだろう。自分のリズムに従えば、心理的なバランスを回復させることもできる。「集中のコントロール」とは、認知リソースのレベルを意識し、その使用と回復とのあいだで集中状態を切り替えることにほかならない。

フローはデジタル時代の集中力を高める解決策のように思えるかもしれないが、実際にはほとんどの仕事でフロー状態になることはきわめて難しい。フロー状態になりたくても、一般的な労働環境にそれを求めるのは現実的ではなさそうだ。日中はミュージシャンのマネジメントと契約の仕事をしているラザロウィッツも、似たような経験をしている。日中、クライアントに電話をかけ、契約書を作成し、データベースを管理しているときには、没入することはできてもフロー状態にはならない。ところが、夜にほかのミュージシャンと即興で演奏していると、フロー状態になれるというのだ。

コンピュータやスマートフォンに囲まれた日常生活では、めったに観察されない理想のフロー体験より、集中状態のバランス、つまり認知リソースのバランスをとることをめざすべきだ。フロー状態になれなくても、自分のなかのリズムを見つけることはできる。

では、デバイスの使用中に認知リソースのバランスをとるにはどうすればいいだろうか。それには、生まれもったリズムとのつながりを活用し、認知リソースの蓄えを維持するとよい。1日を通して、意識的に没入からほかの集中状態に切り替えるのだ。時間管理術の「ポモドーロ・テクニック」もこの体内リズムの考え方を取り入れて、1日を25分の仕事と5分の休憩で区切っている〔この組み合わせを1ポモドーロとし、4ポモドーロごとに30分の休憩をとる〕。あなたも自分の認知リソースの感覚に従って、あなたなりのリズムを設計することができる。没入はリソースの最大の消費者だが、単純な活動や退屈な状態にあるときは、はるかにリソースの消費量は少ない。私たちは生産的で創造的な没入こそ理想の集中状態と考えがちだが、慣れや退屈も私たちの集中力にとっては重要で、健康や幸福に欠かせない大切な役割を果たしているのだ。

単純で浅い集中、場合によっては上の空の状態も有意義であるという教えは、従来の考え方に反するが、たまには刺激から完全に離れてぼんやりしたり退屈したりすることも必要だ。アンジェロウが「小さな心」でやっていたように、私たちも簡単な何かに集中することができる。それはランニングを軽いウォーキングに切り替えるのに似ている。注意深く活動している状態を維持しながら、体にリソースを回復するチャンスを与えるのだ。まわりにコンピュータやスマートフォンの画面がなければ、自然にバランスをとろうとするだろう。退屈なときには刺激を求めて繁華街に行くが、その刺激が強すぎると感じたら、公園で静かな時間を過ごそうとするように。

忘れてはならないのは、どの集中状態も認知リソースのバランス維持には必要だということだ。私たちは、1日中ノンストップで認知リソースを使い、心的負荷の高いことを続けることはできない。これは1日中、重いウェイトを持ち上げていられないのと同じだ。

適度な休憩をとってデバイスから離れ、リソースを回復するように努めよう。私たちには集中状態の切り替えをコントロールする力もあるし、バランスをとって認知リソースを回復したいという内なる欲求を利用してもいい。そこでは、単純で頭を使わない活動も役に立つ。いまこそ、活発な動的集中をコントロールし、異なる集中状態を意図的・戦略的に切り替え、精神のバランスと生産性を保ちながら健康と幸福を実感すべきときだ。

とはいえ、すべての集中の切り替えが有効とはかぎらない。その一例として、次の章では、現代のマルチタスクの実態について詳しく見ていこう。

第4章 マルチタスクの真実

1990年代初めのある朝、私が職場に着くと、コンピュータサイエンティストの同僚たちがある端末の前に集まっていた。その画面に映し出されていたのは、ワールド・ワイド・ウェブへの入り口となるまったく新しいブラウザ「モザイク」だった。テキストと画像が同時に現れるこのインターフェースは、当時一般的だったテキストのみのブラウザと比べると実に画期的だった。イーサネットの発明者であるボブ・メトカーフに言わせると、「突然何百万人もの人が、インターネットの魅力に夢中になった[1]」。同僚も私も畏敬の念に打たれたが、そこからあっという間にさまざまな面で生活が激変するとは思いも寄らなかった。人との交流も仕事も余暇の過ごし方も、そしてもちろん、集中にかかわる行動も、すべてが大きく変わった。私たちはコンピュータやスマートフォンから離れられなくなったのだ。

本章では、コンピュータの技術が生活に浸透していく過程で、私たちの集中行動がどう変わっていったかについて詳しく見ていく。ごく幼いうちに「短い集中時間」の基礎が築かれることもその1つだ。

私はニュース中毒者だが、「モザイク」が世に出た数年後、写真入りのニューヨーク・タイムズをオンラインで読めるようになったときには、いたく感動した。やがてストリーミング動画でニュース番組も見られるようになったが、司会者の画像はまだ小さく、切手サイズだった。1日1回だけ配信されていたニュース記事は、のちに1時間ごと、毎分ごとにアップデートされるようになる。オンラインのコミュニケーションも広がり、突如として、みながブログを書いているように思えた。

デジタル世界は進化し、マルチタスクの急拡大に最適な条件を生み出した。ただ、マルチタスクは決してデジタル時代に始まったものではない。考古学者モニカ・スミスは著書"*A Prehistory of Ordinary People*"（庶民の先史）[2]のなかで、マルチタスクは私たちの二足歩行の祖先が道具を作りはじめた150万年前からすでに存在していたと指摘している。人類は生き残りのためにまわりの環境に常に注意を払わなければならず、その際にマルチタスクに頼っていたというのだ。狩猟採集民は食べ物をあさりながら道具を作るための材料を探し、子供の世話をし、捕食者にも目を光らせていた。一方、今日では、生存のために常時環境を監視する必要はないので、目の前のタスクに長時間没入できてもいいはずなのだが、現実はそうはなっていない。

人々の時間の使い方には、1つのタスクを完成させたあとで次のタスクに移る「モノクロニック（単一時間）型」と、同時にいくつものタスクを扱う「ポリクロニック（複数時間）型」があり、その間のグラデーションを成している。タスクからタスクへ次々と移動しても認知負荷が変化しない人はまれにしかいない。そうした能力を持つ人は、（複数の目標の対立を検知する）脳の前帯状領域と（目標の維持、切り替え、更新をする）後部前頭極にある集中制御ネットワークの各部位を、ふつうの人より効率的に使えるからだ。[3]

「複数のタスクを同時にこなすのは好きではない」などの項目に回答していく「マルチタスキング・プレファレンス・インベントリー」と呼ばれる尺度で調べると、ほとんどの人はモノクロニック型からポリクロニック型までのあいだの中間域に位置していることがわかる。[4]

ラトガーズ大学のキャロル・カウフマンらは、「ポリクロニック・アティテュード・インデックス」という類似の尺度を用いて、３００人以上を対象にポリクロニック型の特徴を探った。[5] それによると、ポリクロニックな時間の使い方（複数のタスクの切り替え）が好きな人は高学歴で、勤務時間が長く、計画に柔軟に対応し、興味深いことに、仕事より人間関係を重視する傾向があった。また、モノクロニック型の人と比べて、役割過重（やることが多すぎて時間が足りないという感覚）に悩まされることも少なかった。

しかし、現代の多くの職場では、モノクロニック型の人も、実際はポリクロニック型の働き方を強いられている。おそらくそれは職場の要請や、メール、ショートメッセージ、チャットツールなどの電子コミュニケーションが存在するせいだ。これによって、今日の大多数の人の生活に深刻なミスマッチが起きている。本来はモノクロニック型の人がポリクロニック型の働き方をすることで、集中を意識的にコントロールする力がますます妨げられているのだ。モノクロニック型の人は役割過重を感じやすいが、それでも複数のタスクの切り替えに必死で対応しようとする。この傾向は、私たちの研究で「仕事に圧倒される」と答えた多くの人に共通して見られた。

マルチタスクとは何か

一般的に、私たち人間がなんらかの活動に取り組むとき、一方ないし両方に使う集中リソースがゼロかそれに近くなければ、2つの活動を同時にはできない。前述したように、歩きながら電話をかけることは可能だが、電話をかけながらメールの返事を書く場合は、厳密にはそれらを同時に進めているわけではなく、2つのタスクのあいだで集中をすばやく切り替えているだけだ。マルチタスクをしているとき、脳はさまざまなタスクに注意を向けては引き上げるという動作を繰り返している。活動の切り替えを促すのは、メールの通知などの外部からの刺激か、記憶などの内的要素だ。

大勢の人が集まるパーティーで、部屋の向こうにいる人から突然名前を呼ばれて、遠く離れたところにいるその人物に注意を向けたことはないだろうか。これは認知心理学者コリン・チェリーが「カクテルパーティー現象」と名づけたもので[6]、私たちが騒音のなかでも、自分に関係のあることや興味があることを自然に聞き取ることができる能力である。

カクテルパーティー現象に関する私自身の経験を紹介しよう。あるとき、私は2つの重要な電話会議をうっかり同じ時刻に入れてしまい、コンピュータにつないだイヤフォンと携帯電話につないだ別のイヤフォンをそれぞれ片耳に入れて、同時参加した。2つの会議のあいだで集中を切り替え、一方から意見を求められると、カクテルパーティー現象によってすぐ自分の名前は耳に入るものの、内容を理解することはできず、そのたびに話し手に質問を繰り返してもらわなければならなかった。私が同時に2つの会議に出ていることは誰にも見抜かれていなかったことを願うが、注意力のコントロールと処理に多くのリソースを使う2つのタスクを同時にうまくこなすのは、ほぼ不可能であることを実感した。

集中を切り替えるのが有益なときもある。新しい活動に移ると、目の前の困難なタスクによって生じるネガティブな心境から抜け出せたり、認知リソースを補充できたりするからだ。解決できない問題も、一度放置して温めておくと、新しい解決策が見つかるかもしれない。逆に、あまりに頻繁にタスクを切り替えると、つねに新しいものに集中し直さなければならず、時間と活動が細切れになって逆効果となり、ストレスも生じやすい。実際、私が電話会議をダブルブッキングしたときも、いつもと比べてまったく貢献できなかった。

マルチタスクの2つの視点

異なる複数の活動のあいだで集中を切り替えることについて、人々はどうとらえているのか。私たちの研究の参加者のなかには、集中の切り替えと聞いて、あるプロジェクトから別のプロジェクトへの切り替えについて話す人もいれば、文書の作成を中断して上司にメールを送るような、もっと細かい切り替えをイメージする人もいた。マルチタスクは自己相似形を持ったフラクタルパターンのようなもので、私たちはそれをさまざまなスケールで見ている。ズームアウトしてプロジェクト単位で見ることもあれば、ズームインしてもっと小さな単位で見ることもある。こうした異なる視点によって、私たちの集中行動を総体的に理解することができる。

グーグルマップを例に考えてみよう。ロサンジェルスからコロラド州ボルダーまで行く旅は、さまざまなレベルの精度で見ることができる。広角でズームアウトすればアメリカ全土の地図になり、カリフォルニア州を横切ってネバダ州南部、ユタ州の中央を通ってコロラド州に至る進路を大きくとらえられる。しかしズームインすると、1本1本のハイウェイや、通過する小さな町、国有林などが観察できる。

マルチタスクについてズームアウトすると、人々がプロジェクト（研究論文の執筆や提案書の作成など）を切り替えるところを見ることができる。一方、ズームインすると、メッセージのタイピングや、ソーシャルメディアの投稿を読むこと、メールの返信など、「低いレベル」の作業で集中の切り替えをする様子を観察することができる。どちらの視点もマルチタスクの性質を考察する際に役立つものだ。

私たちの集中が目標指向であることを思い出してほしい。視点を大きいプロジェクトから細かい作業に移すとき、私たちは目標を高いレベルから低いレベルに切り替えている。私が働くときもつねに、高いレベル（論文を仕上げるなど）と低いレベル（気になっていた電話をかけるなど）の目標のあいだを行き来している。

「生きた実験室」を作る

自分の集中先が複数の対象間で細かく切り替わることに興味を持った私は、その傾向がほかの人にどの程度見られるか、調べてみることにした。環境の整った実験室で測定機器を用い、被験者の集中の切り替えを観察する方法ならわかるが、実際に職場で働く人々の集中の切り替えを測定するにはどうすればいいだろうか。

実験室で人々を観察しても貴重な洞察は得られるが、日々のプレッシャー、同僚との対立、キャリアプラン、笑える話など、実際の職場で私たちが体験するさまざまな要素を実験室でモデル化することはできない。テクノロジーの使い方や影響を正しく理解するには、彼らが毎日働いている現場に行かなければならない。実際に人々が自然な状態でテクノロジーを使って反応するところをリアルに観察し、詳しいデータを収集する必要があった。つまり、「生きた実験室」を作らなければならなかったのだ。

これはかなりの難題だった。そこで私たちは、20世紀初頭の経営コンサルタントの草分けとして知られるフレデリック・テイラーの手法を参考にすることにした。1856年生まれのテイラーは機械工として働きはじめ、のちに工学関連のコンサルタントとして、労働者の作業を科学的に観察する「テイラリズム」または「科学的管理法」と呼ばれる手法を開発し、世に広めた人物である。[7]

テイラーは工場労働者の作業時間をストップウォッチで測り、石炭シャベルの最適なサイズを見つけるなど、作業効率を改善する方法を探ろうとした。労働者を極限まで働かせて生産性を上げようとする彼の意図は必ずしも全面的に支持できるものではないが、その方法論は私たちの研究に大いに役立った。私たちはあらゆる職種の知識労働者のうしろで、1つの活動から次の活動に移るまでの時間をストップウォッチで正確に測定することにした。私たちにはテイラーのように人々の行動を最適化する意図はなく、観察すること自体が目的だったことを強調しておきたい。たとえば、ある人がメールソフトを開けばストップウォッチを押して開始時間を記録し、やがてメールから離れて電話を取れば、メールの終了時間と電話の開始時間を記録する。骨は折れるが、興味深い作業だった。

私たちは、調査の参加者がどんなアプリや文書を使っているか、同僚の誰とやりとりしているかまで、できるだけ詳しく記録した。初期の観察では参加者が実験を意識しすぎていつもと違う行動をとった可能性があるため、最初の数時間分のデータは省くことにした。とはいえ、職場の人々はみなすぐに私たち観測者の存在に慣れたし、何より仕事をこなさなければならず、自分たちの行動の変化など気にしている暇はなかった。

こうしたデータを苦労して収集してみると、次のようなことがわかった。知識労働者たちはコンピュータの前にいるかどうかにかかわらず、あらゆる「低いレベルの作業」について平均3分5秒で切り上げ、次の作業に移っていたのだ。[8] これには同僚とのやりとりも含まれるが、コンピュータ作業だけに限定すると、平均2・5分ごとに切り替わっていた。すべての活動について約3分、とくにコンピュータの作業で2・5分ごとに切り替わるというのは、当時としては驚くほど短かったが、それから15年後のさらなる変化を考えると、これで驚いていてはいけなかった。

集中時間《アテンション・スパン》はますます短くなっている

ストップウォッチを持って職場で働く人々のうしろで観察するのは手間がかかる。私たちはほかにもっと効率よく職場のデータを収集する方法があるはずだと考えた。幸い当時はセンサー技術が革命的な発展を見せた時期でもあった。胸のまわりにストラップで装着する心拍数モニターや、手首に巻いてストレスを測定する機器など、高機能の素晴らしいイノベーションが次々と誕生したのだ。身体活動を記録するセンサー内のアクティグラフで、人々が職場をどのくらい動きまわるかも確認できるようになった。

こうしたウェアラブル端末は睡眠を記録することもできた。コンピュータの新しい履歴収集法が発明され、1つの画面にどのくらいの時間集中しているか、いつアプリやウェブサイトや画面を切り替えたかも詳細に記録できるようになった。参加者がコンピュータやスマートフォンの1つの画面から別の画面に移ったときには、認知を別の対象に移したと考えた。

こうして私たちは、生きた実験室で集めたさまざまな測定値を正確な時刻と突き合わせ、人々が実際の職場環境でテクノロジーをどう使っているかを細かく把握できるようになった。この新しいデータ収集方法は人の立ち会いを必要としないので、参加者は監視者を気にせずに働けるという利点もあった。何よりも優れているのは、データが客観的で1秒単位まで正確なことだった。

この「精密追跡」は最先端の行動測定法だった。もちろん、参加者は自分の行動が測定されていることを知っていたし、私たちの研究はすべて倫理委員会で承認されたもので、すべての参加者は同意書にサインした上で、データは匿名で扱われ、いつでも自由に実験を離脱することができた（実際に離脱者はいなかったが）。実験の参加者はコンピュータ上でおこなう作業を記録されることに同意したが、研究ではコンテンツそのものは記録せず、いつ、どんなアプリを使い、どんなURLを見たかという情報だけを収集した。

47秒間の集中

デジタル機器の利用が人間の集中状態にどう影響するかを調べる私の長年の研究に参加してくれた人々は実にさまざまで、みな知識労働者ではあるが、職種も職場も違っていた。年齢層は大半が25〜50歳だが、もっと若い学生を対象にすることもあった。観察は数日から数週間に及び、毎回何千、何万時間もの記録が得られた。

こうした追跡調査から得られた結果によると、私たちが1つの画面から次の画面に移るまでの平均時間は、年々短くなっていることがわかった（**図4‐1**）。私たちが研究を始めたばかりの2004年には、コンピュータの一画面に注意を向けている時間は平均150秒（2分半）だったが、2012年にはそれが75秒になり、さらに2016〜21年には44〜50秒まで短くなっていたのだ。

ほかの研究者もコンピュータの履歴を活用して同様の結果を確認している。マイクロソフトリサ

図4-1　コンピュータ画面への集中持続時間（2004～21年）[12]

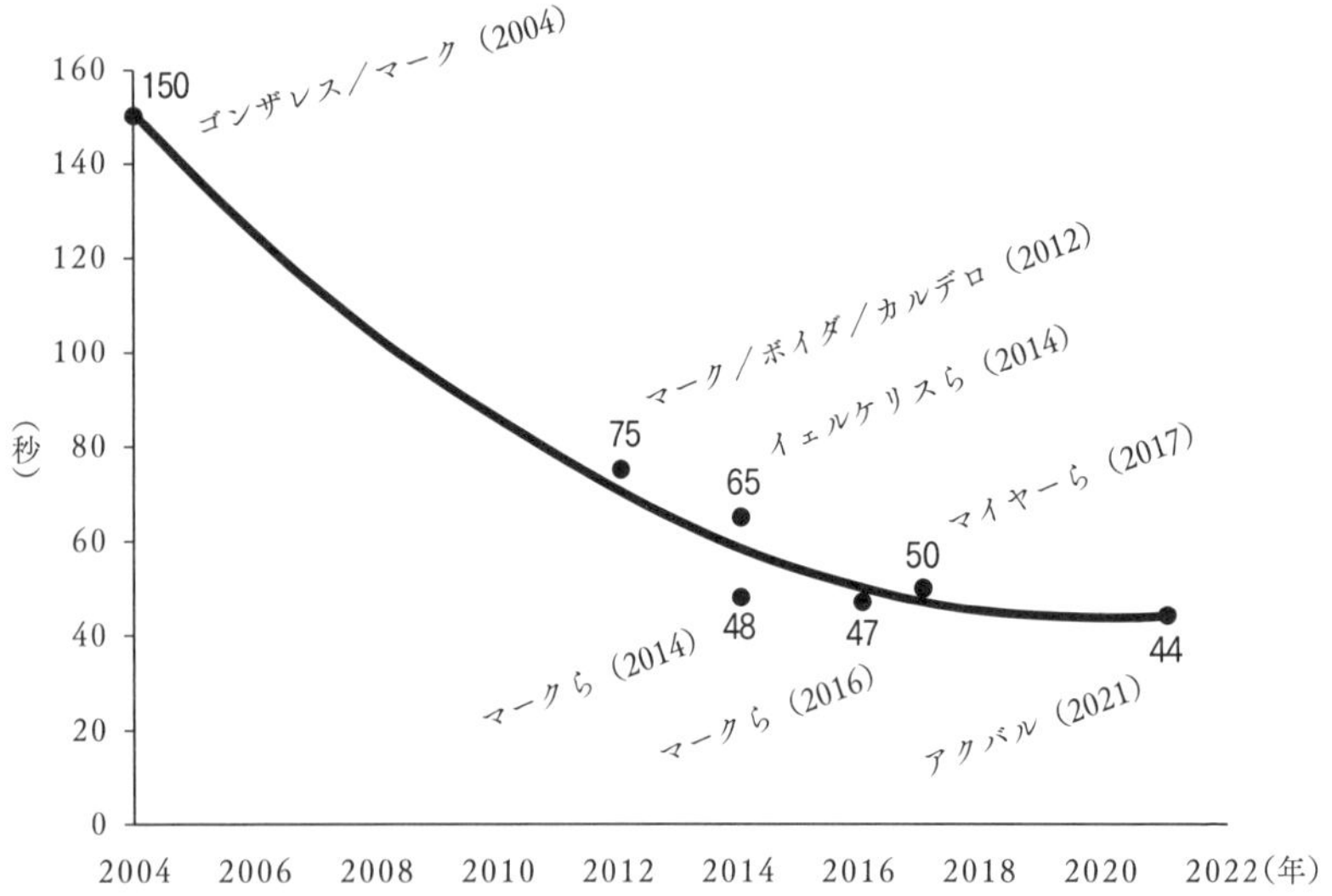

ーチのアンドレ・マイヤーらが、ソフトウェア開発者20人の平日11日分の仕事を調べたところ、彼らが集中を持続している時間は、平均50秒だった。[9] その後、さまざまな職種の会社員50人を3～4週間にわたって調査した別の研究では、集中時間の平均はわずか44秒であることがわかった。[10]

つまり、私たちは毎日働きながら平均約47秒でコンピュータ画面に向ける集中を切り替えているのだ。2016年には1つの画面への集中の持続時間の中央値は40秒で、[11] 半数の研究で、集中時間は40秒未満まで減少していた。

メールについては参加者の多くが悩んでいたが、この間、全体的な利用時間も延びている。人々が1日にメールに費やす時間は2004年の47分から16年には83分に跳ね上がっている。この統計にはメール以外のチャットアプリの使用は含まれていないため、実際は、さらに多くの時間を同僚とのメッセージのやりとりに費やしているはずだ（ショートメッセージの性質上、何度も短時間の集中を繰り返していると考えられる。この問題については次章参照）。

このように、パーソナルテクノロジーを使う人の集中時間は時とともにかなり短くなっている。これはマネジャー、事務スタッフ、金融アナリスト、技術者、研究者、ソフトウェア開発者、その他あらゆる種類の仕事に共通して見られる現象だ。一方、この集中時間の短縮と並行して、ほかの変化も起きていた。テクノロジーの使用頻度の急増にともない、人間関係、環境から受ける影響、個人の習慣、デスクワークをする人々の行動も大きく変わった。過去15年を振り返ると、私がこの研究に着手したころでさえ短かった集中時間は、さらに短くなっている。

仕事モードと休憩モード

では、実験の参加者は、自分の集中行動についてどうとらえていたのか。短時間で集中を切り替える理由として、多くの人が挙げたのは、習慣、退屈、多すぎる仕事、友人や同僚への連絡、ただの逃避などだった。「仕事モード」と「休憩モード」という言い方をする参加者も多く、「もう1人の自分がいる」などと言う人もいた。YouTube の音楽を聴きながら働いているというミレニアル世代の1人は、仕事と曲の歌詞のあいだで切れ目なく集中を切り替えることに慣れていると語った。ソーシャルメディアをたびたび見ることを「スナックの時間」と呼ぶ人もいた。参加者の多くは、仕事への集中が削がれて時間の感覚を失うことを「トンネル」にたとえたり、「集中の罠にはまってしまう」などと語ったりした。

ＩＴ企業で働くある30代の研究者は、コンピュータ画面に向かっていると、頻繁に集中が切れてほかのことをしてしまうと述べていた。「味気ない仕事の現実」から離れたいという気持ちが生じると、ウェブで何かおもしろいことはないかと探しはじめる。彼女にとって、ネットサーフィンは刺激的で仕事の憂さを忘れさせてくれるものであり、こうした集中の切り替えを、新しいことを学べる「生産的」な行為だと考えていた。それでもほかの多くの参加者と同様に、仕事以外のことに費やしている時間の長さに気づくと罪悪感を覚えるという。

40代前半のソフトウェア開発者も仕事のエンジンがかかるのが遅いタイプで、最も効率よく働けるのは午後2時～9時だった。しかし、職場には午前9時から午後5時までいなければならないため、午前中は集中するのが難しく、仕事に関係のないウェブサイトやニュース記事、ソーシャルメディアを頻繁に見てしまうのだという。

一方、同じ企業に勤める40過ぎのアナリストは、デバイスを使うときには自制がほとんど利かないと語った。彼は仕事で難しい問題にぶつかると、集中先を別のものに移す傾向があった。単純なゲームをしたり、ソーシャルメディアの記事を書いたりしていると、一定の達成感が得られる。だが、彼も仕事以外の活動に多くの時間を使っていることに罪悪感を覚えていた。

参加者の多くは、集中の切り替えを「無意識」におこなっていると述べていた。知らないうちに集中が頻繁に切り替わるモードに入ってしまい、しばらくしてそのことに気づくのだという。この無意識の集中の切り換えは、作家ウィリアム・ジェイムズが考えた、人が意識的にコントロールできる集中とは対照的なものだ。

こうした頻繁な集中の切り替えは、私たちの情報処理能力に悪影響をもたらす。前に見たものが、いま見ているものに干渉して「注意残余」になるのだ。[13] この注意残余は、とくにいま目の前にあることに熱中していない場合に影響が大きい。また、感情も「残余」になりうる。たとえば、Twitterの悲しい記事を読んで悲痛な気持ちになると、仕事に集中を切り替えたあともその感情が尾を引く。こうして、注意や感情の残余のせいで仕事に没入することはますます難しくなる。

デスクワークと集中時間の短縮

集中時間の短縮と同時に、私たちには、もう1つの驚くべき変化が起きている。デスクワークの時間が増えているのだ（図4-2参照）。知識労働者の職場行動を観察した初期の研究によると（当時はストップウォッチを使わず、観察者は手帳に自分で測った時間を書き留めていた）、メールが普及する前の1960年代半ばから80年代半ばにかけて、デスクワークは1日の労働時間の平均28〜35パーセントで、[14][15][16] 残りの時間は公式、非公式の会合に使われていた。

しかし、インターネットとメールが爆発的に普及した2004年には、1日の労働時間の平均52パーセントがデスクワーク（コンピュータと電話を利用）になった。これは初期の数字のほぼ2倍である。[17] さらに、2019年の実験では、私たちは手首に装着して歩行数を検知するウェアラブル端末と、オフィス内の位置を示す小さなワイヤレス発信機を用い、1年にわたって603名のデータを

図4-2　デスクワークに費やす時間の割合の変化

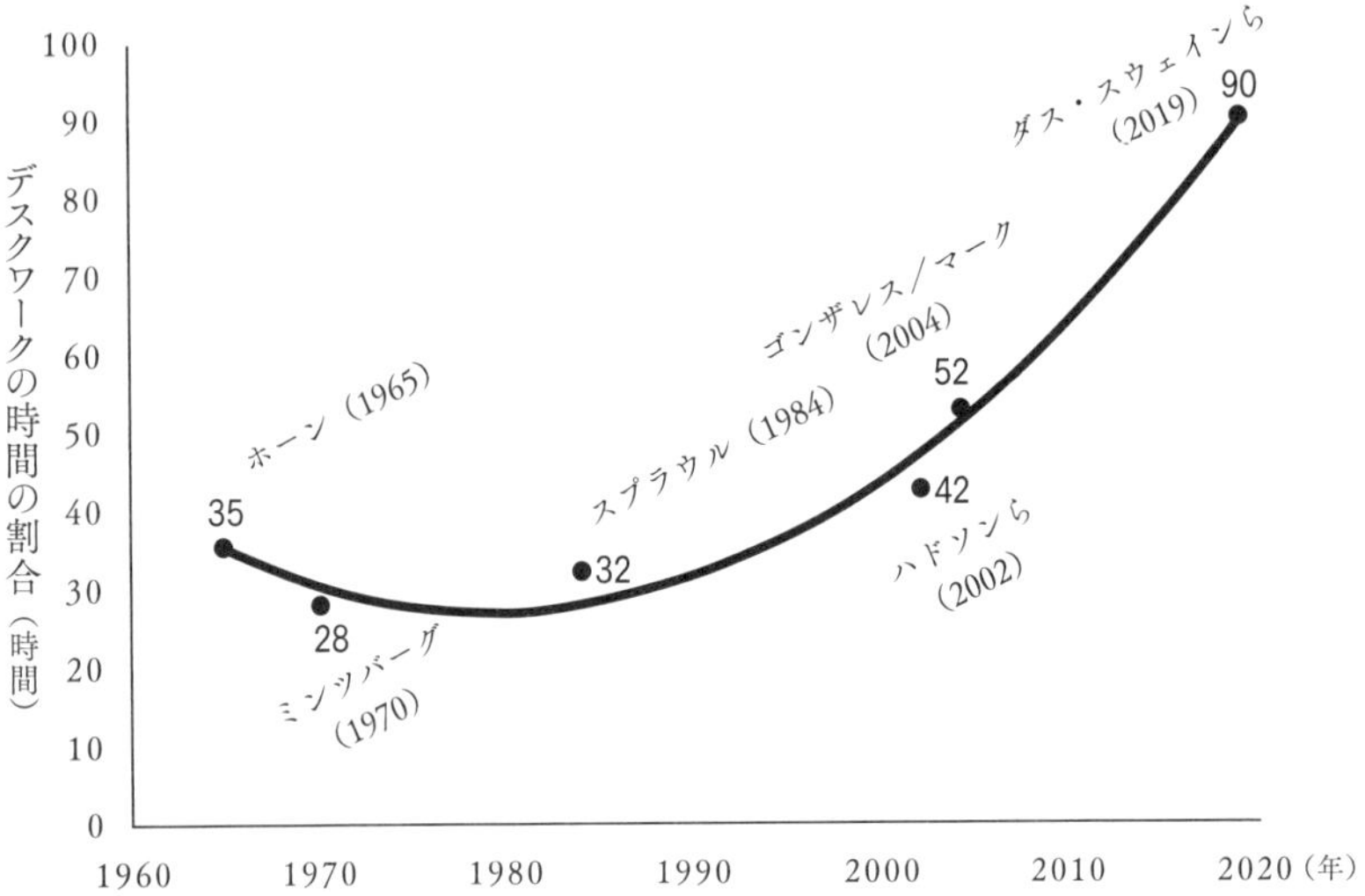

1965～2019年のゴンザレス／マーク（2004）の研究では、デスクワークに固定電話と携帯電話の使用が含まれる。1965～84年の研究は、職場にメールが導入される前におこなわれた[19]。

収集したところ、オフィスで働く人々の労働時間の90パーセント近くをデスクワークが占めていることがわかった[18]。

もちろん、メールとインターネットの興隆だけがデスクワークの時間を増やしたとは言いきれないが、この現象を解明するヒントになりそうなほかの発見もある。

人々が会議室などに集まっておこなう対面の会合が減っていたのだ（これに関連する研究はパンデミックの前におこなわれたものであることに注意されたい）。1965～84年の知識労働者は、1日の労働時間の平均34パーセントを対面の会合にあてていたが、2004年になると、それが平均14パーセントにまで減っていた[20]。

この変化をどう見るべきだろうか。データを見ると会合に費やす時間自体は減っていないものの、かつて対面でおこなわれていた会合が、メール、メッセージ、オンライン会議など、電話やコンピュータを使うスタイルに代わったと考えられるかもしれない。コンピュータの前で働く時間が増えれば、画面上で集中を切り替えることも多くなる。同時に、パンデミック期間中のようにウェブ上の会合が増えれば、手元の仕事から会議、あるいは1つのオンライン会議から次のオンライン会議に移行する移動時間も短くなる（オンライン会議中にメールを送ったりウェブサイトを眺めたりして、マルチタスクをすることも当然可能だ）。

会議室に歩いていくだけでも、体を動かすことで短い休息となり、前の活動から離れて次の活動に備えることができる。だが、オンライン会議が増えたことで、私たちは、会合の合間に息抜きをする機会も失いつつある。

異なる仕事間の集中の切り替え

私たちの研究では、コンピュータ画面の前での集中時間は約47秒でほぼ安定していることがわかった。読者のみなさんは、同じ「仕事領域」（たとえば同じプロジェクト）であれば、単純なタスク間の集中の切り替えはさほど悪いことではないと思うかもしれない。私自身、研究論文を書くときにはつねに、執筆、メール、コミュニケーションツール、ウェブでの情報検索、オンライン会議、同僚との会話、分析など、複数の作業のあいだで集中を切り替えている。単純なタスク間で集中を切り替えていても、たいてい高いレベルの視点を保ち、もっと難易度の高い仕事領域のことを考えている。集中先の移動が同じ仕事領域のなかでおこなわれていれば、切り替えはさほど問題にはならないようにも思える。

しかし、私たちがおこなった別の研究で、異なる仕事領域のあいだでの集中の切り替えを観察したところ、[21]人々は1日に平均12件以上の仕事領域にかかわっており、単純なタスクに費やす時間だけでなく、1つの仕事領域に費やす時間もかなり短くなっていることがわかった。平均して10分29秒後には次の仕事領域に移っていたのである。これはつまり、10分半ごとに別の仕事領域に集中先を切り替えていることになるが、もっと具体的な行動を見ると、たとえばメールなどへの集中時間はさらに短くなる。

集中に割りこんでくるものはすべて同じではない。さほど気が散らない割りこみもあれば、非常に気が散るものもある（たとえば、スケジュールの問題点を教えてほしいと同僚が相談してきた場合を想像してみてほしい）。そこで私たちは、さほど気が散らないと考えられる2分以内の出来事をデータから除外し、その短い中断はなかったものと見なすことにした。驚いたことに、それでも平均12分18秒で1つの仕事領域から次の仕事領域に移っていた。つまり、約12分ごとに2分以上の大きな中断に直面していたのだ！

もちろん、これは集中力という観点で、好ましい状態ではない。元のタスクに戻るためにそれぞれのタスクで求められる認知リソースをかき集める時間が必要になるからだ。異なる仕事領域を移動するたびに（当然単純なタスク間の移動でも）長期記憶に保存されているそのタスクの知識にアクセスしなければならず、それによって認知リソースが消費される。ある仕事領域にしばらく手をつけていなければ、そのタスクのスキーマ（行動パターン）を呼び出して起動させるために、さらなるリソースが必要になる。関連する内容のメールを書くなどの限定的な作業をしているときにも、このことは当てはまる[22]。

たとえ仕事領域が変わらない場合でも、何らかの中断が入ると、私たちの脳が長期記憶からスキーマを再び引き出す努力が必要となる。未完の仕事状況を正確に把握しなおして元のペースを取り戻すために、認知リソースを消費するからだ。そう考えると、認知リソースが枯渇するのも当然である。

中断した仕事を再開するためのコスト

では、中断が入ると実際には何が起きるのだろう。中断した仕事を再開するにはどのくらいの時間がかかるのか。これには良い知らせと悪い知らせがある。まず良い知らせは、中断した仕事の77・2パーセントは、その日のうちに再開される。一方、悪い知らせは、中断した仕事に戻って作業を再開するまでに、平均25分26秒かかることだ。もっと悪い知らせもある。中断が入った場合、私たちはほかのタスクに注意を向けたあとに、まっすぐもとの仕事に戻るわけではない。平均2・26件の別の仕事に関与してから、もとの仕事領域に戻るのだ[23]。

図4-3はある知識労働者の1日の典型的なパターンを表したものだ。最初の仕事領域から別の仕事領域に移って、さらに3つ目、4つ目の領域に移り、ようやく中断していたもとの仕事領域に

図4-3 知識労働者の1日の仕事領域間の移行パターン

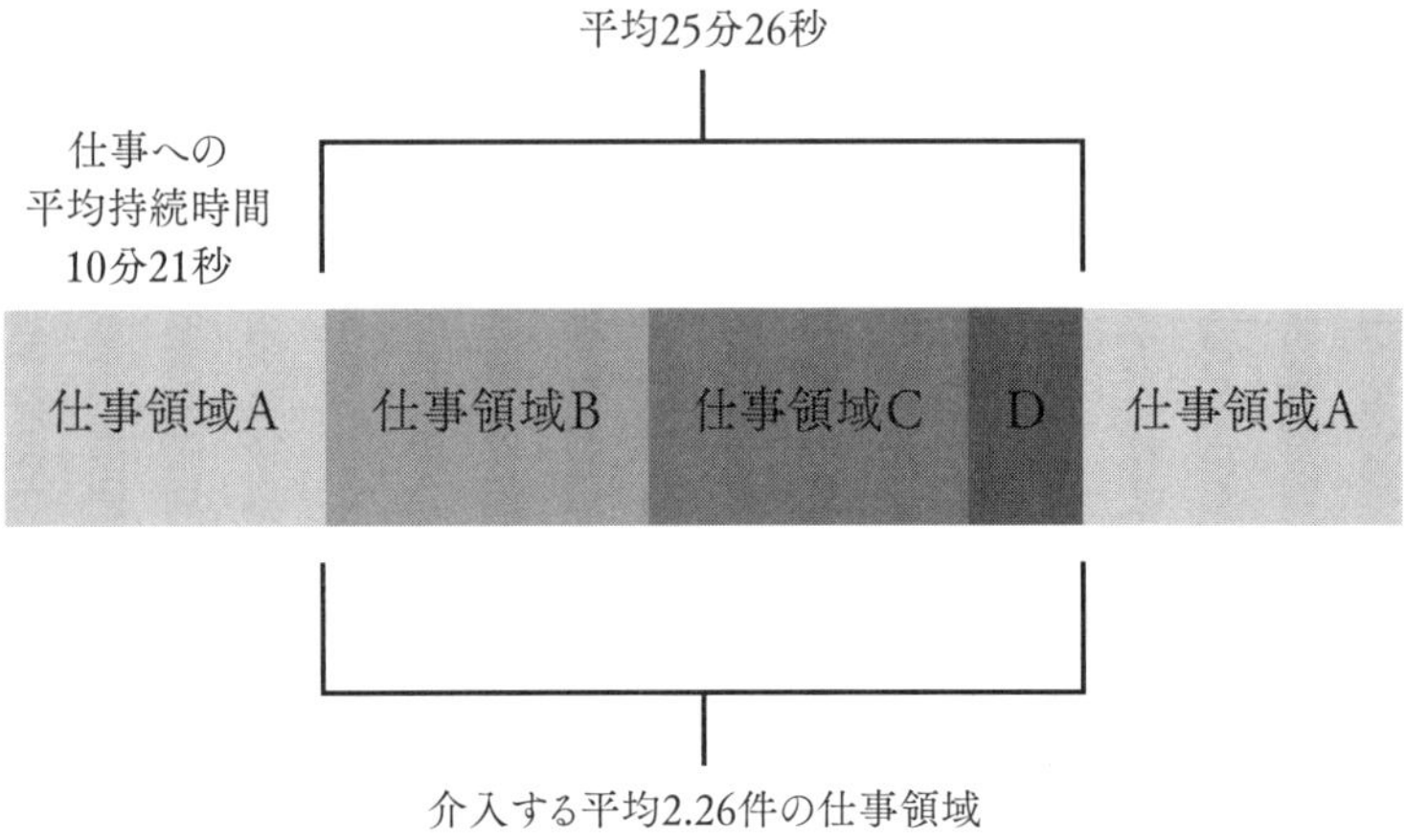

戻ってくる。移動は外部の要因（電話など）による場合もあるし、その人自身から生じる場合もある（次章参照）。タスクを切り替えるたびに長期記憶から新しいスキーマを引き出さなければならないため、こうしたケースでは限りある認知リソースが消耗するし、未完のタスクがたまっていくことで緊張が高まり、ストレスにつながる（次章参照）。

マルチタスクの悪影響

マルチタスクは生産性を高めると信じている人もいるが、むしろ生産性は下がることを示すエビデンスが昔からある。今から約100年前の1927年、アメリカの児童心理学者アーサー・T・ジャーシルドが、マルチタスクによって成果が下がることを実験で示している。

あるタスクの1つの要素から別の要素に心理的移動が生じたときに何が起きるかを知りたいと考えた

ジャーシルドは、中学生と大学生に複数の数字が書かれたリストを渡し、それぞれの数から3を引いた数を答えさせるという実験をおこなった。そして次に、複数の単語が書かれたリストを渡し、反意語を尋ねた（「暑い」を見せて「寒い」と答えるなど）。数字と単語がばらばらに並んでいる場合、実験の参加者は一方の作業からもう一方の作業へと頭を切り替えなければならず、ジャーシルドはそこに切り替えのコストが生じることを発見した[24]。大学生より中学生のほうが切り換えの時間を要したが、切り替えのコストはすべての年齢層で発生した。私たちは、あるタスクをしながら別のタスクについて考えると心的負荷が増す。現在のタスクだけでなく、もう1つのタスクのことも憶えておかなければならず、追加の認知リソースを使うからだ[25]。

近年の研究では、参加者がいくつかのタスクを与えられ、自分の意思で切り替えることができた。すると、切り替えの回数が増えるにつれて、メインのタスクの成績は悪化した[26]。マルチタスクによって各タスクを完了するまでの時間は長くなり、エラーも増えるなど、人々の成績が落ちることは、多くの実験で繰り返し確認されている[27]。同様に、現場でもマルチタスクによる成果の低下が観察されている。たとえば、マルチタスクをする医師は薬の処方ミスが増え[28]、マルチタスクをするパイロットは飛行中にミスをしやすくなるというデータもある[29]。家庭でも、マルチタスクが成果に影響を与えることは誰しも経験しているだろう。料理をしながらメッセージをやりとりし、子供の喧嘩をやめさせようとしているところを想像してみればいい。

マルチタスクに伴うもう1つのコストは、すでに述べた「注意残余」である。繊細な魚料理の味わいに赤ワインが干渉するように、前のタスクに払った注意が現在のタスクに干渉するのだ[30]。現実の職場環境でおこなった私たちの研究でも、集中の切り替えが多くなればなるほど、1日の終わりの生産性は低くなった[31]。

悪影響が及ぶのは生産性だけではない。マルチタスクが高いストレスにつながることは実験でも一貫して確認されている。マルチタスクによって免疫グロブリンA抗体の分泌が減り（ストレスが高いときに減少）[32]、NASA開発の尺度による心的負荷の認知が増え[33]、収縮期血圧と拡張期血圧が高くなる[34]。実際の職場環境でのマルチタスクとストレスにも正の相関が認められる[35]。職場で心拍数モニターを用いた私たちの研究では、デバイス間の集中の切り替えの頻度が高いほど、ストレスも高まることがわかった[36][37]。

幼児、Z世代とマルチタスク

マルチタスクの基礎は人生のごく早い時期に築かれる。子供たちのスクリーンタイム（デバイスの画面を見ている時間）は、2〜4歳ですでに1日平均2時間半になり、5〜8歳になると平均3時間5分まで増える。スクリーンタイムの大半はテレビとYouTubeの視聴だが、5〜8歳では1日40分がゲームに費やされる[38]。たとえば、幼児がYouTubeを見ているときの集中時間はどの程度かはまだ明らかになってないが、研究によって、幼児は年長の子供より気が散りやすく、気が散ったときに、もとの対象に再び集中を戻すまでに長く時間がかかることがわかっている[39]。幼いころからデジタルメディアにさらされた子供は、画面の前で長く過ごすのが当たり前だと思うようになるだろう。

幼児のデジタルメディアの使いすぎで心配なのは、自制と実行機能（第1章参照）が成熟しないうちにさまざまなメディアに触れていることだ。これらの機能は子供時代を通して発達し、10歳前後で成人とほぼ同等のレベルに達する。[40] YouTubeの動画を見るときに自制はさほど重要ではないかもしれないが、デジタルツールの使用頻度が増えた学校では、学習成果にも大きく影響する。

新型コロナウイルスによるパンデミックが始まった2020年にはオンライン授業が広く普及し、いまではいたるところで見られるようになった。オンラインで情報を検索し、算数の問題を解き、読み書きをするあいだにほかのことに注意を向けずにいられる自制心は、オンライン学習に欠かせないものだ。ほかのことをしたくなる衝動を抑えるのは大人でも難しいが、子供たちは重要な精神機能が一部未発達なままデジタル世界に放りこまれることで、早くからその苦労を味わうことになる。その間もコンピュータやスマートフォンを使う時間は長くなる一方で、これは集中力を持続させる力を養う上で、適切な環境とはいえない。

ソーシャルメディアも若者のマルチタスクを助長する。ソーシャルメディアが若者に与える悪影響についてはさまざまなことが語られてきたが（たとえば、オンラインでのいじめや有害行動の助長など）[41]、ソーシャルメディアは成長期の若者にとって非常に重要な役割も果たしている。他者と社会的につながり、多様な自我の発達に役立つのだ。若者はその成長段階に合わせて、独自のソーシャルメディアの利用パターンを確立する。

Z世代はソーシャルメディアのヘビーユーザーだ。本書執筆時点で13〜17歳の85パーセントがYouTubeを視聴し、72パーセントがInstagramを、69パーセントがSnapchatを使っている。[42] 年齢が上がっても利用は減らず、18〜29歳の84パーセントが幅広くソーシャルメディアを利用している。パンデミック期間中に、TikTok の利用率はこの年齢層で180パーセント上昇し[43]、若者の55パーセントが利用するようになった[44]。

ソーシャルメディアのプラットフォームが増えると、マルチタスクの機会も増える。大学生が睡眠時間以外で、どのようにコンピュータやスマートフォンを使っているかを調べたところ、彼らは1日平均118回もこれらのデバイスを使ってソーシャルメディアをチェックしていることがわかった[45]。最も頻繁に見ていた人たち（サンプルの上位4分の1）は1日平均237回で、さほど見ていない人たち（サンプルの下位4分の1）の約6倍以上の頻度で見ていた。

私たちの研究では、学生も大人と同様に集中時間が短くなり、コンピュータやスマートフォンで1つの画面に集中していられる平均時間は、48秒だった。サンプル内でマルチタスクが多い上位10名は、わずか29秒ごとに集中先を切り替えていた。一方、マルチタスクが少ない下位10名は75秒ごとだったが、それでも驚くほど短い数値である。そして、集中の切り替えが速い学生ほど、ストレスの値も高かった[46]。

また、多くの若者は、ウェブ上で宿題をしながらショートメッセージを送るなど、2つ以上のメディアを同時に使っていた。いわゆる「メディア・マルチタスキング」である。ある研究では、その頻度が高まると、現在のタスクに関係のない情報の影響を受けやすくなることもわかっている[47]。つまり、メディア・マルチタスキングが多い人は、集中をたびたび切り替えることに慣れてしまい、デバイスを使っていないときでさえ、気が散りやすくなるのだ。

このことに関連する別の研究もある。アムステルダム大学の研究者たちが、メディア・マルチタスキングの実態を知るために、数カ月にわたる調査を実施した。2390人のオランダのティーンエイジャーにメディア・マルチタスキングに関するアンケートをおこない、「テレビを見ているときに、どのくらいの頻度で同時にSNSを使っているか」という質問に答えてもらったのだ。調査参加者は、DSM-5（精神障害の診断・統計マニュアル第5版）に定義されている、ADHD関連の注意散漫のさまざまな症状についても回答した。その結果、集中に問題を抱えるティーンエイジャーは、問題のない若者に比べて、より頻繁にメディア・マルチタスキングをおこなっていることがわかった。しかし数カ月間調べてみると、メディア・マルチタスキングが集中状態に悪影響をもたらしているのは10代前半の子どもたちだけで、上の年齢層には影響が及んでいないことも明らかになった。[48]

若者の集中のしかたは改善できるだろうか。若者のあいだでゲームの人気は高く、〈モンスターハンターライズ〉のようなアクションゲームでは、同時進行で多くの動きを監視・把握しなければならない。ロチェスター大学の研究者たちは、アクションゲームをする人がとくに高い集中力を持っているのではないかと考え、平均21歳のゲーマーと、それ以外の人たちを比較する実験をおこなった。[49]

その実験で与えられた課題は、画面の円のなかでターゲットとなる形（四角形や菱形）をすばやく見つけ、円の外にある不正解の形には反応してはいけないというものだった。実際、この視覚選択タスクでは、普段からゲームをしているゲーマーの成績はほかの人たちより高かった。彼らは画面中央と周辺部の両方に現れる形をより正確に検知することができたのだ。研究者たちは、ゲームのプレーヤーには一般の人より多くの集中リソースがあると推論した。どうやらゲームは人々の動的集中能力を高めるらしい。そうだとすれば、子供やティーンエイジャーにもっとアクションゲームをさせて、マルチタスクの達人に育てたほうがいいのだろうか。

子供にゲームを買い与える前に、もっと慎重に考えるべきだ。最近の研究では、ゲームが集中力を向上させるのではなく、もともと高い認知能力を持っているゲーマーがそういうゲームを選んでいるのではないかという見方も示されている。[50] つまり、ゲーマーはもともとマルチタスクが得意なのかもしれない。いずれにせよ、子供にゲームで遊ばせるときは、1日は24時間しかないことを忘れないでほしい。ゲームをすれば、勉強や仕事、そして現実世界で人とやりとりをする時間が減る。ショートメッセージへの反応は速くなるかもしれないが、人生でもっと大切なことに使う時間が少なくなってしまうのだ。

若者がデバイスを使うときの集中行動については、ほかにも知っておくべきことがたくさんある。子供のスクリーンタイムは長くなっているが、子供は集中や自制のスキルが未発達なため、周囲の影響を非常に受けやすい。読書力や運動能力を高めるために、親がデバイスの利用を勧められることもあるだろう。若者にとって、Instagram、Snapchat、TikTok など多くのソーシャルメディアを使うことへの社会的圧力はきわめて強い。

今日のデジタル文化では、マルチタスクはあまりにも早い時期に始まる。いまや集中先が目まぐるしく切り替わるポリクロニックな世界が「新たな日常《ニューノーマル》」なのだ。ある実験の参加者は、人生を「いつもマルチタスクに追われているクレイジーな世界」と表現したが、彼の生理学的なストレスの増加には理由がある。集中の頻繁な切り替えによって仕事が分断され、認知リソースが枯渇して生産性が落ち、ストレスで健康を害しているのだ。

熟練の陶芸家なら、仕事の性質上、1つずつ順番に作業に取り組めるかもしれないが、今日の知識労働者にとってモノクロニック型の働き方は、贅沢品よろしく手に入りにくい。現代社会がマルチタスクをするように迫り、それを拒めば、世の中から取り残されてしまう。

マルチタスクはもはや私たちの生活の一部となった。次の章では「集中の中断」が、私たちの生活にどのような影響を与えるかという問題について、詳しく見ていこう。

第5章

絶え間ない中断がもたらすもの

以前、ある知り合いの医師から、「仕事で大きな提案をするときには、インターネットから離れて集中するために、カリフォルニアからワシントンDCまでの往復航空券を買う」と打ち明けられたことがある。インターネットにつながらない機上の人になれば、集中が中断されないというのだ。「それなら、ただ家でネット接続を切れば?」と私は尋ねた。機上でもアナウンスがあるし、人が話したり動いたりするので気が散るだろうと思ったのだ。すると彼は、「それで気が散ることはない。問題はインターネットだ」と答えた。「家にいるとインターネットをどうしても見てしまう。依存症の人が物理的に依存物質から離れるように、インターネット接続も物理的に遮断する必要がある」というのだ。

ジャーナリストのニコラス・カーも著書『ネット・バカ』(青土社)のなかで、飛行機に乗っているときのほうが集中できるという医師について書いている。[1] インターネットの誘惑が強すぎるので、彼らはわざわざ1万メートル上空で働かなければならないのだ。

多くの人にとって、集中を中断させる要因に満ちたインターネットから離れることは難しい。この章では、私たちの心がそうしたデジタル環境による集中の中断にどう対処しているかを見ていく。

集中の中断がもたらすコストに関しては多くの文献があり、マーティン・ルーサー・キング・ジュニアも「誰かがドアをノックしたせいで書かれなかったあの詩」という文章で嘆いている。だが[2]、文学史上最も有名な中断は、おそらく詩人のサミュエル・テイラー・コールリッジが『クーブラカーン』を書いていたときに来客があり、未完のまま作品を終えざるをえなかったというエピソードだろう。コールリッジにとってことさら間の悪いときに中断が訪れたわけだ[3]。

医師、看護師、司令室の作業員、株式仲買人、パイロットなど、ちょっとしたミスが大きな損失につながりかねない職業で、集中が邪魔されたことによって深刻な事態に陥った例は枚挙にいとまがない。それは私たちの日常生活にも影響する。中断によって仕事の生産性が落ち[4]、マルチタスクをするときと同じように、たいていストレスが増すのだ。

しかし、中断にもプラスの面はある。仕事から離れることが精神的な休息をもたらし、認知リソースを回復させ、他者との社会的なつながりから一時的に遠ざかることができ、それによって新しいアイデアを生み出せるのだ。集中の中断とその感情について調べたある調査では、8割の人がネガティブな感情だけでなく、ポジティブな感情についても報告していた。とくに中断の原因が価値のある行動だったときに、ポジティブな反応になりやすかった[5]。

要するに、すべての中断が悪いわけではないにしろ、好ましくない中断に邪魔されないように、私たちは集中をコントロールする方法を学ばなければならないということだ。

中断したタスクは記憶に残りやすい

タスクの中断に関しては、古くから研究がなされている。たとえば、心理学者ブリューマ・ゼイガルニクの研究は、なぜ私たちがこれほどまで中断に悩まされるのかを明らかにしている。

1901年、リトアニアの無宗教のユダヤ人中流家庭に生まれたゼイガルニクは、抜きん出た才能に恵まれ、4学年分を飛ばして5年生から学校に通った[6]。ところが髄膜炎にかかって、彼女の人生は中断してしまう。4年間自宅で療養し、当時生存率20パーセントの病を生き延びた。大学に行くことを熱望していた彼女が高校教育を受けられる時間は限られていた。

しかし、彼女はくじけなかった。図書館で長時間勉強し、大学入試を受けなおして、1922年、ベルリン大学哲学部に合格する。そこは偶然にもゲシュタルト心理学の中心地だった。ゲシュタルト心理学の考え方によると、私たちは物事を個別の構成要素ではなく全体としてとらえる（たとえばIBMのロゴを見れば、1本1本の細い水平な線ではなく文字として知覚するだろう）。著名なゲシュタルト心理学の理論家たちの講義に魅せられたゼイガルニクは、専攻を心理学に変えた。

1927年、彼女はのちに「ツァイガルニク（ゼイガルニク）効果」として有名になる事象を発見した[7]。被験者に20の異なるタスクを与え、そのうち半数は中断し、残りの半数は最後までやってもらうという実験だ。順不同のそれらのタスクをすべてこなしたあとで、被験者はどのタスクを憶えているか尋ねられる。ゼイガルニクは「完了および未完のタスクの記憶」という論文で、完了したタスクより未完のタスクのほうが記憶に残りやすいことを証明した。タスクが中断すると、完成したかった欲求が満たされず、ある種の緊張状態が生まれる。そのせいで、何度もそのタスクに戻りたいという気持ちになるのだ。

ゼイガルニクはベルリンで社会心理学の創始者と言われるクルト・レヴィンに師事する。社会心理学とは、社会的な文脈が人々の思考、感情や行動に与える影響を研究する分野だ。レヴィンの業績は、実は私たちの生活にも密接にかかわっている。ゼイガルニクと同様、彼も1890年、当時プロイセン王国の一部だったドイツのモギルノでユダヤ人中流家庭に生まれている。当初はフライブルク大学の医学生だったが、ミュンヘン大学で専攻を生物学に変え、女性の権利拡大と社会主義の運動にかかわったのちに、ベルリン大学で心理学の博士号を取得した。

学業を終えたレヴィンはそのまま大学で教鞭をとり、学生たちの人気も高かった。1933年、ナチズムの台頭を機にアメリカに移住し、人間行動に関する社会理論の最前線にいたヨーロッパ出身の学者たちのグループに加わる。社会心理学の誕生は、こうした優秀な人材の移住と合流によるところが大きい。

レヴィンがベルリンにいたころの心理学者たちはおおむね、個人を知覚、思考、感情といった明確に区別できる心理的属性でとらえていた。しかし、レヴィンはゲシュタルト心理学の考えを取り入れ、個人を「形態《ゲシュタルト》」または「全体」として見た。日々の社会的環境、彼の言う「生活空間」に統合された存在と考えたのだ[8]。これは、環境や文脈が人々に与える影響を考慮しない当時の主流派の理論とはまったく違っていた。レヴィンの「場の理論」によれば、未完の欲求は緊張を生み出し、私たちは目標に向かって進むことでその緊張を減らす。たとえば、あなたの外出の目的が郵便局と薬局と花屋に行くことなら、用事がすべて終わると緊張が解け、渋滞に巻きこまれてそのどこにも行けなければ、緊張が生まれるだろう。レヴィンの「場の理論」は、人間のあらゆる行動は未完の欲求によるこうした緊張を減らすための努力であると説明する。

ゼイガルニクの研究もレヴィンの「場の理論」を裏づけるものだった。中断したタスクは、満たされなかった欲求と完成させたいという欲求とのあいだで緊張を生む。この緊張が残るので、私たちは未完のタスクについて考えつづけ、中断したタスクの記憶が心の奥でくすぶる。ゼイガルニクもレヴィンも、デジタル時代に生きる私たちの集中やデバイスの使用経験に「場の理論」がどれほど深くかかわることになるか、知る由もなかった。ゼイガルニクが博士課程修了後、その功績にふさわしいモスクワの高次神経活動研究所に勤めることになったことも興味深い[9]。

「自己中断」と外部からの中断

たいていの人は、集中の中断は、他人やデバイス（の着信通知）など、外的要因によって生じると考えがちだ。しかし私たちは実際に職場で働く人々を研究するうちに、そこで頻繁に起きる奇妙な現象があることに気づいた。たとえば、ある人はコンピュータで作業をしていると、他人にはわからないなんらかの理由で、突然それまでしていたことを中断し、メールソフトを開いて着信を確認したり、電話をかけはじめたりする。作業を中断させる明確な刺激があるわけではなく、おそらく本人の思考や記憶、習慣などがきっかけになっているようだった。そうした中断は本人のなかから発生していた。その研究で得られた驚くべき結果の1つは、私たちは外部と同じくらい、内部からの割りこみによって集中を「自己中断」するということだった。[10]

どのくらい頻繁に「自己中断」しているか、本人が気づかないこともある。たとえば、AIに関する記事を読んでいる最中に、ふと有機栽培ではないイチゴを食べるのは安全だろうかと考え、インターネットでかなり長い時間をかけて、その話題について調べたりする。私たちの研究の参加者の多くは、こうした衝動は仕事内容とは無関係に生じると述べていた。また、人間の基本的な本能が自己中断を促すこともある。たとえば、ある学生は空腹になると作業を中断し、レシピを見てしまうと述べていた。

なぜ私たちは、このように自己中断してしまうのか。

その答えを見つけるために、カーネギーメロン大学の研究者たちが、職場で実際に働く人のうしろに1時間ずつつき、仕事の中断を記録して、自己中断の理由を尋ねるという調査をおこなった。すると、思いつくかぎりのあらゆる理由で、彼らが仕事を中断していたことがわかった。もっと生産性が上がる環境にするため（気が散るウィンドウを閉じるなど）、もっと退屈でないことをするため、情報を検索するため、しなければならないことを思い出したから、時間つぶし（メールの返信を待つときなど）、処理中の仕事からの連想でメールを送らなければならないと気づいたから、あるいはたんに習慣から（仕事を始めるときにいつも決まったウェブサイトを開くなど）、といったものだ[11]。

自己中断はストレスの蒸気弁を開けるようなもので、ストレス管理に役立つ。ソフトウェア開発企業でも働く、ある20代後半の博士課程在籍中の女性の例を紹介しよう。彼女は、学業と仕事を両立するには強い自制心が必要であるにもかかわらず、仕事中にソーシャルメディアを見てしまうことが多く、なかなか集中できないのが悩みだった。また、集中状態を「没入」から「慣れ」に切り替えるために、よく自己中断していた。自分の集中のリズムや利用可能な認知リソースのレベルを理解し、切り替えが必要なタイミングで中断していたが、本人も認めるとおり、うまくもとのタスクに戻ることができずにいた。

一方、以前、サバティカル休暇のためにニューヨーク市でアパートメントを探していた私は、いくつかの物件を問い合わせをしたあとも、さほど緊急でもなかったのにメールの受信トレイや不動産業者のサイトをチェックしつづけた。期待によるストレスで、仕事に集中するのが難しかったのだ。人間の1つの習慣は18〜254日で形成されるが[12]、賃貸物件を探すという私の習慣も18日あまりで形成されたものだった。

これは自己中断の条件づけの例だが、私たちが2005年の研究で得たエビデンスにも一致していた。その研究では、3つの企業に勤める36人の日常業務を1社3日ずつストップウォッチで計測した。参加者の活動を1人ずつ秒単位で記録した上、外部からの中断（電話、メールの着信通知など）と内部からの中断（刺激が外から観察されなかった場合）を観察し、記録に残した。さらに仕事領域との関連でそれらの中断を見てみると、仕事領域の切り替えの40パーセントが中断によるもので、残りの60パーセントはタスクが完了したからだった。中断の回数は日ごとに減っていった。

この研究では、中断の56パーセントは外部からの中断、44パーセントは自己中断によるものだった。人々の日常生活における2種類の中断の関係を調べたかったので、外的、内的な中断をそれぞれ1時間単位で詳しく見てみると、一定のパターンがあることがわかった。最初の1時間で外的な中断が増えたり減ったりすると、次の1時間で内的な中断が同じ動きをするのだ。[13] つまり、外部からの中断が増えると、次の1時間で自己内部からの中断も増える。しかしその逆はなく、そこにはなんらかの条件づけが働いているようだった。外部からの中断がなくなると、一貫した中断のパターン（および短い集中時間）を維持するために自己中断する。私たちは絶え間ない中断に慣れすぎたせいで、自らそれを作り出してしまうのだ。

外部からの中断は、たとえば田舎道を運転したあとで、いきなり交通量の多いハイウェイを走るのに似ている。それまで悠々と運転していたのに、急に通行妨害やオートバイに対処しなければならなくなる。平和な田舎道と混雑したハイウェイでは運転方法が違うように、認知的な作業はもちろん、行動の目標すらも変わる。心のなかの最も活動的な目標が私たちの集中を左右するので、[14] 目下のプロジェクトから脇道にそれないためには、「内的」な目標をコントロールしつつ、同僚のメッセージに応じるといった「外的」な目標も処理しなければならない。それには高度な認知的スキルを要するが、ゼイガルニクの研究も示すように、未完のタスクはどんなに些細なものでも記憶に残りやすいので、主要な目標が未完のタスクの雑音のなかに埋もれてしまうことがあるのだ。

第1章で、中断していた未完のタスクを再開するときには心のなかのホワイトボードを書き換え、スキーマ、目標、思考プロセスを再構築しなければならないと述べた。そのために、本来のタスクを続けていれば節約できたはずの貴重な認知リソースの蓄えを使わなければならない[15]。中断したタスクは頭のなかを漂い、現在のタスクへの集中を妨げる。外部からの中断が多くて忙しい1日の終わりに、私たちが疲れ果ててしまう理由はここにある。

中断に伴うコスト

2005年、フルブライト奨学金を得てベルリンに住んでいた私は、東西ドイツの分断の跡が残る街にある実験室で、皮肉にも21世紀の集中とテクノロジーの使用について研究していた。

実験室では集中の中断に伴うコスト、具体的には、作業中の中断がどのくらいの時間を奪うのかを測定していた。疑似的なオフィス環境で実験を進め、48名の被験者にメールへの返信という単純なタスクを与えた。メールの話題はすべて人事関連で、一部の被験者には中断なしで取り組んでもらい、別のグループには途中で電話かショートメッセージで質問をしてタスクを中断させた。さらに別のグループには、人事とはまったく関係のない質問をして（たとえば社員が参加するピクニックでどんな食べ物を頼むかなど）、タスクを中断させた。そして、それぞれの条件下でタスク完了までの合計時間からほかの案件を処理していた時間を差し引いて、中断時間のコストを割りだしてみたのである。

結果は驚くべきものだった。メインのタスクにかかる時間は、中断があったほうが、なかった場合より短かったのだ[16]。中断の理由がタスクと関連した話題であろうとなかろうと、結果は同じだった。中断が入ると、被験者のメールに使う文字数は減るが、文章の丁寧さや正確さに違いはなかった。それはおそらく、外部からの中断が入ると、その処理に費やした時間を取り戻そうとする（かつ文字数を減らす）からだ。労働時間は限られているので、たとえば、子供を保育園に迎えに行くために午後5時に退勤しなければならない人は先手をとって働くだろう。中断が多くなればなるほど、少ない場合に比べて、もとのタスクに早く戻ることもわかった[17]。これらの結果から推定されるのは、たびたび中断が入ると人々は警戒し、いつもより速く効率的に働こうとするということだ。

しかし、楽観的になりすぎてはいけない。仕事の効率化には代償が伴う。

私たちはNASA-TLX尺度を使って被験者の心的負荷も計測することにした。これは飛行機や宇宙船の操縦席のような環境にいる人の認知負荷を測るためにNASAが開発した尺度で、短期記憶課題や暗算、二重課題など多数の知的作業をもとに検証し、認知リソースの使用状況を見る上でも大いに役立つ[18]。

このTLX尺度を使って、さまざまな負荷やストレスの経験を「非常に低い」から「非常に高い」までランクづけすると、人々は中断が入ることによって、かなり高い心的負荷と苛立ち、時間的プレッシャー、努力の必要性、ストレスを感じることがわかった。要するに、中断によって認知負荷とストレスが高まるのだ。毎日、仕事中にたびたび何かに割りこまれると、確実に認知リソースは枯渇し、ストレスは増える。これは私たちにとって大きなコストだ。

1日77回のメールチェック

かつて、メールは必ずしも今日のようにやたらと割りこんでくる悪者ではなかった。私が修士課程で学んでいたときには、1日に届くメールはせいぜい1、2通で、その内容は学生同士のジョークのような楽しいものだった。しかしメールの利用はそこから雪だるま式にふくらんで、今日に至る。

私たちの長年の研究で、参加者が申告する中断原因（外部と内部を含む）のナンバーワンはメールだった。そこで私たちは、実際にメールによってどのくらい集中が途切れているのかを調べることにした。最初の研究では、5日間にわたり、32名のコンピュータ上の作業を詳しく記録したところ、参加者はメールを1日に平均74回チェックしていた。[19] 1年後の別の研究でもほぼ同じ結果で、12日間で40名の活動を追跡したところ、平均77回、[20] 多い人では1日374回、メールをチェックしていることが明らかになった。

メールの通知機能を利用するかどうかで、中断原因の内訳についてもかなり正確に知ることができた。41パーセントの参加者が通知機能なしでメールをチェックし（自己中断）、31パーセントがおもに通知（外部からの中断）によってメールを見ていることがわかった。残りの28パーセントは、通知機能をオンにしているが、同じくらい自発的なチェックもすると申告した。出勤時や昼食休憩のあとなどの決まった時間に手元のタスクを中断せずにメールを見る人もいたが、全体的な傾向としては、1日を通して多くは自己中断によって頻繁にメールをチェックしていた。メールが大きな中断原因であるという予測が科学的に証明されたのだ。

だがもちろん、メールだけが中断の原因ではない。当時、職場で最もよく使われているソーシャルメディアはFacebookだった。この研究がおこなわれた2016年、アメリカの成人の68パーセントがFacebookのユーザーで、その割合はしばらく変わらなかったが、2018年以降はYouTubeが1位を占めるようになって、現在は、約73パーセントの人がこれを視聴している。[21] 私たちが5日間にわたりソーシャルメディアの利用頻度を測定したところ、Facebookの積極的な利用者は1日に平均38回、多い人では264回も見ていることがわかった。彼らはFacebookをチェックする際に、約18秒という短時間で繰り返し見ていた。ソーシャルメディアはまさに「スナックの時間」を提供しているのだ。

メールゾンビから逃げる

2010年、ニューヨーク・タイムズ紙に、メールをゾンビに例えた記事が掲載された。どれだけやっつけても次から次に追いかけてくるというのだ。[22] 私は、デジタルメディアを使って働く際に、メールを見なければもっと仕事に集中できるのか、調べてみることにした。ゾンビを完全に排除すればストレスも仕事が細切れになることも減って、集中できるのだろうか。一部の社員にメール使用を禁止することを認めてくれる組織を見つけるまでに6年もかかったが、ついにある大手研究開発機関が私たちの研究に協力してくれることになった。その組織の上級管理職がメールの使いすぎを深刻な問題と考えていたからだ。

研究の許可がおりたあと、私たちはまず3日間、参加者のコンピュータ上の活動とメールの使用状況を記録した上で、翌週の5日間にわたり、メール利用を停止してみた。ストレスを測定するために、参加者には仕事中に心拍数モニターをつけてもらった。心拍数の変動でストレスの生理学的状態を測定しようとしたのだ。変動が小さく、心拍が連続して一定であれば、自律神経系は「闘争か逃走か」の状態にあり、ストレスがかかっていると言える。一方、変動が大きければ、自律神経系はくつろいでいて、変化に対応することができる。リラックスしているときは小さな物音にもビクッとするが、そのあとまた落ち着くので、心拍数の変動が大きくなるのだ。

この実験の参加者は、メールは使えなくても同僚と会ったり電話を受けたりすることはできた。メールは来ないとわかっていながら何度も着信を確かめる人もいたが、そうした行動も5日目ごろには見られなくなった。その結果、メールがなければ、コンピュータで仕事をするときの集中時間は有意に長くなることがわかった。つまり、注意を別のことに向ける回数が減ったのだ。長く集中できるようになったということは、メールが実際に集中時間を短くしていることの証だが、この実験の最大の成果は、その週の終わりに、参加者のストレスが有意に減っているのを心拍数モニターで確認できたことだった。

参加者がインタビューで語った、メールがあるときの仕事（「生活がめちゃくちゃになる」「幸せを邪魔されている」）と、メールがないときの仕事（「自由になった感覚」「解放された感じ」「人間らしいペースで働くことができる」）を表す言葉はきわめて対照的だった。私たちの論文のタイトル「電子メディアに支配されないペース」は、こうした参加者の言葉にヒントを得ている。[23] また、メールの利用を停止することには、人間関係上のメリットがあることもわかった。メールが使えなくなると、参加者たちは対面で直接話すようになったからだ。電話することもできたが、むしろ頻繁に同僚のもとを訪ね、別の建物まで会いに行くことすらあった。彼らはメールに支配される前の職場の社会生活を再び楽しむようになったようだ。

実験参加者の上司（当人は実験に参加していない）の行動も変わった。彼はメールで連絡がとれなくなると極端に気が短くなった。用事があるといきなり部下のオフィスにやってきて、「頭がおかしくなったみたいに書類を振りまわした」という。別の上司はメールが使えなくなる前はたびたびメールで仕事を依頼していたが、メールが使えなくなったとたん、廊下をはさんですぐの距離にいるにもかかわらず、仕事を依頼してこなくなった。メールの利用停止によって、こうした上位下達の仕事が一部中断したものの、それ以外の成果については組織長も満足し、必要とあれば、組織のメンバーがメールなしでコミュニケーションを再構築できることを歓迎した。

２０１２年にこの調査に基づく論文を発表したとき、私たちはメールの利用停止でストレスが減るという結果を楽観視し、メールは1日に2、3度にわけてまとめて送るのがよいと提案した。ところが、２０１６年の研究では、まとめてメールを読んでもストレスは軽減しないという結果が出た。マイクロソフトリサーチで私たちがおこなったこの研究では、メールの履歴と心拍数モニターを用いて参加者40名のストレスを測定したが、まとめてメールを読んだ人と、つねにメールをチェックしていた人のストレスレベルは変わらなかった。明らかにストレスに影響していたのは「メールに費やす時間」で、各人の仕事の分量と自立性を考慮しても、メールに費やす時間が長ければ長いほど、人々が受けるストレスは大きかった。[24]

数年後、63名のストレスを熱探知カメラで測定した研究でも同じことが確かめられたが、新たな発見もあった。性格特性テストで神経症傾向が高かった人たちは、まとめてメールが来るとストレスが増したのだ。[25]

これらの研究からわかったことは、メールがなくなると仕事への集中時間が長くなり、メール処理の認知負荷が減ることで、メールを見たくなる欲求に抵抗するための認知リソースも節約でき、ストレスの減少によってゆったりした職場環境が生まれ、おそらく社会的なやりとりも充実するということだ。それならメールを使わなければいいのではないかと考える人もいるかもしれない。だが、個人の努力だけではこの問題は解決しない。個々人が使用をやめるだけでは、一部の人がコミュニケーションの輪からはずれてしまい、公平ではないからだ。メールは組織全体、あるいは社会全体で取り組むべき問題だ。この問題についてはのちに詳述する。

「女性のほうが集中度が高い」は本当か

男性と女性では、どちらが集中の中断をうまく管理できるだろうか。それとも性差は関係ないのだろうか。女性のほうがうまく管理できると思った方は正解だ。私たちの研究によると、女性は毎日、男性より多くの仕事領域を管理しているが、中断も自己中断も少なかった。また大差はないものの、女性のほうが中断した仕事をその日のうちに再開する傾向がより多く見られた（女性は87パーセント、男性は81パーセントが当日中に再開していた）。データ全体を見ると、女性のほうが男性より集中していて、中断が入ったあとも元の状態に早く戻っていた。

この結果を伝えると、女性は進化上、男性より1つのタスクに集中しやすいのではないかと指摘する人が多い。古くから女性は食糧採集をしていたからだというのだが（実際に採集が女性の役割だったかどうかは明らかではない）、私は、現代の考え方と実験参加者の発言から、こう解釈したい。女性は同じ職場の男性（とくに上司）と同等に働いていることを証明するために、男性以上の成果を出さなければならないと感じているのだ。

「主体性」で中断を克服する

ドイツの有機化学者アウグスト・ケクレは、ベンゼンの構造式の解明に苦労していたとき、白日夢で自分の尻尾を咬んでいるウロボロスのヘビを見て、環状の分子構造を思いついたと言われる。これは、自分のなかの思考に従うことで問題を解決した素晴らしい例である。

集中を懐中電灯のようなものと考えてみよう。光を小さな1点に当てることもできるし、拡散させて広い場所を照らすこともできる。外部環境への集中が拡散しているときには、より多くの信号をとらえて処理することができる。認知科学者の宮田義郎とドン・ノーマンの言う「中断が処理を促す」状態である。[26]これは締め切りの迫った重要な経費処理の仕事を気にかけながら、他の仕事をしている場合などに当てはまる。集中が拡散していると、ケクレのように新たな洞察が得られることもある。

もちろん、宮田とノーマンが記しているように、集中の拡散にはマイナスの側面もある。1つのことに集中しすぎると、環境内の他の重要な情報を見逃したり、新しいアイデアにつながる内部思考を失ったりしやすいが、一方で集中が拡散しすぎると、割りこんできた仕事の処理に気を取られて手元のタスクが進まなくなることがある。そのため、私たちは環境と状況に応じて柔軟にバランスをとる必要がある。たとえるならば、理想は「懐中電灯」の光を自在に調節できる状態である。つまり、動的集中を使いこなす能力を身につけて、外部または内部の重要な事柄に対応し、必要に応じて集中力を維持し、認知リソースが減れば単純な作業に切り替えるのだ。動的集中を使いこなし、タスクや感情的要求に合わせて集中する領域を狭めたり広げたりする。これは要するに、集中に「主体性」を持つということだ。

では、どうすれば集中力をうまく管理できるのか。まず、エビデンスが示すのは、外部からの中断をコントロールすれば、生産性が上がるということだ。ある実験では、被験者は中断をコントロールできる状況とできない状況に置かれ、建物から落ちてくる人を受け止めるという設定のゲームをするように指示された。そこに同じ色か形を選ぶ別のタスクが割りこんでくる。その結果を見ると、割りこみのタスクが入るタイミングを自分で選べた場合に最も成績がよく、割りこみに即座に処理しなければならない場合に最も成績が悪かった。[27]

この実験からわかることは、中断の処理のタイミングを自分でコントロールできると、成績も生産性も最高になるということだ。集中の方向を意識的に決めることができれば、認知リソースもうまく管理できる。

集中の方向を変えるのに最も適したタイミングは、タスクの「切りがいい」ところだ[28]。たとえば、1章を書き終えたり予算を完成させたりした直後などの、作業の区切りのいいところでは、フルスロットルで働いているときと比べて認知リソースの消耗が少ない。一方、タスクに取り組んでいる最中はワーキングメモリの負荷が大きく、中断はパフォーマンスに非常に悪い影響をもたらす。このことは、イリノイ大学でおこなわれたある実験でも証明されている。ウェブ検索、編集、映画鑑賞など、なんらかのタスクを終えたタイミングで中断が入った人は、ランダムに中断させられた人と比べて、煩わしさ、苛立ち、時間的制約を感じにくかった[29]。たとえばあなたが資料を作成しているなら、あるテーマを書き終えたところなど、自然な区切りで手を休めるのがいい。そういう区切りのあとは、スムーズに仕事を再開しやすいからだ。

今から1世紀前にゼイガルニクが発見した、未完の仕事による緊張を和らげる方法がある。未完の仕事がたまっていくと緊張も持ち越され、認知リソースをますます消費する。あなたは仕事のストレスを私生活に持ちこまないようにするために、1日の終わりのストレスをできるだけ減らしておきたいと考えるだろう[30]。

未完のタスクは私たちの思考のなかで渦巻く。そのストレスを減らすには、未完のタスクを記憶の外に出してしまうことだ。つまり、中断したタスクに関する情報をなんらかのかたちで心の外に記録するのだ。重要な未完のタスクについては、優先度や完成度、次の作業手順などをメモに書き残したり、ボイスメモに録音したりする。こうしたことを、中断が入った直後か、長めの休憩をとったとき、あるいは退勤前などにぜひやってみてほしい。まずは重要なタスクで試してみてもいい。何かに書き留めれば、望ましくない緊張を外部に移し替えられる。逆に何もしなければ、私たちは未完のタスクのことを考えつづけ、心のなかで何度も反芻して忘れられず、ツァイガルニク効果に悩まされることになる。

ベイラー大学の研究者らによるある実験では、未完のタスクを外部のメモリに移すと緊張が和らぐことが確認されている。同大学の睡眠研究所が57名の参加者を集め、その半数に数日以内に仕上げなければならない未完のタスクをすべて書き留めるよう指示し、残りの半数には当日か過去数日に終わらせたタスクを書き出してもらった。すると、未完のタスクを書き留めた人たちは、もう半分の人たちより早く眠りにつくことができ、未完のタスクのリストを詳しく書いている人ほど、入眠までの時間が短かった[31]。この発見はツァイガルニク効果で説明できる。眠りにつこうとすると、未完のタスクが心のなかで騒ぎ出して緊張を高めるのだ。終わらせたタスクだけを書き留めた人が早く眠れなかった理由もそこにある。

デジタル時代に生きる私たちにとって、集中の中断はつきものだ。メールの通知をオフにして一時的に認知リソースを回復することはできるが、現代の知識労働者がオフィスや人間関係のネットワークから切り離されると、重要な情報が得られず、不利な立場に置かれやすい。また、割りこんでくるものに抵抗したり、それに応じたりしていると、私たちの認知リソースは減り、仕事をするためのリソースが不足してしまう。

今日のデジタル世界には、ありとあらゆる中断の原因がある――ボット、ポップアップ広告、自動通知、ほかの人々、そして自分自身だ。レヴィンが個人を「生活空間」と呼ぶ環境との関連でとらえたことを思い出してほしい。デジタル世界が生活空間となったいま、私たちはそのなかで幸福に生きる方法を学ぶ必要がある。切りのいいところで仕事の手を休め、動的集中を制御し、未完のタスクの記憶を外部に移し替えて緊張を減らそう。中断は生活の一部なのだ。

次のⅡ部では、日常生活のなかで私たちの注意を引こうとするさまざまな力を知り、「主体性」を高めて集中を管理する方法を学んでいこう。

Ⅱ

集中を中断させるさまざまな力

Part II
The Underlying Forces of Distraction

第6章 インターネットの普及と集中力の低下

スマートフォンが普及する前、ネット接続がない義母の家に行けば、私はデジタルデトックスをすることができた。とはいえ長く我慢はできず、インターネットにつながる場所を求めて、小さな町をうろうろとさまようことになった。ノートパソコンを開いて接続バーが現れるのを待ちながら通りを歩いている私は、さぞや変人に見えたことだろう。

どうして私たちはこれほどインターネットから離れられなくなったのだろう。なぜオンラインで1つのサイトに長くとどまっていられないのか。インターネットを使っているときの私たちの集中は、なぜふらふらとさまよってしまうのだろう。

2022年、映画『サマー・オブ・ソウル（あるいは、革命がテレビ放映されなかった時）』がアカデミー賞を獲得する前に、友人から鑑賞を勧められた私は、さっそくこの映画について、インターネットで検索してみた。調べてみると、1969年、6週間にわたって開催されたハーレム・カルチュラル・フェスティバルを取り上げたドキュメンタリー映画であることがわかった。スティーヴィー・ワンダーやマヘリア・ジャクソンといったアメリカを代表する歌手が登場するこのフェスティバルについて、自分が何も知らなかったことがまず驚きだった。

私はWikipediaの記事を読み、「マヘリア・ジャクソン」をクリックして、また別のWikipediaのページに飛び、彼女の経歴を読んだ。すると「アポロレコード」という言葉が目に飛びこんできたので、そのリンクをクリックした。読み進めるうちに、おそらく「アポロ」という単語が新鮮に思えたのだろう。今度は「アポロシアター」というリンクに惹かれてクリックした。いまや私はハーレム、音楽、劇場という広い話題について読んでいた。続いて「ハーレム・ルネッサンス」をクリックした。しばらく興味の赴くままにいろいろなリンクを移動して、ようやく自分が「インターネットの罠」にはまりこんでいたことに気づいた。

その後、私は自分の行動を冷静に分析してみた。私の心は連想でつながる思考の航跡を描いていて、外から見れば脈絡がなかったかもしれないが、心のなかではそれぞれがしっかり結びついていた。その連想の航跡に沿って、私はWikipediaの情報のなかに深く入りこんだ。この経験は、インターネットの設計そのものに、集中に対して強く働きかける1つの力があることを示している。この問題を充分に理解するためには、ハイパーテキストの元となる「メメックス」と呼ばれる独創的なシステムの発明の話から始めなければならない。

メメックスは1945年、個人情報をすべて蓄積・検索できるデスクトップ型のパーソナルデバイスとして発案された。その後のデジタル世界全体の先駆者となるメメックスの考え方はシンプルだった。私たちが望む情報にたどり着けないのは、情報が人間にとって意味をなすように整理されていないからだというのだ。

この強力なアイデアの考案者であるヴァネヴァー・ブッシュは、控えめな性格の人物だった。1890年に牧師の子として生まれ、紳士と呼ぶにふさわしい礼儀を身につけていた彼は、公の場にネクタイなしで出ることはめったになく、落ち着いた口調で話した。人間や社会科学には興味を持たず、根っからのエンジニアだった。今日のハイテク世界から見れば古臭いタイプだろう。だがヴァネヴァー・ブッシュは、そのきっちりとした外見とは裏腹に、内面は恐ろしく革命的で、メメックスのアイデアは、彼の科学的な厳格さとは相容れないマジックリアリズムのようだった。

社会科学を嫌っていたブッシュが、1945年7月に発表したメメックスに関する画期的な論文に「われわれが考えるように」というタイトルをつけたのは皮肉である。[1] 第二次世界大戦でドイツが降伏し、フィリピンが解放され、国際連合憲章が署名されて間もないころである。世界は少しずつ楽観主義に向かい、アメリカをはじめとした多くの国は未来への投資を始めていた。

それに先立つ1938年、ブッシュはマイクロフィルムを高速で見るための装置を発明していた。「高速選択機」と呼ばれる一種の自動図書館である。メメックスのアイデアは一見この初期の発明の延長にすぎないが、その真価は装置ではなく、情報が蓄えられ検索される「方法」にある。ブッシュは複数の文書をリンクさせる「連想インデックス」という方式を構想した。机の前に座れば、自分の記録も、手持ちの本も、写真も、やりとりしたメッセージも、すべて引き出すことができる。

それは人間の記憶を拡張するものであった。

インターネットの黎明期

当時の索引《インデックス》システムは「手動」だった。最も広く普及していた「デューイ十進分類法」は、哲学、社会科学、技術などのトピックごとに情報を整理するもので、図書館学者のメルヴィル・デューイがこれを発明した1876年には、革命的な図書分類法だった。信じられないことに、当時の図書館では、本のサイズと取得時期で分類して書庫に収めていたのだ。[2] 図書館の棚に大きい本から小さい本の順番に並んでいれば、見た目はきれいかもしれないが、特定の本を探し出すのがどれほど難しいか、想像できるだろう。

デューイ十進分類法は、知識を1つの階層に整理する点で画期的だった。情報を歴史や地理といった既定のカテゴリーに分類し、さらに世界の歴史、ヨーロッパの地理というふうにサブカテゴリーに分ける。ただ、人間は自然にこのように考えるわけではないし、それぞれのカテゴリーは恣意的に設けられたものだ。このため、利用者は自分の思考を、ほかの人が決めたカテゴリーに合わせなければならなかった。

一方、ヴァネヴァー・ブッシュは、旧来の索引システムを人間の記憶の仕組みに合うように再設計すべきだと主張した。カナダの心理学者たちが構築した意味ネットワーク理論によれば、私たちの記憶は互いに関連づけられた概念で構成されている。ピザを思い浮かべれば、チーズ、ビール、宅配といった概念につながる。連想の構造が情報の検索を容易にするのだ。複数の文書が関係性によって結びついていれば、ある文書にアクセスしたユーザーは、関連するほかの文書をすぐに見つけることができる。

今日のWikipediaのネットワーク構造は、こうしたすばやい思考のつながりをもたらす。たとえば、レオナルド・ダ・ヴィンチのページを見ればモナリザにリンクが張られ、それがルーブル美術館、パリ右岸へとつながる。インターネットが登場するまで、このようなつながりをたどることはほぼ不可能だった。図書館に行って本の分類番号を確認し、それが収められている棚を探し、本の一節を読み、そこに出てきた別の本をまた探し……ということを延々と繰り返さなければならなかったからだ。

しかし、電気機械のメメックスを使えばそれが簡単にできるはずだった——ブッシュのこの発想は、大衆が大衆のために情報を整理する今日のインターネットの考え方の礎となった。メメックスは19世紀のデューイの情報検索システムを現代のコンピュータ時代に移行させる革命的発想だったが、実現には至らなかった。それが技術的に可能になるには、まだ多くのイノベーションが必要だった。

それから数年後の1949年、エドモンド・バークレーという人物が、"*Giant Brains, Or Machines That Think*"（巨大頭脳、あるいは考える機械）というSFじみたタイトルの本を書いた。[3] 彼はプルデンシャル保険の保険数理士だったが、彼の核戦争反対活動を会社が認めてくれなかったので退職し、著作家になってこの本を書いた。情報へのアクセスという概念を、メメックスのような個人の保存場所から、社会全体に広げたのだ。こうしてインターネットの概念的な土台が少しずつ築かれていった。後に計算機学者となったバークレーは次のように予見していた。

「将来、機械の進化によって、図書館情報を自動検索できるようになるだろう。たとえば、未来の図書館で、ビスケットの作り方を調べたいとする。カタログマシンに『ビスケットの作り方』と入れると、マシンのなかで映画のフィルムがまわりはじめる。すぐにそれが止まり、ビスケットのレシピを載せたカタログが3、4冊表示されるのだ。気に入ったらボタンを押す。すると、見ていた画面のコピーがマシンから出てくる[4]」

　ヴァネヴァー・ブッシュのメメックスの発想がインターネット誕生のための重要な内燃機関だったとすれば、1960年にクランク軸を開発したのはテッド・ネルソンだった。情報技術の先駆者として知られるネルソンは、要約や注釈、脚注なども含む文書とイメージを相互に結びつけた「ハイパーテキスト」の事実上の生みの親だ[5]。彼はまた、インターネットの登場を促した人物でもあった。スワースモア大学とハーバード大学で哲学と社会学を学んだことで思考の視野が広がり、ハイパーメディア〔コンピュータなどで文字、画像、音声などを総合的に提示する手段〕のファイル構造を考え出して、それが情報のコンピュータ・ネットワーキングのプログラム設計の基礎となったのだ。ネルソンは、「世界中の知識を少しずつ追加しながら無限に成長できる」情報の集合体を思い描いた[6]。

　こうしてデジタル世界が始まろうとしていた。ネルソンと同じころ、スタンフォード研究所にいたダグラス・エンゲルバートが、世界の諸問題を解決することを目的として、人類の集合知を結集させた理想的ビジョンを構想した。コンピュータが世界中のより多くの人から集めた情報を無料で提供するというものだ。エンゲルバートは１９６８年、最初のハイパーテキストシステムとして知られるＮＬＳ（oN-Line System）のデモンストレーションをおこなった。これはのちに「すべてのデモの母」と呼ばれることになる[7]。

当時のコンピュータは１つの部屋全体を占めるほどの大きさで、もっぱら高性能の計算機として使われていたので、パーソナルコンピュータでハイパーテキストを扱うという発想は画期的だった。20年後にパーソナルコンピュータが日用品になることなど、当時の人は想像もしなかっただろう。データベースもまだ個人の情報だけを蓄えるもので、大多数の人のデータは社会に共有されていなかった。１９６９年、「アーパネット」と呼ばれる高等研究計画局ネットワークが開発され、ＵＣＬＡなど４つのホストサイトがネットワークでつながったが、エンゲルバートのビジョンが現実のものになるのはまだ20年先だった。

１９９０年、スイスの欧州原子核研究機構（ＣＥＲＮ）で働いていた１人のソフトウェア・エンジニアが、上司にあるプロジェクトの許可を願い出た。上司は最初その価値がわからず、承認しなかったが、やがて彼の熱意に折れて結果的に正しいことをした。ティム・バーナーズ＝リーのそのプロジェクトは、人々の情報を共有し、共有した文書がどのブラウザからも見られるようなハイパーテキスト用のソフトウェアを構築することだった。これがワールド・ワイド・ウェブとなり、世界中の誰もが情報を広く共有できる構造の礎石となったのだ。ここからインターネットのスーパーハイウェイ構想が始まる。

1990年代半ばにはインターネットは爆発的に広がっていた。その技術設計は分散型のネットワーク構造で、オープンで民主的なアーキテクチャーだった。個人も大企業も、誰もが情報にリンクを張ることができた。そして世界が変わった。

こうしてインターネットは2000年にドットコムバブルが弾けるまで、急成長した。コンピュータを手に入れた人々はネットワークに接続して新しい利用法を探った。アイデアは次々と生まれた。2001年にはジミー・ウェールズ、ラリー・サンガーらが、現代のアレクサンドリア図書館という発想から無料のオンライン百科事典のプロジェクトを開始した。誰もが書きこむことができ、監視機能によってその質を担保できるWikipediaの誕生である。ラムダ、ムー、インターネット・リレー・チャットなど、1980年代から人気の高いソーシャル・オンライン・コミュニティに加えて、フレンドスターやマイスペースなどのSNSが登場するのは時代の必然だった。

2004年、ハーバード大学の2年生が寮の部屋で、クラスメイトの外見をランクづけするためのプログラムを書いた。ハーバードの管理部門の反対に遭ってサイトは閉鎖されたが、このサイトは多くの学生の支持を得た。Facebookの誕生である。Facebookは新たな交流のパラダイムを開拓し、インターネットにはたちまちソーシャルメディアのサイトがあふれた。こうして、人や情報とつながり、やりとりをする選択肢が急拡大していった。

楽しい連想

「連想の航跡」というヴァネヴァー・ブッシュの発想は、18世紀のスコットランドの哲学者デイヴィッド・ヒュームと、20世紀のイギリスの哲学者・論理学者のバートランド・ラッセルにまでさかのぼる。ラッセルは平和主義者で、勤務先の大学をいくつか罷免されるほど急進的な考えの持ち主だった。ニューヨーク市立大学での教育資格も、1940年のニューヨーク州最高裁判所の決定で取り消されている。その理由は、婚前交渉の権利と同性愛を擁護するという彼の思想が、教育者として不適格であるというものだった。だがそれから10年後、ラッセルは人道主義的な一連の著作に対してノーベル文学賞を受賞する。

連想によって思考するという人間の行為について、ラッセルは素晴らしい洞察力を持っていた。彼にとって、読んだり聞いたりする単語は、そこから発生するあらゆる連想を含んだ広い意味を持っていた。[8] 私たちの柔軟な心はあるものを見たり、単語を読んだり聞いたり、何かを思い出すだけでも、それと関連したほかのさまざまな概念への思考の道を創り出す。そういうとき、すべての概念は「一対一」の連想ではなく、「多対多」の連想でつながっている。

意味記憶〔言葉の意味や知識、概念に関する長期記憶〕の理論によれば、人間の記憶は相互につながる概念のネットワークとして意味づけられる。雨について考えれば傘を思い浮かべるし、ディズニーランドのことを考えればミッキーマウスを連想する。一見まったく異なる概念も、偶然同じ状況で経験すると、関連づけられることがある。たとえば、あなたが大リーグの試合の観戦中にスマートフォンをなくせば、大リーグと聞くたびにスマートフォンのことを思い出すかもしれない。ある概念がどのくらい別の概念を連想させるかは、その2つが記憶のなかでどれほど密接に結びついているかによって決まる。たとえば「スタジアム」より「ヤンキースタジアム」と言われたときのほうが、なくしたスマートフォンのことをよく思い出すようなものだ。

ヴァネヴァー・ブッシュがメメックスで情報の組織化のために構想した「ノードとリンク」という構造は、人間の意味記憶の考え方に沿っている。ノードとリンクの広大なネットワークには、こうと決まった閲覧順序がない。たとえば、私がある人物について調べるときには、どんなリンクをクリックしてもいい。ネットワークの構造上、リンクとコンテンツを好きなように横断することができる。同じように、人間の意味記憶も柔軟で、偶然思いついたり、環境のなかで出会ったものや文脈に促されたりして、好きなように物事を関連づけることができる[9]。

ウェブの人気が高まりつつあった1990年代半ば、私はウェブ上のハイパーメディアのノードとリンクの構造が人々の連想をどのくらい促すかを確かめる実験をおこなった。ドイツ国立情報技術研究センターの同僚たちとの共同研究で、会議室に48人の参加者を集め、3人ずつのグループに分かれて「未来の図書館」についてブレインストーミングをしてもらった。

会場となった会議室にはホワイトボードがあって、思いついたアイデアを書き留めることができた。半分のグループには、そこに好きなように書いて、アイデアをリストにまとめてもらった。残りの半分のグループは、ホワイトボードに備わったコンピュータ機能を用いて、アイデアをハイパーメディアの形式で整理することができた。アイデアを書き出して丸で囲むと、コンピュータが自動的にそれをノードと認識し、アイデアとアイデアを線で結ぶことでリンクと認識する。参加者はリンクを残したまま、書き出したアイデアを選んだり動かしたりして、ハイパーメディアの構造を作り出すことができた。

その結果は実に興味深いものだった。ハイパーメディアを使って考えをまとめた参加者たちは、より深く練られたアイデアを生み出し、内容も細かく検討されていて、多くの相互関係や関連する概念まで書き出していたのだ。彼らはハイパーメディア機能を利用できなかったグループと比べて2倍のアイデアを出し、さらにアイデア同士の予想外のつながりも見つけていた。この実験の条件を知らない著作の専門家たちの判断によれば、ハイパーメディアのグループのアイデアのほうが独創的で、その理由はおそらく内容をより深く検討したからだろう、ということだった。[10] こうした結果から、ハイパーメディアの使用によって連想が容易になり、全体のアイデアの数も増えたことがわかった。

もちろん、本や雑誌を読んで想像が広がることもあるが、直線的な文章をたどるという読書の構造は、私たちの自由を制限し、決まった順番でページからページへと内容をたどらせる。一方、インターネットは、ノードとリンクの構造が私たちの発想を柔軟にしてくれる。ネットサーフィンをするときには、関連するどんな道にも進むことができる。1つのウェブページに思考を刺激されて新しいリンクをクリックすることもあれば、自分の考えに導かれてそうすることもある。それらが同時並行で進むのだ。インターネットのこの構造は、私たちの想像力を駆り立てる。

インターネットによる「マインドワンダリング」

ネットサーフィンをしているとき、私たちの集中に何が起きているのだろう。その発端にはなんらかの具体的な目的があるかもしれないが、連想によって新しいリンクを次々とクリックするにつれ、集中の対象は移り変わり、心は予想外の方向に進んでいく。目的もなくインターネットをさまよっているあいだ、私たちの心はオープンで自由だ。自分の意味ネットワークのなかで好きなように連想し、それぞれのウェブページの情報に導かれてあらゆる方向に進むこともできる。

心がさまよっている状態を示す「マインドワンダリング」は、集中が外部環境から切り離されたときに生じる。心がさまようとき、私たちは手元のタスクとは関係のないことを考える。たとえば過去の経験、将来の目標、あるいはもっと脈絡のないことについて、人はよく心をさまよわせる。経験サンプリング法〔日常生活を送っている調査対象者から1日数回、数日にわたってデータを収集する調査手法〕を用いたある実験で、日常生活を送る2250名の対象者の行動をランダムに調べたところ、約47パーセントの時間で、心をさまよわせていることがわかった[11]。

ネットサーフィンにはマインドワンダリングと多くの共通点がある。まず、マインドワンダリングは目標指向ではない。ネットサーフィンで目についたリンクに促されてさまざまな概念を自由にたどっているときの状態と似ている。また、思考が無意識のうちにあちこち移ろう点も共通している[12]。私たちはインターネットに没頭しすぎて、気づかずに何時間も集中の罠にはまっていることもある。

プライミングだらけのインターネット

インターネットには自分の心のネットワークに踏みこむきっかけが無数にある。ある刺激を見たり聞いたりすることによって別の刺激に反応しやすくなることを「プライミング」と呼ぶが、認知的なプライミングでは、ある文脈や単語に触れると、記憶のなかでそれと意味的なつながりがあったり、同類と考えられる概念（たとえば「針」と「糸」）が呼び起こされる。実験室内の単純な刺激・反応課題（たとえば「スズメ」という単語を見たあとは、「椅子」を見たあとより、「コマドリ」に対する反応が速くなるなど）ではその効果はほんの数秒しか続かないが、その単語について考え、処理する時間が長くなると、ほかの単語が邪魔をした場合でもプライミングの効果は長続きし、2分を超える。[13]

たとえば、Wikipediaで「冬季オリンピック」の記事を読むと、アイススケート、ボブスレー、スキージャンプなど、関連したあらゆるイメージが心に浮かぶ。そして「アルペンスキー」というリンクに興味を覚え、クリックするのだ。あるトピックを読んでさまざまな考えにつながるプライミングが生じると、目の前のすべてのリンクがネオンサインのように私たちの注意を引く。

プライミングが起きると、私たちは合図を出されたかのように自動的に何かを考え、行動することすらある。無意識のうちに内面の目標を活性化させて反応してしまうのだ。[14] 広告主は昔からそのことをよく知っている。消費者に特定の概念を示せば、連想によって商品の購買を増やすことができるのだ。

それは、プライミングに関する実験でも証明されている。被験者はまず、ある製品のブランド名を含む単純な文章を読むように指示される。そのあと、複数の製品の中からどのブランドを選ぶかと問われると、先に読んだ文章に含まれるブランドを選ぶ人が多かった[15]。関連する文章を読んだことで、心の前面にそのブランド名が出てきたのだ。ビールのテレビコマーシャルを見たあとで、私たちが冷蔵庫からビールを取り出して飲みたくなるのは、このプライミング効果によるものだ。

ウェブページのリンクを見ながら何かを考えるとき、人はどこまで意識的に連想しているのだろうか。連想記憶について長年研究してきた心理学者は、概念が活性化して関連づけられるのは自動的なプロセスだと述べている[16]。Wikipediaの記事を読んでいるときにプライミングが生じて関連するリンクをクリックする場合、実際には自動的なものと制御された思考プロセスが混じっているようだ[17]。

たとえばチョコレートケーキのことなど考えもせずにビュッフェにやって来た人が、美味しそうなケーキを目にしたとたん、チョコレートの味や昔食べたケーキの思い出が次々と連想されるのに似ている。そして意識的に（あるいは衝動的に）ケーキを皿に取るかもしれないが、その行動の水面下には私たちにそれを促す自動的な連想の大きな氷山が隠れている。同様に、Wikipediaを見ていても、別のページにつながるリンクをクリックしたくなる衝動を抑えるのは難しいだろう。

もちろん、プライミングではなく、たんに好奇心に駆られただけということもありうるが、両者は結びついているので、区別するのは難しい。心理学者の説明によると、好奇心は知識の空白を埋めたいという衝動から生じるもので、私たちはそれに関連した情報に引き寄せられる。[18]ウェブページで偶然出会ったリンクのような些細な情報にも好奇心を刺激されて、私たちは（ときに衝動的に）行動する。意識するか否かにかかわらず、リンクをクリックすることで好奇心を満たそうとするのだ。得られた知識に満足できると、それが報酬になる。

好奇心によって報酬の期待が高まることは、脳の尾状核と外側前頭前皮質の活性化によって確かめられている。いずれも報酬の期待と学習の本質的な価値にかかわる部位だ。[19]ウェブページのリンクを見ると好奇心が刺激される。私たちはそれが新しい知識への入り口だとわかっているので、報酬を期待してクリックする。そうやってコンテンツを読み進めるうちに、連想が働いたり好奇心が刺激されたりして次のリンクを選び、さらにコンテンツを読み、ますます興奮して新しいリンクをクリックし、容易に本来の目的からそれてしまうのだ。

インターネットと私たちの集中

こうしたインターネットの働きはまるで魔法のようだが、私たちの記憶にも同じことが言える。ノードとリンクのハイパーメディア形式のインターネットの構造は、理論上、人間が脳内の知識を整理する方法にも似ていて、人々が日常生活でさまざまな概念を柔軟に関連づけるやり方も反映している。このため、インターネットの設計が注意散漫への扉を開き、私たちは自分の考えを追わずにいられないように、インターネットにも引き寄せられる。

インターネットによるこうした無限のマインドワンダリングを阻止するには、次の3つの取り組みが必要になる。第1に、自分の行動に気づくこと。これは簡単ではない。無意識の行動を意識レベルに持ってこなければならないからだ。のちの章では、行動のメタ認識を育み、私たちがインターネットのさまざまなサイトに目的もなくアクセスしてしまう行動に意識的になる方法を紹介する。第2に、その行動を止めようというモチベーション、そして第3に、衝動に抵抗するための認知リソースが必要になる。

インターネットは相互に関連した膨大な情報を提供することによって、認知哲学者のアンディ・クラークがその著書『生まれながらのサイボーグ　心・テクノロジー・知能の未来』（春秋社）で「サイボーグの心」と呼ぶものを生み出した。[20] この言葉は、多数の電極を埋めこまれて記憶容量を増やし、処理スピードを上げた脳を連想させるかもしれないが、クラークはそこに、私たちの精神の拡張という意味も込めている。人類ははるか昔から筆記や写真撮影などの技術で自らの記憶を拡張してきたが、インターネットは私たちの精神を拡張するものとして、それらすべてを上回る機能を持つ。なぜなら、インターネットの世界では、テキスト、画像、動画、音声にブックマークをつけて、すべてを記録できるだけでなく、必要な情報をスマートフォンから瞬時に呼び出すこともできるからだ。

実際、複数の研究によると、インターネットで検索しているうちに、人はその知識がインターネットから来たものか、あるいはもともと自分が憶えていたものか、区別がつきにくくなるという。[21] 自分の記憶と、インターネットに蓄えられた情報との区別が難しくなるのだ。

インターネットへの依存が人間の記憶容量を減少させることを示唆する研究もある。インターネット検索を6日間続けると、実際に脳の機能が低下し、長期記憶にかかわる脳領域の機能的結合と同期性が減ったという[22]。

インターネットの先駆者たちは、世界中の情報が簡単に手に入ることを夢見た。しかし、偉大な発明には予期せざる結果が伴い、そのなかには良いものも悪いものもある。自動車が発明されると、一般道路やハイウェイなどのインフラ開発が進み、郊外の発展につながって居住地の拡大をもたらしたが、排出される温室効果ガスによる地球温暖化など、経済的、環境的、社会的な悪影響もあった。

インターネットの先駆者たちのビジョンにも、人々が有意義な情報をインターネットに提供し、意図的に情報を探し、その情報が人類に利益をもたらすという理想があった。しかし、ネットサーフィンやソーシャルメディアに引き寄せられて費やされる途方もない時間や、ダークウェブ、ソーシャルメディアのエコーチェンバー現象〔見解が似た人々が交流することで、自分たちの意見や思想が正しいように錯覚する現象〕、ネットいじめなどの有害な行動は、おそらく想定していなかっただろう。また、初期の自動車にシートベルトやエアバッグがなかったように、インターネットにも詐欺や偽情報やターゲティング広告を防ぐ安全機能は組みこまれていなかった。

メディア理論家のマーシャル・マクルーハンは、「テクノロジーは感情と思考の新しい構造を生み出す」と書いた[23]。たとえば、印刷メディアの発展は、印刷されたページの枠組みに合うように、人々の知覚を変えた。同様に、デジタル世界では、テクノロジーが集中の構造を変えている。ノードとリンクと絶えず変わりつづけるコンテンツを備えたインターネットの構造は、私たちが集中を向ける対象だけでなく、集中を切り替える頻度まで決めているのだ。

皮肉なことに、人々はデジタル・ハイパーメディアの刺激に自らの知覚を適応させつつインターネットに情報を提供し、その構造を発展させながらそこから影響も受けるという新しいタイプの動的集中を身につけた。マクルーハンの言葉どおり、インターネットは新しい思考の構造を生み出したが、私たちのデバイスを使うときの集中時間は、年を追うごとに短くなっている。

インターネットの影響は、おそらく集中時間の変化だけにとどまらない。脳に生じる構造的、機能的変化は人間の一般的な発達の一部であり、脳の組成は生涯を通じて変わりうる[24]。それはたとえば記憶にも影響するが、インターネットの使用が脳の機能的な反応を変え、とくに複雑な推論や意思決定に関連した領域に影響が出ることを指摘する研究もある[25]。

ヴァネヴァー・ブッシュのメメックスの発想は、情報を見つける際の垣根を取り払ったが、ウェブ上の取りとめのない行動のきっかけにもなった。「連想の航跡」を作る情報検索の設計が、今日の私たちの深刻な注意散漫を生み出すことまでは、彼も予見できなかった。インターネットはデジタルかつ非線形で、個別の要素の集まりなので、私たちの集中もそれに沿って断片化されるようになった。世界中の人々がいつでも情報を加えることができるインターネットの性質が、利用者の場当たり的な行動を促している。

１９９０年代にマルチタスクについて調査を始めたとき、私は自分が巨大な現象と格闘しているのだと実感した。デジタルデバイスを使うときの人間の集中力の働きを理解することは、たとえるなら、海流などのさまざまな要因が考えられる状況で、風の動きだけでヨットの進路を決めようとしているようなものだった。世界中の人々が情報を共有するというインターネットの先駆者たちの理想は、いまや私たちに永遠にスクロールさせ続けることで利益を得ようとする企業の新しい目標に取って変わられてしまった。

次の章では、そうした企業の目標の成立過程と、私たちの集中がそれにどういう影響を受けるかについて見ていこう。

第7章 AIとアルゴリズムの影響

私はいま、あるブーツに追いまわされている。このブーツは予想もしていなかった場所に突然現れては、1日中私につきまとう。ニューヨーク・タイムズのオンライン記事を読んでいても、Facebookを見ていてもそこに現れ、別の何かを買おうとしても邪魔をする。ただ、素敵なブーツではある。私にもこれが偶然でないことはわかる。彼らは私の欲しいものがわかっているのだ。このブーツから逃れる方法はただ1つ、私がこのブーツを買うことだけだ。

インターネットのブラウジングはあなたからの一方通行の行為ではない。インターネットもあなたをブラウズしている。インターネットの構造は私たちのオンラインの行動に影響を与え、そのアルゴリズム〔物事を解決するための手順や計算方法〕で集中を妨げるのだ。デジタル世界で私たちが毎日出会うアルゴリズムは、完璧に近い方法で私たちの集中を操作する。

人類は古くからアルゴリズムとかかわりがある。自然淘汰も適者生存もアルゴリズムでモデル化できる。「アルゴリズム（*algorithm*）」という単語の本来の意味は「一連の指示」である。そう考えると、遺伝的適応能力を持つ人類そのものが自然のアルゴリズムに則っていると言ってもよいだろう。レシピどおりに料理し、GPSの方向案内に従い、買った本棚を説明書どおりに組み立てるなど、私たちはアルゴリズムに頼って日々暮らしている。そしてコンピュータのアルゴリズムは、交通量の設計、車の自動運転、ビジネスの意思決定、病気の診断、保釈の判断、刑事裁判の判決など、すでにあらゆる場面で活用されている。

アルゴリズムはある集団に利益をもたらすために設計され（たとえば、プロジェクトを選ぶ際の意思決定モデル）、組織に利用され（採用や大学合格者の決定）、社会全体で使われることもあるかもしれないが（異常気象の検知など）、私たちの集中を操作するために、もっと個人的、私的なレベルに適用されることもある。

人の集中リソースは限られているので、インターネットでソーシャルメディア、メッセージング、eコマースを提供する企業は、自分たちの提供するものやサービスにできるだけ多くの注意を引こうとして全力を尽くす。誰もが集中リソースを投じたくなるような最先端のアルゴリズムを開発するために、膨大な資金や人材を投入するのだ。

注意散漫に値段がつくとき

私が冒頭のブーツにしつこく追いまわされたのには理由がある。実際に起きていることを分析してみよう。先日私は、あるショッピングサイトでそのブーツが気になって、クリックしてみた。そのサイトは広告主と出版社を仲介する広告ネットワークに加入しており、それは私の見たものを記録し、その情報をCookieで私のコンピュータ内に保存する。Cookieとは、テキストファイル形式で私のブラウザに保存されるデータファイルで、広告ネットワークのデータベースにも保存される。[1] こうして、私が同じ広告ネットワークに属するほかのサイトを訪ねると、彼らはつねに私のブラウザから私を認識し、私がブーツを見たことを知るのだ。

インターネットを見るたびに私がブーツにつけまわされたのは、この「リマーケティング広告」と呼ばれる仕掛けによるものだ。実際、私もそのブーツを見れば見るほど親しみを覚えるようになったが、人は何かに身近に接する機会が増えると好きになりやすい。[2] ある曲を何度も聞くうちに、気づくと頭から離れなくなっていたという経験は誰しもあるだろう。実際に、脳の活動をｆＭＲＩで測定してみると、人はある曲を耳にする機会が増えれば増えるほど、その曲に惹かれやすくなることがわかった。[3] 広告の世界では古くから、ブランドに対する親近感が消費者の購買行動に大きく影響することが知られている。[4] テレビでビールや歯磨きの宣伝がたびたび流れるのもそのせいだ。

しかし、それ以外にもデジタル世界で起きていることがある。1つの商品がいくつかの異なる文脈で売りこまれるのだ。最近、ニューヨーク・タイムズのオンライン記事で、ある有名なミュージシャンの追悼記事を読んでいると、そこにも例のブーツが現れた。その文脈で私に与えられたプライミングは、スタイリッシュなロックスターのブーツだったのだろう。私はブーツを表示するアルゴリズムに心を読まれているような気がした。

前章で、ノードとリンクというインターネットの構造が私たちの注意散漫を加速させていると述べた。インターネットと集中時間について述べるなら、当然、ターゲティング広告による意図的な集中の中断にも触れなければならない。人類の歴史のなかで、人の注意を操ろうという試みは目新しいものではない。宣伝は、紀元前３０００年のバビロニアの時代から存在していたが[5]、印刷メディア、とくに新聞が普及した産業革命期に一気にその数が増えた。

広告宣伝の目的は、まず人々の注意を引くこと、そして、ある特定の製品やサービスが必要だと思わせることだ。この基本的な考え方はデジタルメディアの時代になっても変わっていない。初期の広告は一般大衆全体に訴えかけるもので、たとえば19世紀のイギリスでは「イーノ・フルーツ・ソルト」という天然サプリメントが「血中から有害物質を取り除く」ことを、広く大衆に向けて宣伝していた[6]。

このように、大衆の注意を引こうとする宣伝は、「一対多」の情報発信として始まった。服で言えばワンサイズで、誰もが同じコカ・コーラの宣伝を見ていたのだ。しかし人の好みはそれぞれ異なる。賢明な広告主は、個々人が興味を持っているものにカスタマイズして訴えれば、売上が格段に伸びると考えた。これが「ターゲティング」だ。その例として１８９０年代のぜんそく患者向けの宣伝があるが、皮肉にもそのときの商材はジョイ社の煙草だった[7]〔当時は煙草の健康被害より、鎮静効果や気管支症状の緩和が期待されていた〕。テレビの時代になると、視聴者の居場所や視聴時刻に沿って宣伝を調整する方法に大量の特許が申請されたが[8]、当時のテレビやラジオの視聴者に向けたターゲティング広告は、デジタル時代に比べれば大雑把なものだった。

一方、インターネットユーザーはデジタルな足跡をウェブ上に残すので、収集される情報ははるかに詳細だ。ウェブ上のターゲティング広告の特許申請は1993年に始まり、20年後には2900件に上り[9]、現在もその数は爆発的に増えている。デジタル広告への支出も急増し、2020年には4000億ドルに近づいた。

ターゲティング広告は機能面でも進化してきた。制作者はより正確に広告をパーソナライズするために、個人の情報を学ぶアルゴリズムを使うようになった。例のブーツの販売会社は私のことをかなりよく知っている。どんなスタイルの服を買い、どんなサイトを閲覧し、オンラインで何をよく読んでいるかなどの情報を利用して、ブーツを買うことに対する私の抵抗を切り崩していくのだ。コンピュータのアルゴリズムは人々の習慣や欲望、そして集中行動に関しても、さらに多くのことを知っている。情報のターゲティングとは、特定のコンテンツをその人にとって最も効果的なときに、最も魅力的な文脈で提示することだ。テレビの宣伝とは異なり、デジタル広告は容赦なくさまざまな文脈で画面上に現れ、あらゆるかたちで商品について考えさせようとする。気候変動のページで革のジャケットを見ても心は動かないだろうが、Facebook のページで見れば、友人がそのジャケットを褒めてくれると思うかもしれない。

オンラインのターゲティング広告は1990年代半ばに始まった。最初は特定の閲覧者を狙った消費者向けのウェブサイト広告だったものが、やがてユーザーのデモグラフィック（年齢、性別などの属性）、居場所（IPアドレス）、行動（どのようなサイトを見ているか）、さらには閲覧記録から推定される価値観（どんなニュースや記事を読んでいるか）などの情報を利用するようになった。近年ではソーシャルメディアやサイトの利用履歴から、個人的な人間関係の情報も取りこむようになった。企業側は、あなたが友人のネットワークからどのような影響を受けているか、つまり、どんなときにどのくらいの頻度でソーシャルメディアを利用し、何を見て、どの友人の投稿を読み、誰が好きで、どの動画を見、どのストーリーをシェアし、何を投稿しているかを、詳細に知り尽くしているのだ。

携帯端末の普及で、企業がユーザーから取得する情報はますます正確になっている。よく運動をして移動範囲が広い人の場合、スマートフォンのセンサーがユーザーの行動を記録してランナーだと判断するかもしれない。すると、ランニングウェアの広告が出るようになる。広告の関連性を高めるために、商品のまわりの「文脈」も戦略的に用いられる。冬用のハイテクコートの広告は、11月の寒冷地にいる人に表示されるが、温暖な地域にいる人には示されない。商品がその場所の文脈に合っていれば、注意を引く可能性は高くなる。私たちはみな、知らず知らずのうちに大量の個人データを提供してこうしたアルゴリズムに協力し、図らずもその共謀者になっているのだ。

私たちの注意を喚起しようとするアルゴリズムは、計量心理学の考え方にもとづいて設計されている。計量心理学は19世紀後半から発展した研究分野で、人間の行動、態度、パーソナリティを測定する。イギリス人開発者のサー・フランシス・ゴルトンは相関統計学の発明で知られるルネサンス的人物だが、優生学を推し進めたという暗い経歴も持つ。初期の計量心理学では人の認知能力を物理的テストやアンケート調査で測定し、そこからIQテストが生まれたが、人間の生理学的信号をセンサーで検知し、オンライン行動も追跡できるようになると、従来のテストやアンケートは使われなくなった。

マーケティング・リサーチ企業の「インナースコープ」は、バイオセンサー、視線捕捉装置、表情認識装置などを使って、ユーザーが広告を見たときの行動データを収集し、どのくらい汗をかくか、広告のどこを見ているか、どんな感情を抱くかといったことを詳しく調べている。汗をかくのは感情をかき立てられているからであり、表情を見れば、その広告に興奮しているか、ストレスを感じているかといったこともある程度わかるのだ。一方、マーケティング企業「ニューメレイター」は、行動、態度、購買履歴にもとづくアルゴリズムを用いて消費者を350の心理学的変数で分類し、商品の販売元にその情報を提供している。

オンライン広告はこうしたパーソナリティ測定技術を利用している。選挙コンサルティング企業「ケンブリッジ・アナリティカ」は「ボトムアップ広告の新時代」という大々的な触れこみで、オンラインの行動から、全アメリカ国民のパーソナリティを——本人には知られずに——ビッグファイブ理論の5つの基本的な性格特性（開放性、誠実性、外向性、協調性、神経症傾向）に分類できると主張している。それによると、たとえばニューヨーク州の人は、カリフォルニア州の人より神経症傾向が強いという（ビッグファイブ理論については第9章参照）。ケンブリッジ・アナリティカは、政治広告に特化したクライアントのために、独自の心理学的プロファイリングにもとづき個人のターゲティングをおこなった。同社は後に、Facebook の友人ネットワークを含むユーザーの個人情報を不正利用した疑いで破産したが、そのデータは（イギリスのブレグジットの国民投票など）アメリカ内外の選挙に影響を与えたと言われる。

だが、これほど詳しい個人情報を収集したところで、意味のある分析ができるものだろうか。ビッグデータの時代がそれをすべて解決した。アマゾンのサイトを訪ねるたびに、あなたの検索履歴や検索パターン、プロフィールが、ほかの無数のユーザーのデータと突き合わされる。アマゾン側はあなたと似た人たちの行動から、あなたの注意を引くものを見つけ出す。アルゴリズムはつねに更新されている。それこそがインターネットの力だ。オンラインで活動する人々の膨大なデータをリアルタイムで集めて、オンラインの行動パターンを発見するのだ。アルゴリズムは、あなたが誰か、どういう気分か、いつどこで何をしているかという情報を取りこみ、それを使って注意を引く。

「いいね」でわかる性格特性

ここまで読んだ人は、自分のウェブ上の行動から、ほかにどんな情報が引き出されているのか、不安に思っているかもしれない。私たちがアンケートや質問に答えるときには、自分の提供する情報は正確にわかっているが、デジタルな足跡を見るだけでわかる情報とは、どのようなものだろうか。実はかなり詳しい情報だ。

私たちはオンラインで、意図せずパーソナリティ以上のものを表現している。インターネット上の自分の行動を思い出してみてほしい。たとえばソーシャルメディアのプロフィールで性別や年齢、居場所などのデモグラフィックを提供し、ウェブを検索し、友人たちの投稿に「いいね」をつけ、自ら投稿もする。その投稿はさまざまな目的で探索され、書いた内容以上のものをさらしているかもしれない。

　中国科学院と南洋理工大学の研究者たちが、ソーシャルメディアの投稿に見られる言語パターン（投稿で使う言葉のパターン）からその人の幸福感がわかることを発見した。「うれしい」とか「すごい」といったポジティブな単語を使って表わされる内容だけでなく、それをどう言うか（たとえば、どういう代名詞を使うか）、つまり言語の構造から幸福度が判断できるというのだ。

　この研究では、本人の許諾を得て中国のソーシャルメディア、新浪微博《シンランウェイボー》の１７８５人のユーザーの投稿を集め、各人に質問に答えてもらった。その際に用いたのは、人の感情（ポジティブまたはネガティブな感情をどの程度抱いているか）を測る「ＰＡＮＡＳ」[10]と、「主観的幸福感尺度」[11]という、いずれも有効性が認められた尺度だ。この２つを併用することで、その人の主観的な幸福度をかなりの確度で知ることができる。各人の投稿の言語パターンに加え、性別、年齢、居住地の人口密度、フォロワーとのやりとり、プライバシーの設定、ユーザー名の長さなどもデータとして集めた。

　その結果、これらの特徴の組み合わせと、その人のポジティブな感情と主観的幸福感のあいだに密接な関連があることがわかった[12]。相関係数はどちらも０・４５で、心理学的には驚異的な数値だ。さらに、主観的幸福感とポジティブあるいはネガティブな感情に相関するいくつかの言語パターンも確認された。１つの例は、一人称の代名詞を使う回数はポジティブな感情に反比例しているということだ。これは筋が通っている。不幸な人は自分の内面に注意を向けやすいだからだ。

　この研究結果は、たとえば入浴剤のようなストレス解消商品を売る企業が、Twitter の投稿から得られる情報を利用してターゲティング広告の対象者を見つける方法を示すものでもある。特定の感情を抱いていれば、その広告を見て反応しやすくなるかもしれない。とはいえ、オンラインの行動から収集されるもっと個人的な情報に比べれば、主観的幸福感など些細なものかもしれない。たとえば、あなたのTwitterの投稿[13]、あるいはInstagramの写真からでさえ[14]、あなたに深刻なうつの症状があるかどうかを判定できるというのだから。

こうした研究では、デモグラフィックと、人々が投稿する内容や写真を用いた。しかし、Facebookの「いいね」のような最小限の情報だけでも、ある程度性格特性を予測することができる。Facebookの「いいね」と「ビッグファイブ」の性格特性の相関係数は0・29〜0・43で、これも驚くほど高い数値だ[15]。Facebookの「いいね」によって、その人の知性、常用する薬物、年齢、政治観、性的指向をかなり正確に予測できる[16]。アルゴリズムで「いいね」をたった300個分析するだけで、あなたの性格を、最も身近な人より詳しく知ることができるのだ[17]。

すでに見たとおり、企業側はネット上の行動から知りうる性格特性を利用して、私たちの行動に影響を与えるアルゴリズムを設計することができる。たとえば、神経症傾向がある人は、そうでない人よりストレスや恐怖に影響されやすい[18]ため、火事で燃えている家や洪水など、恐怖をあおる保険会社の広告写真に注意を払いやすい。外向的な人は内向的な人より社交好きだから、企業はそういう人を狙ってクルーズ船パーティーの宣伝をするかもしれない。これを裏づける研究もある。外向的な人は大勢が集まるにぎやかなパーティーの写真を掲載した広告をクリックする傾向があり、内向的な人はモデル1人の静かな写真を掲載した広告をクリックしやすかった[19]。

スマートフォンからも、気づかないうちにあなた自身やあなたの行動に関するデータが大量に収集されているかもしれない。第3章で、集中には一定のリズムがあるという話をした。ほかの行動にもリズムがあって、それはあなたについて多くを物語る。たとえば、あなたのスマートフォンの履歴から、毎日どのような使い方をしているか、1日のリズムがその使用にどう影響しているか、さらには1時間単位でどのように使っているか、などの情報がデータとして収集される。

ダートマス、スタンフォード、ケンブリッジの各大学の研究者たちが、大学生646名のスマートフォンの使用を7～14日間にわたって追跡し、各人の行動、電話が拾った環境音、居場所、使用量などのデータを収集した。すると、スマートフォンを使用するリズムの類型から、神経症傾向を除くすべての「ビッグファイブ」の性格特性を予測することができた[20]。そしてネット上の行動とまったく同じように、スマートフォンからひそかに収集された（大量の）データも、アルゴリズムに組みこんで人の注意を引くために利用することができる。

ただし、アルゴリズムは広告宣伝のためだけに設計されているのではない。パーソナリティや主観的幸福感などの情報は、より広くソーシャルメディアやメッセージングプラットフォームの個人向けの通知にも使われている。驚くにはあたらないが、Facebookはユーザーの注意を引くためのアルゴリズムの特許を数多く申請している。その1つは「SNS上のコミュニケーションと特徴からユーザーの性格特性を決定する」という内容だ[21]。あなたの性格特性に関するデータはネット上のアルゴリズムに取りこまれ、注意を引きそうな広告やニュースを送ることに使われる。嗜好や興味に合った情報が多く送られるほど、あなたはそうした通知に注意を払うようになり、Facebookに費やす時間も長くなる。

アルゴリズムは本能に訴える

Facebookで友達が新しい投稿をしたという通知を受け取ると、私たちは気になってクリックしてしまう。ソーシャルメディアの通知は人間関係の基本的な性質、すなわち「他者への好奇心」に訴えるのだ。友人の投稿に143の「いいね」がついたという通知が来ると、もっと知りたくなって、その投稿からポジティブな感情が得られることを期待する。

意識的に注目して反応しなければならない通知もあるが、無意識に注意を引くものもある。ウェブ上の多くのアルゴリズムは、幸せ、驚き、恐怖、嫌悪などの主要な感情を引き出して、人々の注目を集めるように設計されている。「下位感情」とも呼ばれる[22]この種の基本的な感情反応は、認知プロセスを経ず自動的に生じる。この下位感情に触れる通知は私たちの注意を引き、思わずクリックするなどの衝動的な反応を促す。大破した車の画像を見れば、とりわけティーンエイジャーなら恐怖を覚えるだろう。下位感情はコントロールできないので、感じずにはいられないのだ。集中リソースが低下して退屈や慣れの状態にあるときには、注意がほかにそれやすく、そのタイミングで下位感情に訴えるようなターゲティング広告を目にするとどうしても反応してしまう。

怒りは注目を得るために利用される下位感情の1つだ。2021年、Facebookの元社員フランシス・ホーゲンが証券取引委員会でおこなった証言のなかには、センセーショナルな投稿に注意を引かれる人間の性質を、Facebookが利用していたという指摘もある。Facebookは、使われる絵文字によって投稿内容を評価し、「怒り」の絵文字を使った投稿をユーザーのフィードのトップに持ってきていたという。FacebookのAIプログラムは有害な内容をあえて提供するよう操作されていた、とホーゲンは証言する。

最終的に、Facebookは怒りの絵文字をアルゴリズムに含めるような投稿評価をやめて、「超いいね」や「悲しいね」の絵文字を重視することにした。怒りの絵文字の投稿を除外することで、アルゴリズムによって送られる偽情報は減り、人々の心をかき乱す投稿も上位に来なくなったと同社は主張したが、社外の科学者による検証はなされていない[23]。

知能テストつきの広告など、大衆に広く受け入れられる投稿もある（たいていの人は自分の賢さを知りたいと思うからだ）。気をそらさずに集中する能力は、これまで述べてきたさまざまな要因に影響される。認知リソースが減っていたり、友人の話題が出たりすれば、注意散漫になって、万人向けの画一的な広告の餌食になることもあるのだ。

TikTokの罠

アルゴリズムを用いて注意を引く方法についてさらに詳しく説明するために、ここで人気の高いSNSプラットフォームであるTikTokを取り上げよう。TikTokの「レコメンドエンジン」と呼ばれる非常に精度の高いアルゴリズムは、15秒ほどの短い動画に人々を釘づけにする。視聴者が夢中になるものをただちに見つけ、その勢いを持続させるのだ。しかし、TikTok動画のレコメンド方法についてここで議論する前に、レコメンドの前提となる情報収集のしかたについて理解しておく必要がある。TikTokはまず人々の正しいデータを集め、動画に含まれている情報を知らなければならない。

TikTokではアップロードされるすべての動画について、キーワード、画像、内容の要約が収集される。たとえば、誰かがビートキングの「ゼン・リーブ」で踊っている動画があれば、レコメンドエンジンは、その人がしていること（ダンス）、その曲（「ゼン・リーブ」）、ジャンル（ラップミュージック）を記述する言葉を集める。実際には、その人がどこで踊っているか（寝室、屋外、クローゼットのなか、屋根の上）など、もっと詳しいデータも拾っている。そこには踊り手に関する詳細な情報（女性、男性、赤ちゃん、ときにはTikTokのスター犬）も含まれる。

TikTokは、視聴者の情報も集めてアルゴリズムに投入する。性別、年齢、職業、居住地、興味の対象など、収集されるのは実にさまざまなデータだ。使っている検索エンジンからはIPアドレスや利用場所などの詳細情報が得られ、アルゴリズムはそこから地名やその地域の政治傾向などを割り出し、同じ傾向を持つ人々を1つの集団にまとめる。利用者が増えるにつれて同社にはより多くのデータが集まり、レコメンドの質が上がって、視聴者の注目をより長くとらえられるのだ。

TikTokが収集しているのは投稿者の情報だけではない。視聴者が1回の視聴で見る動画の数や時間など、サイトの利用状況も細かく把握している。一度に120の動画を見ても30分程度なので、さほど時間はかからない。あなたが見る動画が増えれば増えるほど、TikTok はあなたの好みに関する情報を得る。レコメンドエンジンは、ある動画を同時に何人が見ているか、どこで流行っているか、話題の動画を見るかどうかという傾向も探っている。

たとえあなたが気づいていなくても、TikTok のエンジンは、あなたがいつどこで動画を見ているか、家にいるときにどんな動画をよく見るか、職場や通勤中に何を見るか、休暇などで家から遠く離れたときはどうかという文脈（彼らの言う「シナリオ」）のデータも収集している。シナリオがわかれば好みもかなり詳しく推測できる。たとえば、朝はアップテンポのヒップホップのダンス、夜はもっとゆっくりした動画が好まれるといった文脈に則して、TikTok は視聴者がそれぞれのタイミングで好む動画を送る。このように文脈に沿ったコンテンツを提供すれば、視聴者はさらに離れられなくなるのだ。

私は夫と長年いっしょに映画を見ているが、彼が好きな映画をつねに言い当てられるわけではないし、予測がはずれることもある。だが TikTok は間違えないし、間違えてもすぐに修正する。あなたが突然別のジャンルのダンス動画を見はじめれば、TikTok のエンジンはすばやく、その新しいジャンルのダンス動画に切り換えてくるだろう。

レコメンドエンジンは、「フィードバックループ」から学ぶ。利用者が見るものを観察してその性格特性、行動、文脈を学習し、その情報をエンジンにフィードバックして微調整していくのだ。つまり「ループ」とは、観察、調整、別の動画提供の繰り返しで、この一連の作業が瞬時にしておこなわれる。視聴者が動画を見れば見るほどアルゴリズムはその人の好みを把握し、ターゲティングを研ぎすませて関心に沿ったコンテンツを提供する。
TikTokの機能的な仕組みを理解してもらったところで、今度はTikTokが私たちの注意を引きつける心理学的理由を見てみよう。プロのフルート演奏家である私の知人は、音楽の博士課程で学んでいて、とてもTikTokに夢中になるような人には見えない。31歳という彼女の年齢もTikTokの典型的なユーザー層より上だ。「1日のなかのちょっとした休憩では頭を使いたくないの。暇つぶしと好奇心でTikTokを見はじめると、おもしろい動画がどんどん出てきて目が離せなくなる。あまりにおもしろいストーリーなので、最初の5秒でたいてい『いいね』を押してしまう」と彼女は語る。

TikTokの15秒動画を視聴しているときに、彼女の集中状態に起きていることを説明してみよう。TikTokの多くの動画は映画の超短縮バージョンのように構成され、プロットが展開されるが、たいてい通常のプロット展開の最初の3つの段階である導入、緊張の蓄積、クライマックスだけを見せる（残りの2つは下降とオチ）。TikTokの動画が視聴者を引きつけるのは、「驚き」で終わるからだ。徐々に緊張を高める場合もあるが、ほとんどは最後の1、2秒でプロットのひねりがあり、登場人物がおかしな外見になったりする。一方、犬がただ曲に合わせて踊っているような、プロットのないものもある。わずか15秒でクライマックスが訪れるというスピードも私たちの注意をとらえて離さない理由だ。

ある行動が笑いの報酬などによってポジティブに強化されると、それが繰り返される可能性が高まる。行動心理学者のB・F・スキナーの「オペラント条件づけ」〔報酬や罰に適応して自発的にある行動をとるように学習すること〕の発見によって、これは確認されている。スキナーはネズミなどの動物を「スキナー箱」と呼ばれる仕掛けのある箱に入れて実験した。そこでレバーを押すと餌が出てくることを学んだネズミは、その行動に対する正の強化を受け、報酬を得るためにレバーを押しつづける。

同様に、TikTokの視聴者は動画を見て笑うと、その笑いが自分への報酬となり、感情が行動を強化し、さらに動画を見たくなるのだ。TikTokの動画は一般に、笑い、怒り、ときに悲しみなどの下位感情を刺激する。踊りながらエスカレーターを降りてくる人や、音楽を聞いて微笑むかわいい赤ちゃんを見れば、誰でもポジティブな感情を抱かずにはいられない。こうした動画は、見れば見るほどもっと見ていたいという欲求を強化する。

TikTokが私たちの注意を引く理由はほかにもある。動画を見て笑うと報酬を司る脳の部位に内因性オピオイドが分泌され、何度も笑うことで脳内神経細胞に機能的、構造的な変化が生じるからだ。[24] 笑いはストレスを減らす作用もあるので、[25] TikTokの動画はわずか15秒で私たちに笑いの報酬を与え、ストレスを減らしてくれることもある。TikTokを見れば見るほど、さらなる報酬を得ようとしてアプリから離れられなくなるのはそのせいだ。もちろん、TikTokの動画から得られるのは笑いだけではなく、怒りなどのほかの感情を引き起こすこともある。

スピーディで、「おもしろさ」のレベルも高く、プロットのひねりがある動画を見ていると、時間はあっという間に過ぎる。TikTokがあなたを夢中にさせる動画を調べてわざわざ送ってくるなら、なおさらだ。TikTokの仕組みを理解するために、私も多くの動画を見たが、少しだけと思いながら、深刻なフレーミングエラーを起こしてしまった。一度見はじめると延々と見つづけてしまうのだ。気がつけば時間は飛ぶように過ぎ、画面から目を離せなくなっていた。

TikTokのレコメンドエンジンは、同社独自のアルゴリズムを使った「ブラックボックス」モデルだ。しかし、フィードバックループが有効に働いていることはわかる。あなたがある動画を見れば、TikTokのアルゴリズムがそれを受けて、あなたの集中について学びつづける。楽しい動画を見ること自体は悪くないが、同じ行動ループから抜け出せなくなるのは困る。しかも、もっと注意しなければならないこともある。

Instagramから逃れられない

私はInstagramのアカウントを持っていなかったのだが、研究目的で偽名を使って登録してみることにした。登録時にはFacebookの連絡先と連携させず、連絡先も登録しなかった。ところが次の画面で、「おすすめユーザー」として20人の名前が表示された。そのなかには誰もが知る有名人も含まれていたが、残り15人中7人は個人的な知り合いだった。そのうち5人とはFacebookでつながっていて、2人はFacebookの友人ではないものの、たしかに知っている人たちだった。とりわけ不思議だったのは、数カ月前にニューヨーク市でインタビューをおこない、短いメールのやりとりをしただけの人物を薦められたことだ。Instagramのユーザーは何億といるのだから、偶然の一致はありえない。

なぜこのような現象が起きるのか、疑問に思った私は、クレムソン大学教授でオンラインプライバシーの専門家である友人に尋ねてみることにした。彼によると、私の携帯電話のIMEI（製造者がつける国際的な端末識別番号）を個人の識別に使っているのかもしれないということだった。Instagramの親会社であるFacebook〔現在は社名をメタ・プラットフォームズに変更〕が、私の携帯電話のIMEIを追跡しているのではないか、また彼の推測によると、私がインタビューをしたその人物が、私のFacebookのプロフィールを検索した可能性があるとのことだった。オンラインのアルゴリズムは、こちらが望まなくても勝手に連絡先を見つけ出す。

FacebookもInstagramも、その社会的な影響力の強さを熟知している（次章参照）。私たちが友人の投稿に興味を示し、注意を払うことを知っている彼らは、どんなに身を隠そうとしても、アルゴリズムによって見つけ出してしまうのだ。執拗に私を追いかけてきたあのブーツのように。

アルゴリズムの強み

インターネットに接続しているとき、あなたは他者との交流や情報のやりとり、そして何よりアルゴリズムを含む「デジタルエコシステム」の一部になる。気づいていようがいまいが、アルゴリズムの成長にひと役買っているのだ。インターネット上の行動や、そこに残すデジタルな痕跡のほぼすべてが、アルゴリズムを開発するための情報源になる。そして彼らがあなたのことを知れば知るほど、配偶者やパートナーのように、あなたの行動を予測できるようになる。

とはいえ、アルゴリズムも間違うことはある。2011年、南カリフォルニア大学のある教授は自分のスマートフォンに「グラインダー」という出会い系アプリを入れようとして、ユーザーの住所の近くにいる性犯罪者を検索できる「性犯罪者サーチ」という別のアプリを薦められたという[26]。このアプリはおもにゲイとバイセクシャルの人々が、近隣でパートナーや友人を探すために使われている。2つのアプリを関連づけたのはアンドロイド・マーケットプレイスというアルゴリズムだった。彼はもちろん性犯罪者ではないが、アルゴリズムに組みこまれた一連の指示が、このアプリをダウンロードする人は性犯罪者検索アプリにも興味を示すかもしれないと判断したのだ。このように、私たちの集中をターゲットにするアルゴリズムもときに混乱することがある。

だが、アルゴリズムによって自分の性格や趣向にぴったりの情報が送られてきたら、私たちはその誘惑に抵抗できるだろうか。もちろん、通知をオフにすればその影響を少しは軽減できるかもしれないが、アルゴリズムに対する最大の防御策は、それがどのように働き、集中のコントロールを奪い、すばやく切り替わる動的集中を促しているかを正しく理解することだ。多くの企業があなたの性格特性とオンライン行動に関するデータを利用し、かなりの確率で、あなたがどんな動画を見、どの友人の投稿を読み、ショッピングで何に興味を示し、何を買いそうかを把握している。靴屋の販売員は途中であきらめるかもしれないが、私をインターネットで追いまわすブーツは決してあきらめない。何度も目にするうちに、私も降参して買ってしまうかもしれない。

アルゴリズムは人間の集中を操作するように設計されている。精密誘導ミサイルさながらに攻撃方法を確実に知っていて、私たちの集中を妨げようとする。認知リソースが減ってまわりの影響を受けやすくなっているときも、決して追跡の手をゆるめることはない。

第8章 デジタルな交流の世界

2021年にマーク・ザッカーバーグが自社の未来と称して注目を集めた「メタバース」は、実は昔からある概念だ。バーチャルな空間で他者と交流し、情報をやりとりするメタバースの発想は、ニール・スティーヴンスンの1992年のSF小説『スノウ・クラッシュ』にも見られる。その発想自体はインターネットの初期のバーチャル世界から存在しているものだ。

1990年代後半、私は初期のメタバースである「オンライブ! トラベラー」について研究していた。この非常に完成度の高いアプリを使えば、ノートパソコンのマイクを介してほかの人たちと会話することができた。現実世界の音声認識を模した空間オーディオ方式のバーチャル環境で、アバター（オオカミ、魚、女神などの画像）を動かして誰かに近づくと、相手の話し声が大きくなる。集団のなかにいるときには、アバターで直接向かい合った人の声だけがはっきり聞こえ、アバターの唇は人間の声と同期して動く。世界中の人と出会えるその環境は実に魅力的で、私はそこでメタバースの参加者がどのように行動し、交流するのかを知ることができた。

　ある日、私がいつものようにこのメタバースを開くと、「ジャパン・ワールド」という新しいグループができていたので、思わずクリックしてみた。3Dの仮想空間に移動すると、遠くに3人のアバターが見え、私が自分のアバターを近づけて自己紹介すると、日本のユーザーたちは一歩下がってお辞儀をしてくれた。なんと彼らはアバターにお辞儀をさせる方法を見つけていたのである。彼らは私が話すときには近寄って私の英語を緊張した様子で聞き取ろうとするが、話し終えるとまた遠慮がちに距離を保つ。私は社会慣習というものの強さを思い知った。

　バーチャル世界での人々の交流に関する研究では、さまざまな社会慣習を目にすることになった。たとえば、誰かが来たときにアバターを動かしてスペースを作り、受け入れる用意ができていることを示したり、（日本人のように）ソーシャルディスタンスを保ったりする。アバターを上下逆さにして自分たちの会話がプライベートであることを知らせるなど、独特の慣習も見られた。これらのバーチャル世界はたんなるコンピュータ・システムではなく、一種の「社会システム」と言える。

　バーチャルな世界の慣習の多くは即興で生まれ、特定の規則や指示が存在するわけではなかった（礼儀正しさが必要な点は別として）。こうしたバーチャル世界を研究すると、私たちの持つ「社会性」がインターネット上の行動においても深く関与していることがわかった。人間はシステムを利用する際にも現実社会と同じ行動様式をとろうとするのだ[1]。

　メール、Slack〔チームコミュニケーションツール〕、Facebookなどのソーシャルメディアも一種の社会システムだ。ユーザーの見解や経歴はそれぞれまったく違っていても、こうしたメディアは共通のコミュニケーションの枠組みを提供する。そこには基本的な社会慣習があることを誰もが理解していて、たとえばメールには、受け取ったメッセージには返信すべきという共通認識があり、すぐに返信せよという社会的圧力がかかることも多い。また、自分よりもっと上の社会階層の人に対しては、メールは送ってもショートメッセージは送らないだろう。

メールもSlackもソーシャルメディアも人間が創造したシステムであるため、社会的な動きをする。社会関係資本《ソーシャル・キャピタル》をやりとりし、ウェブ上のアイデンティティを築き、強い者がほかの者に力を及ぼすこともある。つまり、他人の行動の影響を受けるのだ。もちろん個人差があり、社会的な影響を受けやすい人もいれば、受けにくい人もいる。

ソーシャルメディアを社会システムとしてとらえれば、私たちがこれほど多くの時間をなぜＳＮＳに費やすのか、メールに悩まされながらもなぜ使いつづけるのか、ショートメッセージになぜすぐに返事をしてしまうのか、その理由がわかるだろう。私たちが他者とやりとりするときには、地位の向上や友情やリソースなど、なんらかの社会的報酬が得られることを期待する。社会性が注意散漫に与える影響を知るには、人間の社会行動をもっと詳しく知る必要がある。この章では、私たちがなぜメールやショートメッセージ、ソーシャルメディアに強く引き寄せられ、注意散漫になってしまうのかを、人間の社会性という観点で考えてみたい。

だがその前に、ラジオや本などの旧来のメディアも、私たちの行動に（間接的であれ）社会的影響を与えていたという事実を少しだけ紹介しておきたい。

１９３２年、ハンガリーではシェレシュ・レジェーという名の苦労人が作曲家として名をなそうとしていた。彼は日中の仕事を断って努力したものの、曲は世に出ず、ガールフレンドにもふられてしまった。しかしその日はたまたま日曜日だったので、恋人の死を嘆く「暗い日曜日」という悲しい曲を書いたところ、それが世界的にヒットしたのである。レジェーにとっては素晴らしい幸運だったが、その悲しい歌詞があまりに人々の心をかき乱したため、当時何百人もの自殺者が出たと言われ、イギリスのＢＢＣは２００２年までこの曲をラジオで放送することを禁止した。当時の世界は大恐慌にみまわれ、ドイツではファシズムが台頭し、世相も暗かったのは事実だが、この曲を聞いた人が一線を越えたという状況証拠もたくさんある（たとえば、この曲の楽譜の写しをポケットに入れている自殺者もいた）。

マスメディアといえば本や新聞だった時代に、文豪ゲーテが間接的に社会に影響を与える事件もあった。１７７４年、彼が小説『若きウェルテルの悩み』を発表したときのことだ。ゲーテはシャルロッテ・ブッフという女性に恋焦がれていたが、彼女は別の男性と婚約していた。半ば自伝的なこの小説で、主人公のウェルテルは報われない恋に苦しみ、自殺してしまう。「暗い日曜日」と同じく自殺に終わる失恋の話だが、この小説が原因で18世紀に自殺者が相次いだとされ、３カ国で発禁になっている。

こうした過去の事例と比べると、今日のソーシャルメディアの社会的影響ははるかに直接的で、ターゲットも明確だ。偽情報を拡散したり、食事法[2]やワクチン接種[3]に関する情報で健康に影響を与えたり、暗号通貨の取引[4]で私たちの決断を左右することもある。誰もがダイエットや珍しい食べ物や新しいファッションなどのトレンドを生み出すことができる。裾の広がったヨガパンツが流行するきっかけとなったのはInstagramだった[5]。また、「ハッシュタグ」や「LOL（笑）」や「BRB（すぐ戻る）」など、ソーシャルメディア発の表現が日常的に使われるようになっている[6]。しかし、私たちの集中力は、もっとわかりにくいかたちでインターネットの社会的影響を受けているかもしれない。

集中は社会的影響を受けやすい

社会心理学者ソロモン・アッシュの古典的な研究（1956年）が実証しているように、他人が及ぼす社会的影響は非常に強いため、それによって非合理的な判断をしてしまうケースもある[7]。

彼の実験では、初めに被験者が明らかに長さの違う2本の線を見せられて、どちらが長いかと聞かれたところ、その人はつねに正しい答えを返していた。しかし、同じ部屋に実験の隠れた協力者がいて、2本の線が同じ長さだと口々に主張する状況では、不本意ながら集団の意見に従って、両方は似たような長さだと答えたのだ。この実験は、集団がいかに個人を従わせることができるかを示すものだ。興味深いことに、同じ実験の現代版で、集団のかわりにロボットが使われたときには、そのような結果には至らなかった[8]。どうやら人は機械から社会的影響を受けることはなく、機械に従う必要があるとも思わないようだ。その点は安心できるが、インターネット上のソーシャルメディアでは、誰が人間で誰がロボットかがわからない。

インターネットでは直接やりとりしていなくても他者の存在を感じる。投稿や画像やコメントなどのデジタルの痕跡が他者の存在を知らせるのだ。私たちがTwitterやFacebookに投稿するときには、端末の向こうにいる人々の存在を意識している。彼らはソーシャルメディアの消費者で、おそらく私たちに何かを求めている。このため、送られてきたメールを読むときにも、心のなかで「誰かがメールを読む声」が聞こえると言う人すらいる。実際にこれはよく見られる現象で、ある調査では81パーセントの人が、少なくともときどきメールを読む声が聞こえると回答した[9]。

若者は社会的影響を非常に受けやすい。オンラインのやりとりの速さが緊張感を高め、メッセージの要求を必要以上に感じさせるので[10]、ずっとつながっていなければならないという意識を生む。さらに、いつどこにいてもソーシャルメディアにアクセスできるという携帯端末の便利さが反応のサイクルを加速させ、同調圧力を高め、若者のアルコール摂取やドラッグ使用などの新たな問題を生み出しているのは、ご存じのとおりだ[11]。何より、ソーシャルメディア上の行動は永遠に消えることがない。それはいまや、ほとんどの企業が求職者のSNSアカウントを調べ、不適切な行動がないか確認していることからも明らかだろう[12]。

ソーシャルメディアが若者に与える影響については、脳神経学でも部分的に説明できる。若者が自分のアカウントについた「いいね」の数を見たときの脳画像を確認するのだ。「いいね」は仲間からの支持や承認の証である。報酬システムには脳の側坐核の働きがかかわっているが、思春期になると、この部分の動きが活性化する。テンプル大学とUCLAの共同研究では、13～21歳の中高生と大学生61名を対象に実験をおこない、自分のInstagramのアカウントから写真を数枚選んで（実験用に設けた）あるソーシャルネットワークで共有してほしいと伝えた。しかし実際には、研究者が「いいね」の数を操作して、それらの写真の半分に多くの「いいね」をつけ、残り半分には少ししかつけなかった。その結果、fMRIの画像を見ると、参加者の脳の側坐核は、自分の写真につけられた多くの「いいね」を見たときのほうが、「いいね」が少なかったときより活発な動きを示していることがわかった。[13] この脳の活性化傾向は中高生にとくに顕著で、大学生にはあまり見られなかったことから、仲間からの影響は16〜17歳がピークと考えられた。[14]

この研究は、「いいね」を多く受け取ることで脳の報酬システムが活性化し、とくに若者は社会的報酬を強く求める傾向によって集中を自己中断しやすいことを示している。私が若い学生を対象におこなったいくつかの研究でも、ソーシャルメディアの使用量が増えるにつれてマルチタスクも増えるという結果が確認されたが、これはあくまでマルチタスクに関連したソーシャルメディアの利用例だ。集中の切り替えが速く、頻繁に中断する人は、Facebookなど双方向のやりとりを含むソーシャルメディアの利用度が高い。一方、切り替えがさほど多くない人は、YouTubeをはじめとする動画ストリーミングのようなサイトを利用する傾向が見られた。[15]

ソーシャルメディアに駆りたてられるのは若者だけではない。私たちはみな、人との交流に乗り遅れてはいけないという社会的プレッシャーを感じている。Facebook や Twitter など、不特定多数の人にやりとりが見られている状況では、交流の期待はますます高まる。「いいね」、シェア、コメントなどから得られる報酬によって、私たちはソーシャルメディアにますます注目してしまうのだ。

内集団に向けられる注意

インターネットの世界では社会的影響が独自のかたちで現れる。インターネットで出会う人々の居場所がほんの少しわかるだけでも、その人の社会的影響力が大きく変わるのだ。

その事実を確認するために、私たちは98名の被験者を実験室に集め、それぞれ1人のパートナーと3つのタスクに取り組んでもらった。そして、協力（たとえば、被験者がパートナーと協力する気になるかどうかを測定するゲーム理論の「囚人のジレンマ」）、説得（砂漠に取り残されたという設定で生き残りに必要な物品の優先順位を決める被験者を、パートナーがどこまで説得できるかを測定する「デザート・サバイバル・タスク」）、欺瞞（「逮捕される可能性が低くてもつねに法を守るか」などのパートナーからの質問に、どこまで誠実に答えるかを測定する「ポールハス欺瞞尺度」）という3つの異なるタイプの社会行動を測定したのだ。

被験者はインターネット上でおこなうように、オンライン会議かショートメッセージでパートナーとやりとりをするが、実はパートナーはかつらと眼鏡で変装した実験の協力者だ。被験者の半数はそのパートナーが彼らと同じ南カリフォルニアの町に住んでいると伝えられ、残りの半数はパートナーは遠く離れたボストン出身だと伝えられた。オンライン会議の背景もショートメッセージの内容もすべて統一し、パートナーも同じ人物が務め、唯一の違いは被験者たちに伝えられたパートナーの嘘の居場所だった。

その結果、パートナーが遠くの町にいると伝えられたグループは協力の度合いが低く、相手の説得に応じにくく、嘘の多い自己像を伝えていた[16]。対面でもショートメッセージでも、結果は変わらなかった。つまり、インターネットで得られる相手の居場所のような些細な情報でさえ、私たちの行動に強力な影響力を持つことがあるのだ。地球上のあらゆる人と即座につながれるインターネットの時代も、互いの物理的距離は重要な意味を持つようだ。

この実験では、パートナーが被験者の近くにいると、被験者の「内集団」に入ったことが示された。つまり遠くにいれば、被験者とパートナーは「外集団」にいることになる。人間にはもともと自尊感情を満たすために、自らを内集団に所属させ、外集団にいる人と区別しようとする性質がある[17]。外集団の人にはあまり協力せず、説得もされず、本当のことを言わないかもしれない。もちろん、内集団は物理的な距離を越えることができる。たとえば、無神論が嫌われる保守的な地域に30年住んでいるある人物は、オンラインで「無神論」というカテゴリーに長年投稿しつづけたことでようやく自分の信念に自信が持て、地元の人たちにも少しずつその話ができるようになったという。

日々のインターネット利用でも、あなたは内集団に属さない人（組織外の人や外国の人）からのメールにはすぐに返信しないかもしれない。逆に、同じ仕事や趣味、居住地の人からのメールへの返信率は高くなるはずだ。私も、相手と何らかの共通点が見つけられないかぎり、知らない人からのメールに返信することはない。

ウェブ上の自己イメージを管理する

デジタル世界のアイデンティティは、現実世界よりはるかに大きな報酬をもたらすことがある。スーパーマーケットで働いているごくふつうの人が、突如YouTubeのスターになれるのだ。その好例がトニー・ピロセノである。彼は大学時代にあるペンキ店で働き、常識はずれのペンキの混合法を実演する動画で、一躍TikTokの有名人になった。彼の動画には100万回以上視聴されているものもある。採れたてのブルーベリーをつぶして白いペンキに混ぜた動画が口コミで拡散されたことで、勤めていた店を解雇されてしまったが[18]、いまでは自分のブランドを持ち、別のペンキ店で働きながらTikTokのペンキアーティストとして活動しつづけている。

私たちはウェブ上の自己イメージの構築に、多くの時間と労力をかける。私たちとインターネットの関係は、シェイクスピアの「この世は舞台、人はみな役者」という名台詞に象徴される。1959年、社会学者のアーヴィング・ゴッフマンもこの言葉に賛同し、社会的環境に生きる人々を、「人は演技者として、自分と自分が生み出すものを評価する多くの基準に従っているかのようにふるまう」[19]と書いた。インターネットの世界は広大な舞台だ。ゴッフマンが「現実世界」の日常生活について指摘したことを、私たちはインターネット上でおこなおうとする。オンラインでの自己イメージを演出しようとするのだ。

相手と直接対面するときの印象管理はそう難しくない。たとえば、パーティーに着ていく服を自分で選んだり、現地でいっしょに過ごす相手を慎重に選別したりすればいい。一方、オンラインでは、人間の性《さが》として、自分をよく見せたいという思いが募り、またインターネットでは簡単に偽の自己イメージを作り出せることからも、やりすぎてしまいがちだ。たとえば、多くの人がFacebookで自分を実際以上によく見せようとするが、本人はたいていそのことに気づいていない[20]。TikTokの簡単に画像加工できる動画編集ツールも、自分の外見をよく見せたい人々のあいだで急速に広まった。オンライン会議ツールのZoomにさえ、「外見補正機能」がある。

ウェブ上のアイデンティティ構築は複雑だ。とくに若者は、「文脈崩壊」とも呼ばれる、複数の異なるソーシャルメディア集団で築くアイデンティティの混乱を乗りきらなければならない。LinkedInで仕事仲間に見せる自分は、Instagramで両親や友人たちに見せる姿とはまったく違う。たとえば、あなたの祖母が友人のネットワークに含まれていると知っていれば、大学時代の友人向けの酔っ払った写真を投稿しようとは思わないだろう。つまり、ネット上では何種類もの自分の顔を管理しなければならないのだ。

ウェブ上のアイデンティティをうまく管理することで、喜びを得られることもあれば、必要以上に時間を食うこともあるだろう。初期のメタバースでは、ウェブ上のアイデンティティはさほど重視されなかったが、今日ではこうしたオンラインの自己イメージが現実世界での求職や出会いのスクリーニングにも使われるため、はるかに重要度が増している。将来、あらゆる機能を備えた単一のメタバースが実現すれば、こうしたウェブ上の自己イメージは、さらに重視されるようになるだろう。

社会関係資本の経済

Instagram、TikTok、Facebookなどのソーシャルメディアは、他者とやりをとりして報酬を得たいという人間の基本的な願望を利用する。インターネットは社会関係資本の市場だ。「社会関係資本」とは、集団内にいることで得られる利益のことで、私たちは人間関係を通じて社会的な有形無形のリソースをやりとりする。あなたが同僚のメールに返信するのは、いつか相手が自分を助けてくれることをどこかで期待しているからかもしれない。誰かの買い物を手伝えば、将来自分が困ったときにその人が助けてくれるのではないかと考える。知人が会社の重要なイベントに招待してくれれば、ランチに誘うとか、なんらかのかたちで返礼したいと思うだろう。互いに関係が維持され、強化されるので、そうしたやりとりには価値がある。社会関係資本は将来換金できる信用取引のようなものだ。

私たちの研究に参加したある金融アナリストは、メールへの返信を投資のようなものだと考え、こう語っていた。「うちの部の管理課からのメールには必ずすぐに返信します。自分のメールにもすぐに返信してもらいたいから」。彼の言葉には、私たちが同僚や友人、ときには赤の他人とさえも社会関係資本を維持したいと考える理由が示されている。社会関係資本は人間関係の強力な仕組みであるため、私たちはそこから取り残されないように、友情や情報、人とのつながりなどを提供してくれる相手からのメッセージにはつねに注意を向け、返事を怠らない。

社会関係資本を手にしたいという思いから、私たちはソーシャルメディアにも注意を払う。ソーシャルメディアでは何種類かのリソースを蓄えることができるが、社会学者ロバート・パットナムはそれを、社会関係資本の「結合」と「橋渡し」と呼んだ。[21] 社会関係資本の「結合」、すなわちソーシャルメディア上の親密な結びつきから、私たちは感情的な支援を得る。さらに、社会関係資本の「橋渡し」によって、知り合いや友人の友人など多種多様な人々との交流も生まれ、そこから情報が得られるのだ。

Facebookのような交流サイトは、この結合と橋渡しの両方のメリットをもたらす。親密な友人の小さな輪から感情的な報酬が得られるし、Facebook特有の広くて多様な友人のネットワークからも情報が得られるからだ。[22] 多様な人々とつながればつながるほど、多様で価値のある情報にアクセスできる。Facebookで2000人の友達がいる人は、たとえば家探しをするときにも大量の「橋渡し」を活用できるだろう。広大な友人の輪は、社会学者マーク・グラノヴェッターが「弱い紐帯（つながり）の強み」と呼ぶものを提供してくれる。グラノヴェッターは、人が職探しをするときは、非常に親しい友人よりも、社会的つながりが弱い人たちから得た情報のほうが役に立つことを発見した。[23] ただし、社会関係資本の橋渡しを増やすと、投稿通知や注目すべき人の数が増えるため、集中を奪われるというコストも生じやすい。

社会関係資本を得るには努力が必要だ。Facebookをスクロールするだけでは目的は達成されない。友人たちの投稿を読むだけではなく、自ら情報を提供し、他者とやりとりをして初めて多くの利益が得られる。[24] だが、私たちは社会関係資本の構築のために、メールやソーシャルメディアに想像以上の時間を投資していることに気づいていないかもしれない。もちろんそれが、ほかの大切な仕事に向けるはずの集中力を奪うということも。

社会的な力による注意散漫

インターネットにおける集中と注意散漫は、人間関係に存在する力にも影響される。人間の社会行動について観察を続けてきたバートランド・ラッセルは、「社会動学の法則は力の観点からのみ説明できる」と述べた[25]。人間は力を蓄えようとしたり、他者の力に屈したりして、つねに力の影響を受ける。力とは、他者をコントロールする力や他者の知らない知識を持っていることを指し、それが他者に意図せず影響を及ぼすこともある。たとえば、ロンドンの地理に詳しい人は、市内を観光したい人に影響力を持つかもしれない。この力関係は対等なときもあるし、不均衡なときもある。たとえば、親は子に、上司は部下に、有名人はファンに、企業は求職者に対して力を持っている。

この力関係は社会階層のなかにも組みこまれている。私たちはみな、さまざまな社会階層の一部をなし、たとえば、会社の同僚、町内会、読書会、スポーツチーム、友人、中学高校の同窓会など、さまざまな社会集団のなかで地位を得ようとする。社会階層内の足場を失いたい人はいないし、社会的な力を持つ人は、それ以外の多くの人が手に入れられない貴重なリソースを手にしている。それは金銭や仕事かもしれないし、影響力ということもある。たとえば、あなたがいま出会った人は、あなたが強く参加を望むある社会集団に紹介する力を持っているかもしれない。メールやソーシャルメディアのような社会システムに力関係が含まれることもある。権力を希求し、社会階層のなかで地位を維持したいという人間の基本的な動機が、インターネットを利用する際の集中にも反映されているのだ。

力に関する思考は、記憶のなかのプライミングで活性化されることがあり、そうなると、無意識のうちに反応するかもしれない[26]。メールやソーシャルメディアに力関係を表す手がかりを見つけると、人はプライミングによって自分の立場を考える。たとえば、メールの署名に「部長」という肩書きが記されていたり、Twitter のハンドルネームに「博士《PhD》」が含まれていたら、どうだろう。あるいは、非常に公式なメールが来たら？

力関係や権力はこの種のシグナルだけでなく、私たちのメールの書き方にも表れる。ある実験で、バース大学の研究者が大学の2つの学部のメールの使用実態を調査した。書く人の立場によって文体に違いがあるかどうかを調べたのだ。すると、地位の高い人（教授など）のメールは簡潔で署名つきの堅苦しい内容のものが多いのに対し、地位の低い人（補助スタッフなど）のメールは挨拶文が記されていたり、親しみやすい個人的な内容が含まれることが多かった[27]。

ミシガン大学の研究者らも、地位や権力がメールの書き方にどう反映されるかを分析し、そこではメールで使うフレーズにも違いが認められた[28]。エンロン・コーパス（2001年に経営破綻したエンロン社の社員がやりとりしたメール。約150万通が公開されている）の50万通以上のメールを調べたところ、立場の低い人が上の人に書くときには、「あなたが〜すると思いました」などの丁寧な表現をよく用いる一方、上の人が下の人に書くときには、「話し合おう」などの直接的な表現をよく使っていることがわかった。

興味深いことに、Twitterにもこうした社会的な力関係を読み取ることができる。社会的な力が強い人のほうが感情表現も強いのだ[29]。私たちがメディアを使うときは、社会的地位の高低にかかわらず、意図せずなんらかの力関係を体験している。

しかし、インターネット上の権力のシグナルはメッセージだけではない。たとえば、TwitterやYouTube、Facebookのフォロワー数も、その人がインフルエンサーかどうか、どのくらいの力を持っているかを示している。多くの人はつねに上の社会階層をめざして、もっと力を得たいと願う。有名人がTwitterで自分をフォローしてくれるのは宝くじに当たるようなものだ。

力関係は注意を払う「方向」に関しても重要な役割を果たす。地位の低い人から高い人に払う注意がその逆の場合より多いことは容易に想像がつくだろう[30]。おそらくあなたが上司から来るメールを気にしてチェックする時間は、上司があなたのメールに使う時間より長い。私たちは自分に力を及ぼす人からのメッセージにはすぐに返信する。権力を持つ人はほかの人たちの成果をコントロールできるからだ[31]。権力を持つ人からのメッセージに私たちがすぐ返信しようとするのは、それによって自分の運命を多少なりとも変えられるかもしれないと考えるからだ。問題が生じるのを避けるために、私たちは重要なメッセージが来ないかとつねに警戒して受信トレイを監視しつづける。

こうした力関係は、マルチタスクにも影響する。ある研究の参加者は、締め切りだけでなく、ほかの関係者（上司や同僚）が自分に及ぼす力を考えて、タスクの優先順位を調整していると言った。インターネットの構造自体が社会関係のネットワークであるため、そこには結果的に複雑な力関係が組みこまれる。力を持たない人は上の社会階層に行くことを望み、力を持つ人はその力を維持するためにインターネットから離れられなくなる。

オンラインの人間関係

私たちは現実世界と同様に、インターネット上でも友人とのつながりなど、さまざまな人間関係を築く。ソーシャルメディアのプラットフォームはそのための基盤となり、ネットワークをどう築くかが集中度にも影響する。私たちはそのネットワークに含めるメンバーを選択するが、実際に有意義なやりとりができる相手の数は限られている。イギリスの人類学者ロビン・ダンバーによれば、人間が自然に安定した相互関係を維持できる数は約１５０人で、この傾向は先進社会だけでなく、イヌイットなどの現代の狩猟採集民にも当てはまるという[32]（彼は、その集団内でさらに深い関係を築けるのはわずか5人ほどであることも発見した）。

この１５０人という数は、脳の新皮質の処理能力には限界があること、そして投資できる時間が有限であるという事実にもとづいている。オンラインのソーシャルネットワークは人の能力を高め、時間の制約を減らすのではないかと思われるかもしれない。たしかに、ある問題について議論するなら、電話で話したり直接会って1杯飲んだりするより、メッセージを送るほうが手っ取り早い。誰かと会う予定を立てて移動し、対面で会話するのは、電子メールのやりとりよりはるかに時間がかかる。しかし私たちは、オンラインネットワークの力を借りても、生物学的な制約や時間の制約を克服できないようだ。

200万人近いTwitterのユーザーについて調べた研究では、オンラインで安定した人間関係を維持できる人数は、ダンバーが示した数字に近く、100〜200人だった。[33] ダンバーは、Facebookと Twitterの友人ネットワークを使って連絡をとる頻度を調べ、当初の150人という平均値が正しかったことも確認した。

では、私たちはこの数字をどのように利用すればいいだろうか。その答えは、自分にとって価値が高い社会的つながりに焦点を当てるというものだ。もちろん、人間関係を150人に限定し、それ以外の人を無視することは難しいが、実際に自分たちがどのような種類の社会関係資本をやりとりし、どのような利益を得ているか、よく考えるべきなのだ。限られた集中力をうまく管理するには、ソーシャルネットワークから得られる利益について、正しく理解しなければならない。

Facebookのようなソーシャルネットワークが、新しい友人を見つけるのではなく、古い友人関係を維持するために設計されたものであることを理解しよう。つまり、自分の時間を投資して100人の知り合いと親しくなったり、安定した関係を築けるなどと期待してはいけない。社会関係資本の橋渡し（さまざまな人の集まりから得られるリソース）で報酬が得られることもあるかもしれないが、ネットワークの大きさがもたらす報酬と、そこに投資する時間のトレードオフについて、もっと慎重に考慮すべきだ。大きいネットワークより小さいネットワークのほうが有効であることは、ドイツのオンライン求人ネットワーク「XING」がおこなった研究でも示されている。そこで実際に仕事の依頼率が最も高かったのは、150人のネットワークだった。[34] 偶然ながらこれも、ダンバーの示す数字と一致している。

私は友人の数を減らすべきだと言っているのではない。オンラインでの関係から得られる利益とコスト、そしてソーシャルメディアで費やす時間について、もっと慎重に考えてほしいのだ。第2章で説明したフレーミングエラーを思い出そう。どのような選択が利益をもたらすか、その選択にどのくらいの時間がかかるかについて、私たちは判断を誤りやすい。あなたの限られた時間を、本当に大切かつ有益な人間関係に投資してほしい。ソーシャルメディアをチェックする前に、そこからどんな社会的報酬を得ようとしているのか、自分の胸によく聞いてみることだ。それによって、おそらくいまよりはるかに少ない時間で社会的報酬が得られるようになるはずだ。私たちがソーシャルメディアに費やす時間から得られる報酬は徐々に少なくなっている。

オンラインでのつながりがもたらす社会的圧力は、特に若者には桁はずれに大きい。彼らにとってソーシャルメディアとの関係を断たれることは、世界につながる命綱を切られるようなものだ。ある若い女性は、ソーシャルメディアから離れられない理由について、「やめようとしたことはあります。でも、友達も職場の人たちもみんなそこにいるから、使わずにはいられないんです[35]」と私に語った。若者が自分のアカウントを何度もチェックするのは、報酬や肯定感を得て集団内で地位を高め、維持し、仲間からの評価や比較の対象となり、社会とのつながりを実感するためだ。この状況を変えていくには、若者がソーシャルメディアに費やす時間を減らすための支援活動を、広く社会全体でおこなう必要がある。この問題については最終章で述べる。

将来、メタバースが実現すれば、史上最大のオンライン社会システムになるだろう。自分の限りある集中力を大切にしたいなら、いまから備えなければならない。「オンライブ！　トラベラー」のような初期のバーチャル世界は、残念ながら長続きしなかった。メタバースはそれよりはるかに大きなＩＴ企業群の帝国で、私たちのオンライン行動をほぼすべて網羅するので、その社会的な力に抵抗することは、さらに難しくなるだろう。私たちは人間である以上、社会的影響から逃れることはできない。自分の望むアイデンティティを築き、それを維持し、集団内の人々とつながりたい衝動に駆られるし、社会関係資本を蓄え、自らの社会的地位を高めたいとも思う。デジタル世界の社会的な力が、社会に取り残されたくないという私たちの焦りを誘い、ほかの目標を見失わせる。

とはいえ、私たちには個人差がある。次の章では、個々人のパーソナリティ（性格）の違いが、デジタルデバイスを使うときの集中行動にどう影響するのかを見ていこう。

第9章 パーソナリティは自制にどう影響するか

私たちはみななんらかの資質を持って生まれ、それが私たちを唯一無二の存在にしている。自然にパーティーの主役になれる人もいれば、家で映画を見るほうがいいという人もいる。好奇心が強く冒険好きな人もいれば、単純な日常業務がしっくりくる人もいる。物事をネガティブにとらえる人もいれば、いっさい心配しない人もいる。1人の人のなかに一見相容れない複数の性格特性が同居していることすらある。

類まれなピアニスト、ウラディミール・ホロヴィッツは感情豊かな演奏で知られていたが、日常生活では決まりきった行動から離れられず、夕食のメニューはいつもシタビラメとアスパラガスで、モスクワの演奏旅行にも、これらの食品を毎日空輸させていたという[1]。パーソナリティは行動に影響を与える。私たちは行動を変えることはできても、持って生まれた性質は変えられない。デジタル世界での集中にはインターネットやアルゴリズムの設計や社会的な力だけでなく、個人のパーソナリティも一定の役割を果たす。

感情や思考、行動をコントロールするのが非常にうまい人たちもいる。言い換えれば、彼らは自制に長けているのだ。自制能力がデジタル世界での行動を決定するわけではないが、一定の影響を与えている。人間のパーソナリティについて詳細な研究をおこなった心理学者、ウォルター・ミシェルほど、自制の概念を世に知らしめた人はいないだろう。彼はコロンビア大学大学院で私の担当教授でもあったのだが、「満足遅延耐性」〔将来の大きな成果のために目先の欲求を抑える能力〕に関する彼の講義で議論したときのことをいまでも懐かしく思い出す。学生の考えに真剣に耳を傾ける様子がとても印象的で、親切で鋭い知性を備えた彼は、心理学の分野に多大な功績を残した。たいていの人が１つの分野で後世に残る貢献をめざすのに対し、ミシェルの研究は２つのパラダイムシフトをもたらした。いずれも心理学的現象に対する従来の考え方を根本から覆すものだった。

ミシェルの重要な功績の１つは、自制に関する新たな発見をおこなったことだ。これは、実験の報酬にマシュマロを使ったことから「マシュマロ実験」と呼ばれている。彼がスタンフォード大学にいた１９７０年代、幼い子供たちを実験室に集めてある実験をおこなった。子供たちをテーブルにつかせ、目の前に美味しそうなマシュマロを置いて、「いま食べてもいいし、15分待てばさらにもう１個あげよう」と伝えるのだ。目の前のマシュマロを食べたいという欲求を先送りできるかどうかが、子供たちの数十年後の人生に大きな違いをもたらすことを示したのである。

我慢できずに目の前のマシュマロを食べてしまった子は、我慢できた子と比べて、大学進学適性試験（SAT）の成績が低く、仕事でも成功しにくく、肥満になりやすいなど、マイナスの結果を示した。一方、2個目のマシュマロをもらえるまで我慢できた子は、10代になってもはるかに物事に集中できていた[2]。その後何十年もの追跡調査によって、この主張は裏付けられている[3]。小さなマシュマロを我慢する力が、40年後の人生を予言するなど、誰が想像できただろうか[4]。では、この結果は心理学的にどう解釈できるだろうか。1つの説明は、欲求を先延ばしできる子は、心のなかで物事を思い描くのが得意だというものだ。将来も役立つその想像力で、15分の待ち時間を埋めることができるのだ。

ミシェルのもう1つの大きな貢献は、1968年の著書 *"Personality and Assessment"*（パーソナリティと評価）である[5]。従来のパーソナリティ理論では、外向性などの性格特性は比較的安定したものと考えられていたが、彼は、パーソナリティは文脈によって変わるという研究結果を示し、この見方を覆した。どんな状況にも人の行動を導くきっかけがある。たとえば、私は家族といるときは外向的だが、見知らぬ人の集まりではかなり内向的な性格になる。

ミシェルの発想は、実は1938年にナチス占拠下のウィーンから両親とともに逃げてきた彼自身の体験にもとづいている。渡米後、両親はブルックリンで雑貨店を開き、彼は10歳のころから放課後に店の配達を手伝っていた。そんなオーストリア移民の少年が卒業生総代になり、臨床心理学で博士号を取得する。そして彼のパーソナリティに関する考え方に大きな影響を与えたのは、両親のパーソナリティの変化だった。ウィーンにいたときの父親は自信あふれる薬剤師で、母親はひどく神経質だった。ところがアメリカに渡ると、2人の性格が正反対になり、店で働く父親はふさぎこみ、ウェイトレスとして働き始めた母親は自信を取り戻したのだ。

住む国と生活スタイルが変われば性格も変わるという両親に関する観察をもとに、ミシェルは人間のパーソナリティは変わらないという長年の通説に異を唱え、パーソナリティは状況によって変化するという理論を打ち立てた。従来の説では、とくに30歳を超えると、状況によらずパーソナリティは比較的安定すると言われていた[6]。

「パーソナリティは状況によって変化する」と「パーソナリティは安定している」という2つの対照的な理論は膠着状態に陥っていたが、やがてミシェルと正田祐一が両者を統合する新たな理論を提唱した[7]。基本となる「パーソナリティシステム」は安定しているが、状況によって変わる「パーソナリティ状態」もあるという考え方だ。つまり、人は深いところにある基本的なパーソナリティシステムに導かれながら、状況に沿ったパターンで反応するというのだ。

パーソナリティは、世界のなかでその人がどのように考え、感じ、行動するかを特徴づける1つのシステムとしてとらえることができる。おそらく今日最も広く普及しているのが「ビッグファイブ」というパーソナリティ理論だ。これには興味深い歴史がある。

「ビッグファイブ」は、意味のある性格特性は言語として表現されるという「語彙仮説」から来ている。「つっけんどん」「おしゃべり」「魅力的」といった単語は人の性格特性を反映しており、それならば、逆にその人がよく使う言語のなかから、性格特性を引き出すことができるはずだという考え方である。これは1930年代に心理学者のゴードン・オールポートとヘンリー・オドバートが研究したテーマで、2人は『ウェブスター辞典』から人間の性格特性を表す1万7953の単語をふるいにかけ、観察可能な行動を表す４５００の形容詞を抽出した。それでもまだ多すぎたので、１９４８年、心理学者のレイモンド・キャッテルが当時の最新技術であったコンピュータを使い、性格特性を16種類に分類してパーソナリティを説明しようとした。

しかし１９６８年になって、ミシェルが、状況によって変わるパーソナリティは、この種の調査では特定できないと主張する。彼はこの分野の権威だったので、パーソナリティ研究は水を差されたかたちとなったが、１９７０年代半ばにポール・コスタとロバート・マクレーらのチームが再びこの問題を取り上げ、パーソナリティは５つの主要な特性で説明できると主張した。これがいまのビッグファイブ理論である。[8]すなわち、「外向性」（他人といっしょにいることを好むか好まないか）、「協調性」（他人と仲よくやっていけるかいけないか）、「誠実性」（勤勉か自由放任主義か）、「神経症傾向」（心配性か感情的に安定しているか）、そして「開放性」（新しい経験を受け入れるか避けようとするか）という５つの特性で個人を分類しようとするものだ。

ミシェルはこのビッグファイブ理論についても懐疑的で、まだ人々の行動や感情の実態を充分に説明できないと考えていた。[9]ある人を神経症傾向に分類したとしても、別の町に引っ越したときに気分が落ちこむ理由は説明できないし、パーソナリティが実際に社会的・文化的役割によって形成されること（ミシェルによれば、それこそまさに、状況がパーソナリティに影響を与えるということだった）も説明できない。１９９８年には、カリフォルニア大学のオリバー・ジョンとベロニカ・ベネット＝マルティネスが、「ビッグファイブ」の性格特性を測定するテストを開発した。[10]ミシェルは依然としてこの理論に批判的だったが、[11]この頃からビッグファイブ理論は世界中で広く使われるようになった。[*]

文脈を重視するミシェルの考え方に従えば、パーソナリティはその人の属する文化と一致するように見えるかもしれない。たとえば「イギリス人は控えめだ」というように、私たちは国ごとのステレオタイプのパーソナリティをイメージしがちだが、実は、イギリス人は世界でも最も外向性のスコアが高いことがわかっている。[12] 日本人は恥ずかしがりで内向的に見えるかもしれないが、外向性のスコアはプエルトリコ人と変わらない。また、ドイツ系スイス人は誠実性が高いと思うかもしれないが、チリやスペインの人の誠実性のスコアとさほど変わらない。[13]

ただ、どの文化でも多少の性差はある。性差が最も大きいのはアメリカとヨーロッパで、女性は協調性、神経症傾向、感情に対する開放性（開放性の一側面）のスコアが高く、男性は外向性とアイデアに対する開放性（これも開放性の別の側面）が高い傾向がある。[14] とはいえ、国ごとのステレオタイプの性格特性には根拠がない。パーソナリティは文脈によって違った表れ方をするかもしれないが、ある国全体に適用できるものとして一般化することはできないのだ。このため、パーソナリティがデジタル行動に与える影響を見るときにも、国や文化から切り離して考えなければならない。

パーソナリティとインターネット利用の関係

パーソナリティは多くの行動を説明する根拠となる。たとえば、意外かもしれないが、好きな読

＊ 以下のサイトで「ビッグファイブ」の診断を受ければ、あなたも自分のパーソナリティを知ることができる。https://www.ocf.berkeley.edu/~johnlab/bfi.htm

書のジャンルがほぼ一定で開放的な人は、文学やサスペンスを読むことが多く、ロマンス小説はあまり好まない。[15] 神経症傾向はゲーム依存症の人と、不思議なことにゲームをしない人にも見られる。[16] インターネットを盗用などの非倫理的な学術活動に使うケースは、協調性と誠実性が低く神経症傾向が高い人に多い。[17] 一方、外向性の高い人は Facebook の友人が多いなど、ビッグファイブ理論はインターネット上の行動についてもある程度当てはめることができる。[18]

しかし、こうした具体的なオンラインの行動を除けば、パーソナリティがどこまでインターネットの使用やソーシャルメディアの利用に影響するかは長く論争の的だった。対立しあう発見があり、たとえば外向性とインターネットの使用量には負の相関があるという研究結果もあれば、相関はないという結果もある。同様に、ほかの4つの性格特性についてもありとあらゆる研究成果が示されている。

過去の研究の1つの問題点は、その多くがそれぞれに異なる大学生のサンプルを用いていることだ。たとえばハーバード大学に通う学生のインターネットの使い方は、カリフォルニア州立大学の学生とは大きく異なるので、単純にその結果を比較することはできない。加えて、一般的な大学生の属性も白人中流階級に偏っているので、多様性を持つサンプルとは言いがたい。しかも関連する研究はだいたい2000年代半ばから約10年間のもので、この間にインターネットをめぐる状況も大きく変わっている。

1年間のサバティカル休暇中に、私はかつて修士課程でともに学んだヨアフ・ガンザックのもとを訪ねた。現在テルアビブ大学の教授である彼と、パーソナリティがインターネットの使用に与える影響について議論するうちに、対立する研究結果の問題を解決しようということになった。各大学固有のサンプルの偏りを解消するために、もっと幅広く中立的なサンプルを調査したいと考えたが、なかなか見つからない。しばらく探したあとで、私たちはアメリカの全国青年層縦断調査のデータを用いることにした。これは労働省労働統計局が雇用、教育、健康などのトピックについて長年データを収集しているプログラムで、インターネットの使用に関するデータも含まれていたからだ。このサンプルは、アフリカ系アメリカ人、ヒスパニック、その他の民族だけでなく、大学の調査では表に出てこない経済的に不利な立場にある白人層も網羅していた。

こうして私たちは6921人ものサンプルを集め、その平均年齢は26歳と、典型的な大学生より上だった。アンケート項目は、インターネットをどのくらいの頻度で使っているか、その具体的な内訳はどうか（コミュニケーション、娯楽、教育、ショッピング）という内容で、回答者はみな「ビッグファイブ」のパーソナリティ調査も受けていた。

このデータをもとに、性格特性とさまざまなタイプのインターネット活動との関係を見ていくと、外向性、誠実性、神経症傾向のスコアが高い人ほど、インターネットに費やす時間が長いことがわかった。[19]外向的な人は外部の情報を積極的に探し求めるので、内向的な人と比べて、他者とのコミュニケーションやインターネットの娯楽、教育活動、オンラインショッピングに長い時間をかけるのはよく理解できた。だが、計画性を好む誠実性のスコアが高い人がインターネットの利用頻度が高いという結果は意外で、さほど勤勉でない人たちより娯楽やショッピングのサイト閲覧に時間をかけていたのは驚きだった。仕事に厳しく計画的な人たちには、一見すると、娯楽やショッピングにかける時間などなさそうではないか。しかし、彼らの一見変わった行動には理由があった。誠実性が高い人は、仕事中の息抜きとして（散歩などの物理的な休憩ではなく）オンラインストアやインターネット上の娯楽を利用していた。気晴らしとして、それが最も短時間ですむからだ。

つまり誠実性の高い人は、仕事熱心であるがゆえに、ストレスを解消する戦略としてインターネットの娯楽とショッピングを利用しているのかもしれない。そこで今度は、神経症傾向のある人について調べてみた。彼らはインターネットに費やす時間が長かったが、その行動は不安を解消するためという説明ができるかもしれない。神経症傾向の高い人は他者とのコミュニケーション、教育活動、ショッピングに費やす時間も長かった。これも買い物による「癒し」を求めた結果と考えられる。

この研究結果は、私たちのパーソナリティ特性がインターネットの使用量やウェブ上の活動の違いに結びついていることを明示しているようだ。しかし、パーソナリティがデバイス使用時の集中にどのような影響を与えるかを調べてみると、状況はさらに複雑であることがわかる。

神経症傾向と衝動

パーソナリティとコンピュータのマルチタスクとの関係を調べてみたらおもしろいのではないかと考えた私は、マイクロソフトリサーチの同僚たちと「ビッグファイブ」の5つの性格特性を慎重に検討した。まず思いついたのは、神経症傾向が動的集中のすばやい切り替えと結びついているのではないかということだった。神経症傾向の高い人は、自動再生される曲のように、過去の出来事を心のなかで何度も繰り返し分析しがちだ。心のなかで生じるこの種の反復は、私たちの認知リソースを大量に消費する。過去を思い悩むことにリソースが使われると、目の前の活動に使える集中リソースが少なくなる。また、パーソナリティ診断で神経症傾向のスコアが高い人は、選択的集中タスクのスコアが低くなりがちだ。この「選択的集中タスク」とは、いくつかのことに集中して気が散るほかの刺激を無視するタスクのことで[20]、第2章で触れたストループ課題とよく似ている。したがって、神経症傾向の高い人はデバイスを使うときにも集中しにくいと言えるかもしれない。

さらに私たちは、マルチタスクに影響しうるもう1つの性格特性は、満足の先延ばしと正反対の「衝動性」だろうと考えた。衝動的な人は自分を抑えられず、思いつくままに行動してしまうからだ。目の前のマシュマロに抵抗できないように、メールの通知にもすぐに反応してしまうのではないか。それどころか、通知がなくてもメールをチェックするかもしれない。

衝動性にはいくつかの側面があり、異なる行動として現れる。1つはマシュマロをすぐ手に取ってしまうような短絡的行動だ。この種の衝動を「切迫性」と呼ぶ。もう1つは、あるタスクを簡単にあきらめてしまう「忍耐の欠如」だ。難しい報告書の作成や計算がややこしくなったときにすぐ投げ出す人は、この「忍耐の欠如」のスコアが高いかもしれない。私たちは、この2つの衝動性によっておそらくデバイス使用時の集中を説明できると考えた。切迫性のスコアが高い人は、内外の刺激への反応をコントロールできないのではないか。また、忍耐の欠如のスコアが高い人は、たとえ外的刺激が存在しなくても、目の前のタスクを放り出してほかのことに切り替えるかもしれない。

パーソナリティと集中の切り替えの関係を探るために、私たちはあるハイテク企業で働く40人（男女各20人）の社員に協力してもらい、実験をおこなうことにした。そこではまず「ビッグファイブ」のパーソナリティ診断を受けてもらい、いま述べた衝動性の2つの側面に焦点を当てた調査「UPPS衝動的行動尺度[21]」で衝動性を測定する。そして最後に、「知覚ストレス尺度[22]」を用いて各人の知覚したストレスを測定した。

この実験では、いつものようにコンピュータを使って働いてもらい、12日間にわたってその使用履歴を記録し、画面にどのくらい長く集中しているかを確認した。作業を記録していることは参加者に知らせ、中断したくなればいつでもしていいと伝えた（誰も中断しなかったが）。ほかの研究と同様に、仕事の中身については記録せず、使ったアプリのタイムスタンプと、訪れたURLだけを記録した。コンピュータがオフラインになってスリープモードになれば、その部分のデータは除外した。こうしてコンピュータの一画面に費やす時間（集中時間）を秒単位まで正確に測定することができた。

すると、当初の推測どおり、パーソナリティの神経症傾向のスコアが高い人ほど、コンピュータの一画面に集中する平均持続時間は短かった。私たちはこの結果を「神経症傾向が強い人は集中できない」という論文で報告した[23]。彼らは多くのことが心配になるので、手元のタスクに干渉してくる要素も増えるのだ。また、切迫性のスコアが高い人ほどコンピュータ画面への集中時間が短いこともわかった。この相関は強かったが、一方で忍耐の欠如と集中持続時間のあいだには相関が認められなかった。つまり、難しい事態に直面したときのあきらめやすさは、必ずしもコンピュータ上の集中持続時間には影響しないということだ。

神経症傾向と衝動性のなかの切迫性の側面が、より頻繁な集中の切り替えと結びついていることからも、その背景には「気の散りやすさ」とも呼べる性格特性があると推測できる。集められたデータ内に一定の構造が見られるかどうかを統計技術を使って調べてみると、神経症傾向、切迫性に加え、その人の知覚するストレスがある共通の流れを作っていることがわかった。私たちはこれを「コントロールの欠如」と呼んだが、ここから、コンピュータ使用時の集中時間の短さと相関する「気の散りやすさ」という性格特性も見えてきた。

実は、一般的な性格特性としての「気の散りやすさ」は、ADHD傾向と関連がありそうだった。[24] 子供のころにADHDだった人は、実験室内の研究でも気が散りやすかったのだ。ただし、ADHDは極端な神経症傾向や衝動性と結びついているものの、私たちの研究に参加してくれた人々には、そうした結びつきが顕著に現れなかった。したがって、参加者に見られた気の散りやすさという性格特性を単純にADHDと混同すべきではない。

誠実な人はメールに過剰反応してしまう

誠実さやまじめさは生産性を上げるためには非常に望ましい性格特性だ。しかし、メールに関してはマイナスに働くことがある。誠実な人は、仕事との関連でメールをこまめにチェックするのではないかと私たちは考えた。実験では参加者のアプリの使用状況をすべて記録したので、メールの使用状況についても詳しく知ることができたのだが、タイムスタンプを使って全員の毎日のメール作業を調べてみると、メールの使用者は次の2つのタイプに分けられることがわかった。メールをつねにチェックしている人と、まとめてチェックする人だ。誠実性が高い人はメールを頻繁にチェックするのではないかという予測は当たっており、実際、誠実性と頻繁なメールチェックとのあいだには、かなり高い相関が見られた[25]。

誠実な人がメールの受信トレイをつねに見張っているのは、綿密で注意深く、規律正しいので、届いたメールを見落としてしまうという事態をどうしても避けたいからだ。もしあなたが通知なしでも頻繁にメールをチェックしているなら、おそらく誠実性のスコアも高いだろう。

開放的な性格がデジタル行動に影響することにも触れておきたい。集中が中断されやすい人とそうでない人を比較した初期の研究では、性格特性の開放性のスコアが高い人ほど、中断の多い環境に適応しやすいことがわかった[26]。開放性のスコアが高い人は、頻繁に中断が入る環境でも仕事を早く片づけられるのだ。新しい経験に対して開放的な人はより敏捷で柔軟なので、仕事を中断されても、すぐもとの集中状態に戻れるのかもしれない。

パーソナリティは注意散漫にどう影響するか

現代人の注意散漫の問題を解決しようとする市場は巨大だ。集中力を高めるための多数の自己啓発書があり、テクノロジー企業も参戦して、注意散漫を防ぐソフトウェアを開発している。こうしたソフトウェアの方向性は基本的に2つある。1つはユーザーが種々のサイトを閲覧した時間を知らせるもの、そしてもう1つは最も注意がそれやすいサイトへのアクセスをブロックし、強制的に依存を断ち切るものだ。

テクノロジーによる注意散漫を克服するために別のテクノロジーに頼るというのは皮肉だが、こうした注意散漫を防ぐブロッキングソフトは、実際どのくらい有効なのだろうか。マルチタスクと注意散漫の問題を長年研究してきた私も、テクノロジーが注意散漫を減らせるかどうかには大いに興味があった。そして研究の結果、ブロッキングソフトの効果には、使用者の性格特性が大きく影響していることがわかった。

マイクロソフトリサーチでは、注意散漫防止用ソフトが、実際にデバイス使用時の集中を改善できるかどうかを研究している[27]。私たちは、ある組織の32名の社員に2週間の実験に参加してもらい、最初の1週間はふだんの働き方を調べ、2週目はコンピュータにブロッキングソフトをインストールして、各自気が散ると思われるサイトをブロックしてもらった（選ばれたサイトの約9割はソーシャルメディアだった）。さらに参加者には「ビッグファイブ」の性格特性調査をおこない、各週の終わりに、職務遂行能力と集中力を測定する「認知没入尺度[28]」にも回答してもらった。

2週間後、この実験の参加者は、ブロッキングソフトを利用することで、明らかに仕事に集中できて生産性も高まったと自己申告した。これは<u>いい</u>知らせだ。しかし同時に、彼らはその仕事中に時間の経過をより意識するようになったとも述べた。ソーシャルメディアという気晴らしがなくなったのだから、これは当然かもしれない。だが、人はフローの状態になると時間の経過を忘れるという事実を思い出せば、彼らは働いているあいだ、集中はしていたが、フロー状態ではなかったことになる。

しかし意外なことに、ブロッキングソフトを使ったあとも、参加者は総じて集中をコントロールできたとは感じていなかった。「集中できた」と自己申告しながら、なぜコントロールできていないと感じたのか。そもそも全体の平均は当てにならないことがある。

たとえば片方の足を熱湯に入れ、もう一方の足を氷水に入れた場合、平均すれば両足をぬるま湯に入れていることになるが、これではどちらの足の体験も正しく表現できていない。同様に、実験でも詳しく調べると、平均して集中のコントロールに変化がないという結果は、実態を正確に反映していないことがわかった。実際には、基本的に2つのパーソナリティのタイプが存在したのだ——自制が強い人と弱い人である。自制が強いグループは、衝動性が低く誠実性が高かった。逆に自制が弱いグループは、衝動性が高く誠実性が低かった。たしかに衝動性の高さは自制の弱さと相関することが知られている[29]。

この2つのグループからは驚くべき結果が得られた。まず予想どおり、自制が弱い人たちは、注意散漫の原因がブロックされて心的努力が減ったと報告した。これはソフトが導入されたことで、注意散漫を防ぐために認知リソースを使う機会が減ったと解釈していいだろう。だから心的努力をあまり感じなかったのだ。

ところが予想に反して、自制が強い人たちは、仕事の負荷が増えたと報告した。なぜそのように感じたのか。最初私たちはこの結果に戸惑ったが、やがてその原因を理解することができた。彼らはもともとすぐれた自制のスキルを持っていて、ソーシャルメディアなどを見ても適切なタイミングでそこから離れることができる。しかし、オンラインで休憩をとることを禁じられると、誠実な人たちは延々と働いてしまうのだ。ある人は生産性が1割増したが、はるかに疲労度も増していた。自制が強い別の人も、時間の経過を忘れて仕事に熱中するあまり、終電を逃してしまった。それは彼女にとって初めての体験だった[30]。

気が散るものへの対応に関しては、体が心に与える影響もある。先ほどの研究では、デジタル世界での気晴らしの習慣が染みつきすぎて、自然と手が動いてしまう場面もあった。自制心の弱いある参加者は、ブロッキングソフトを使っていたが、いつものように手が勝手にFacebook.comとタイピングしはじめたという。こうした潜在的な感覚運動のスキルは無意識に生じるものだが、これはピアニストがピアノの前に座ると、自然に弾きなれた曲を弾けるのと似ている。

これは「スキーマ」という考え方で説明できる。スキーマとは心のなかに表現された行動パターンのことで、この場合、スキーマはFacebookを見るという行動だ。Facebook.comの最初の文字をタイピングしはじめると、その動きが脳に蓄えられていたスキーマを活性化させる。人間の無意識が注意散漫にどれほど影響しているかを示す象徴的な例だ。

実験2週目の終わりになると、この注意散漫防止ソフトを使いつづけていた参加者はわずか2人まで減っていた。使用をやめた参加者に理由を聞くと、その多くが、使ってもいいけれど、注意散漫にならない方法を学ぶための情報提供など、改善が必要だと答えた。コントロールされているという感覚が強すぎるので、二度と使わないと言う人もいた。

ブロッキングソフトは一部の人にとっては解決策になりそうだが、テクノロジーに頼りすぎるとどうなるだろうか。「主体性」を発達させる代わりにソフトウェアに頼ることのマイナス面については後述するが、何より、自制のスキルを発達させることが大切だ。

睡眠不足の弊害

睡眠不足は世界中のあらゆる年代や性別の人々に影響を与える、公衆衛生上の大問題だ。[31]しかし、前日の睡眠不足が集中力に影響する理由を、多くの人はあまり考えたことがないかもしれない。認知リソースが枯渇すると自制に影響が出るが、睡眠不足も認知リソースを減らす。その結果、慢性的な睡眠不足（不眠症）はデジタル世界での集中にも影響する。

充分な睡眠をとらないと翌日の集中力が落ちることはわかっていたが、デバイスを使うときの集中については実験で明らかにする必要があった。大学生は睡眠不足になりがちなので、集中への影響を調べるにふさわしい母集団はわが大学内にあった。私たちは、カリフォルニア大学アーバイン校の学部生76名のコンピュータ利用を7日間記録し、彼らに睡眠日記をつけてもらうことにした。

この実験は、ウェアラブル端末で正確に睡眠を計測できるようになる前におこなわれたので、睡眠時間を測るために、当時の臨床研究の標準的な方法である睡眠日記を用いた。コンピュータの使用履歴により、学生たちのコンピュータやスマートフォン画面での集中時間を調べてみると、前夜の睡眠が短ければ短いほど、その日の集中時間も短くなることがわかった。睡眠不足がリソースを減らすことで実行機能がエネルギー不足に陥り、気を散らすものに抵抗して集中することが難しくなるのだ。

一晩だけでなく慢性的な睡眠不足にも集中は阻外され、この睡眠不足の蓄積は「睡眠負債」と呼ばれる。たとえば、体力と気力を回復するのに8時間の睡眠を必要とする人が6時間しか眠れなければ、睡眠不足が蓄積されて睡眠負債となる。睡眠を銀行口座への貯蓄と考えてみればいい。毎晩よく眠れているときには口座にたっぷり貯金があり、1日が始まるのが待ちきれない状態だ。週末にいつもより長く眠れば、引き出した金額をまた積み立てることもできるだろう。だが、睡眠が足りない状態が続くと、負債が蓄積する。

76名の参加者も、毎晩睡眠負債が増えるにつれ、翌日のFacebookに費やす時間が長くなった[32]。この傾向は、学生の年齢、性別、学校での課題の量に関係なく言えることだった。なぜ私たちは、睡眠負債が増えるとFacebookを見たくなるのだろうか。その理由の1つは、1晩かぎりの睡眠不足はそれほど影響しないが、質のよい睡眠をとれない状況が長く続いて睡眠負債が蓄積すると、日々の集中リソースが失われるからだ。リソースが減ると自制能力が衰え、Facebookなどのソーシャルメディアにアクセスしたくなる衝動を抑えられなくなる。もう1つは、疲れているときには集中を要する仕事をするより、FacebookやInstagram、ゲームなどの頭を使わない単純な活動をするほうがはるかに楽だからだ。長いツーリングで疲れているときに、下り坂を楽に流したくなるのと同じである。

自制とパーソナリティの関係を知る

これまで述べてきたように、自制は認知リソースを消費する。[33] 睡眠負債がたまると集中力が落ちるように、自制をしても、その後は誘惑や気が散ることに抵抗しにくくなるのだ。たとえば、午前中に消耗するオンライン会議を終えた人は、午後にSNSを見たくなる衝動になかなか逆らえない。同様に、炭水化物を食べないことに多くの感情的エネルギーを使うと、インターネット上に現れるブーツを買わないように自制することは難しくなる。

先述のミシェルのマシュマロ実験では、2個目のマシュマロを得るために我慢できる子は、できない子より自制力が高く、はるかに注意深く、10代になっても集中力が高いことがわかった。[34] この結果を見ると、個人の自制力の度合いは幼いころにすでに決まっているようにも思えるが、自制には遺伝だけでなく環境も影響する。ミシェルが研究対象にしたのはスタンフォード大学の教授や学生の子供たちだったが、のちにそれより低い社会経済階層の子供たちを対象にした研究では、自制力の長期的な影響はあまり見られなかった。[35] そう考えると、自制力には環境要因がかかわっている可能性が高い。ほかの研究でも、わが子を注意深く見守り、悪い行動を正すような親の育て方が、子供の自制力を育むことが示されている。[36]

私たちの研究は、パーソナリティが動的集中に影響を与えていることを明らかにした。神経症傾向のある人は、あらゆる心配事に気をとられ、メール、Facebook、Instagram、ニュース、ショッピングサイトなどを次々と閲覧する傾向が見られた。一方、誠実性が高い人の動的集中は、手元の仕事とメールというふうに、ごく限られた対象のみで移り変わっていた。個々人に異なる性格があるように、デバイスを使うときの集中のパターンもそれぞれに異なるようだ。

デジタル時代に生きる私たちは危うい立場にある。ほぼ1日中デバイスを使い、さまざまな情報や刺激を受けることでマルチタスクになり、つねに集中を妨げられている。ストレスも多く、なかには自分自身が与えるストレスもある。しかしだからと言って、注意散漫の問題をすべて、パーソナリティと自制の欠如のせいにしていいのだろうか。

パーソナリティはインターネットをどのくらいの頻度で使うか、どのサイトにアクセスするか、デバイス上でどのように集中先を切り替えているか、といった私たちのデジタル行動の一面を説明するのに役立つ。しかし、パーソナリティはあくまで全体の影響の一部にすぎない。生まれつきある性格特性を持っているとしても、その弱さを克服することは可能だ。

ただし、ミシェルが指摘したとおり、パーソナリティは状況によって修正されることも留意してほしい。神経症傾向がある人の場合、静かな場所で新聞を読んでいるときは長く集中できるかもしれないが、コンピュータやスマートフォンを使うときには注意散漫になりやすい。一方、誠実性のスコアが高い人がコンピュータやスマートフォンに長く集中できるのはそれが仕事のツールでもあるからで、ふだんの会話ではそれほど集中が持続しないかもしれない。デバイスにどう注意を払うかを決定するのは、パーソナリティだけではない。デバイスを使うときの行動パターンも、私たちの集中力と幸福感に影響を与えている。次章ではその問題について見ていきたい。

第10章

デバイスは幸福感を下げるのか

ギリシャ神話の英雄は不死の楽園エリュシオン（エリジウム）を探し求める。エリュシオンは西方大地の果てにあり、そこを訪れた人は完全なる幸福を味わうという。人間もつねにエリュシオンを探し求めている。逆説的に聞こえるかもしれないが、神話が科学研究のヒントになることがある。心理学者のマーティン・セリグマンとミハイ・チクセントミハイが中心となって唱えたポジティブ心理学は、私たちがどういう状況で楽観的になり、希望を抱き、満足するか、そのためにどう行動すればいいかを科学的に理解しようとするものだ。

ポジティブな感情を経験することには多くのメリットがあり、なかでも健康にいいことは長寿にもつながる。1930年、かつてノートルダム教育修道女会でともに暮らしていた修道女たちが、修道院長の依頼を受けて20～30代のころの自伝を書いた。その60年後、研究者がその自伝のなかのポジティブな感情表現に着目し、各地に移り住んだ彼女たちの寿命を調べたところ、ポジティブな感情を最も頻繁かつ多彩に表現した修道女たちは、そうでない人と比べて最大10年長生きしていることがわかった[1]。

本書のおもな目的は、デジタル技術を効果的に使い、自らの集中力をコントロールしてポジティブな気分になる方法を明らかにすることだ。これまでの章で、人々がいかにマルチタスクをおこない、それによって集中を妨げられ、ストレスを感じているかを説明してきたが、デジタルデバイスが広く普及したこの世界で、デバイスを長く遠ざけておくことは現実的ではない。では、ポジティブな感情とともにデバイスを使うにはどうすればいいのだろう。

よくあるアドバイスは、パーソナルデバイスを使うときに心理学的に深い没入状態、つまり「フロー」に入るよう努めよというものだ。しかし前述したとおり、たいていの人にとって、知識労働そのものがフローにつながりにくい。フローを体験したいなら、絵を描いたり音楽を演奏したりといったほかの方法がある。とはいえ、パーソナルデバイスを使いながらストレスを抑え、心理学的にバランスのとれた生産的な状態を保つ方法について、私たちはもっと学ぶことができる。

本章では、デジタル世界で私たちの感情が果たす役割と集中との関係について、明らかにする。私たちはなぜ、頭を使わないデバイス上の活動に注意を奪われてしまうのか。その理由の説明には「感情経験」という視点が役に立つ。頭を使わない単純な活動をすると幸せな気分になり、認知リソースが復活し、結果的に仕事から離れていつまでも関係のないことをしてしまう理由も説明しよう。〈キャンディクラッシュ〉で遊ぶことが、仕事中の心理的なバランスをとる上で役立つなんて信じられないと思うかもしれないが、真実を知れば、あなたもすぐに考えが変わるだろう。

単純な活動の心地よさ

“*Why We Broke Up*”(なぜ私たちは別れたか)など多くの本の挿絵で知られるイラストレーターのマイラ・カルマンは、アイロンがけが大好きだ。彼女にとってアイロンがけは機械的な作業でありながら、瞑想的で、思考を明瞭にしてくれるものだ。執筆はキッチンテーブルでおこない、ときどき食器磨きを織り交ぜる。アイロンがけと食器磨きは、マヤ・アンジェロウのソリティアやクロスワードパズルと同じく、頭を使わない単純な活動だ(第3章参照)。カルマンはこう書いている。「思うままにできることがほとんどないとき、きちんとできる小さなことが見つかると、驚くほど気持ちが安らぐ。慰めが得られるのだ[2]」

カルマンのように、クリエイティブな仕事の途中で一風変わった単純な習慣に親しむ芸術家や作家はほかにもいる。インターネットが普及するはるか以前から、芸術家たちは儀式のように単純な活動をしていた。それが小休止になり、頭がすっきりすることで創作のヒントも得られていたのだ。

ベートーヴェンは頭のなかで作曲のイメージを膨らませているあいだ、両手に何度も水をかけていたので、床にこぼれたその水が染み出して、階下の住人を困らせていたという。彼はその強迫的な手洗いの合間に楽譜の一部を書いた[3]。作品を休止なしで読ませるために、文中にカンマやピリオドなどの句読点を用いなかった作家のガートルード・スタインも、創作途中によく一息入れていた。

著作の手を止めて牛を眺めていたのだ。彼はパートナーのアリス・B・トクラスと住んでいたフランスの田園地域をドライブし、キャンプ用の折りたたみ椅子を出して牛を観察していた。たびたびトクラスが牛をつついてスタインの視界に入るように誘導するので、観察するチャンスはいくらでもあった[4]。

アイロンがけ、手洗い、牛の観察——これらに共通しているのは、頭を使わない集中であるということだ。こうした単純な活動には長所がある。認知リソースをあまり使わずに心を働かせることができるのだ。簡単な作業をすることで心は開放され、解決困難な問題からいったん離れて新しいことを思いついたり、充分検討していなかった考えを前に進めたりすることができる。芸術家や作家たちにとって、こうした慣れた活動は、意図的におこなう大切な気晴らしだ。この種の活動は、デバイスでも簡単にできる。〈テトリス〉や〈ワードル〉のようなゲームも似たような機能を果たすからだ。さらに、こうした単純な活動には思いがけない効用もある。

感情と集中の意外な関係

人間の感情について、もう少し詳しく見ていこう。「感情」とは何かという問題は、長く議論の的とされてきた。研究者たちによる一般的な説明によれば、感情とはある事象に対する反応で、その事象には内的なもの（考えや記憶）と外的なもの（友人からの電話など）がある[5]。

しかし、感情はある物事への反応だけでなく、新たな行動を引き起こすこともある。人は争いに遭遇すると、近づくべきか避けるべきかというジレンマを感じるが、ポジティブな気分のときには、そういう不機嫌な人や争いを含む状況にも率先して立ち向かおうとする傾向がある[6]。ポジティブな感情は武器になるのだ。たとえば、怒りっぽい同僚と和解できれば、あなたの感情はさらにポジティブになるだろう。私の好きなレバノンの哲学者ハリール・ジブラーンもある詩のなかで、ポジティブな感情と行動が戻ってくることを、「喜びとともに与える人にとって、その喜びは褒美である」と表現している[7]。

そう考えると、人々が幸せを感じる単純な活動を求める理由がさらに理解できるかもしれない。まず、1日のなかで私たちの認知リソースを枯渇させる仕事をいくつか振り返ってみよう。すでに述べたように、集中状態を長く持続させることは認知負荷が大きい。たとえば、1日にオンライン会議を何件もこなす人は、つねに注意深く相手とやりとりしなければならない。複数の業務に次々と注意を移さなければならないマルチタスクも、限りある認知リソースを消費するので、ストレスが生じる。また、気が散らないように自制することも、私たちの認知リソースを奪い、緊急事態に対処するための蓄えが減る。Twitter や Facebook を見たいという欲求に逆らいつづけていると、貴重な認知リソースが少しずつ削られていくのだ。

仕事を認めてもらえなかった、論文がリジェクトされた、子供や配偶者と喧嘩した、などのネガティブな出来事で暗い気持ちになることも、認知リソースを消費して精神的に消耗するかもしれない。リソースが減るにつれて、ネガティブな出来事から受ける影響も大きくなる[8]。疲れきってしまうと、人は、将来発生しうるネガティブな出来事にうまく対処できない。一方、ポジティブな感情は、そうした望ましくない出来事から私たちを守ってくれる盾になる。

　ポジティブな出来事がネガティブな出来事を打ち消す作用があることを、スイスの研究者たちが明らかにした実験がある。ある職場で76名の参加者に2日間にわたり日記をつけてもらい、それを半年おきに3回繰り返したのだ。日記に記録する内容は、その日のポジティブな出来事とネガティブな出来事で、参加者はその出来事の直後に記録するよう指示されていた。当日の夜、疲労度を調べるアンケートを行ったところ、ネガティブな出来事があっても同じ日にポジティブな出来事があれば、消費したリソースが回復することがわかった[9]。

　この実験結果に対する1つの説明は、ポジティブな出来事が心配事から人々の思考をそらすというものだ（しかし、ネガティブな経験を頭のなかで反芻する神経症傾向のある人には、これはあまり当てはまらない）。この実験により、悪いことがあった日でも、ポジティブな出来事を経験すると認知リソースが回復することが示された。単純な活動もポジティブな感情を生み、かつ簡単にできることから、リソース回復に役立っているのかもしれない。ストレスのある仕事から少し離れて気分を変えることができるのだ。ソーシャルメディアやゲームはいつでも始められるので、心配事やストレスがあると、私たちはつい、こうした単純な活動をしたくなる。

　ある状況に対して、人はポジティブな感情を抱いているときのほうが多くの行動の選択肢を持ちやすい。たとえば、気難しい人との会合では、ポジティブな気分のときのほうがよい対処法を思いつきやすいだろう。子供が言うことを聞かなくても、あなたの気分がよければ、より多くの対処法が浮かぶはずだ。

これは「拡張形成理論」で説明できる。ポジティブな感情は認知リソースを増やし、それによって注意を向ける範囲と行動の幅が広がるのだ。このことは、次のような実験でも確かめられている。被験者は映画の一部を見て、ポジティブな感情（『ペンギンズFROMマダガスカル　ザ・ムービー』の愉快な場面）か、ネガティブな感情（『クリフハンガー』の登山事故の場面）を抱いたあと、2つのグループに分かれてその気分に関連したシナリオを想像し、そこでとる行動をすべて書き出すように指示される。たとえば、豊かな自然のなかにいるシナリオであれば、散歩、バードウォッチング、ビーチでくつろぐ、花を摘む、などだ。ポジティブな気分になる映画を見た被験者は、ネガティブな気分になる映画を見たグループに比べて、明らかに多くの行動を思いつくことができた[10]。この研究は、ポジティブな感情が私たちの視野と、行動の幅を広げてくれることを示している。

別の研究では、私たちがネガティブな出来事を体験したあと、そこから立ち直るためにポジティブな感情が役立つことが実証された。最初にネガティブな気分になる映画の一コマを見せられた被験者も、そのあとでポジティブな気分になる映画を見ると、もとの感情レベルに早く戻ることができたのだ[11]。

この2つの研究により、ポジティブな感情が私たちの立ち直りを助け、減っていたリソースの回復につながる行動をとらせることがわかった。ポジティブな感情は私たちに心理的な休息を提供し、目の前のタスクから離れてエネルギーを回復させてくれるのだ[12]。

仕事と幸福感

人は仕事に集中しきっているときが最も幸せだと考えられているのも無理はない。何かに集中しているときにポジティブな感情を抱くことを示した研究は昔から数多くあり、その集中状態は、フロー、認知的没入、認知的集中、マインドフルネスなど、さまざまな言葉で表現されてきた。これはいずれもポジティブな感情と結びついている。[13][14][15] 一方、「退屈」は一貫してネガティブな感情と結びついている。仕事に集中しているときは目標が明確で、頭を使わない活動をしているときより幸せに違いないと考えられているのはそのためだ。しかし、私の研究結果はそれに反していた。

第3章で、1日のあいだに集中のリズムが変わることを説明した。その実験では経験サンプリング法を用い、32名の参加者に、いまどのくらい集中していて、どのくらい難しいタスクに取り組んでいるかを答えてもらった。1週間にわたって計18回、短い設問に答えてもらい、同時にそのときどきの感情も記録したので、参加者の1週間の感情の全体像をかなり詳しく知ることができた。[16]

その設問は、人間の感情に詳しい心理学者、ジェイムズ・ラッセルの感情円環モデルをもとに考案した。[17] 私たちの感情は多くの要素からなるが、感情経験を大きく左右するものとして、「感情価」と「覚醒」という2つの重要な神経生理学的状態がある。感情価は、「非常にポジティブ」から「非常にネガティブ」までの範囲にある感情の質を指す用語である。一方、覚醒は、どの程度のエネルギーを感じているかを表すもので、「高い覚醒状態」（エネルギーに満ちて準備万端）から「非常に

図10-1　経験サンプリング法にもとづく参加者の1日の感情

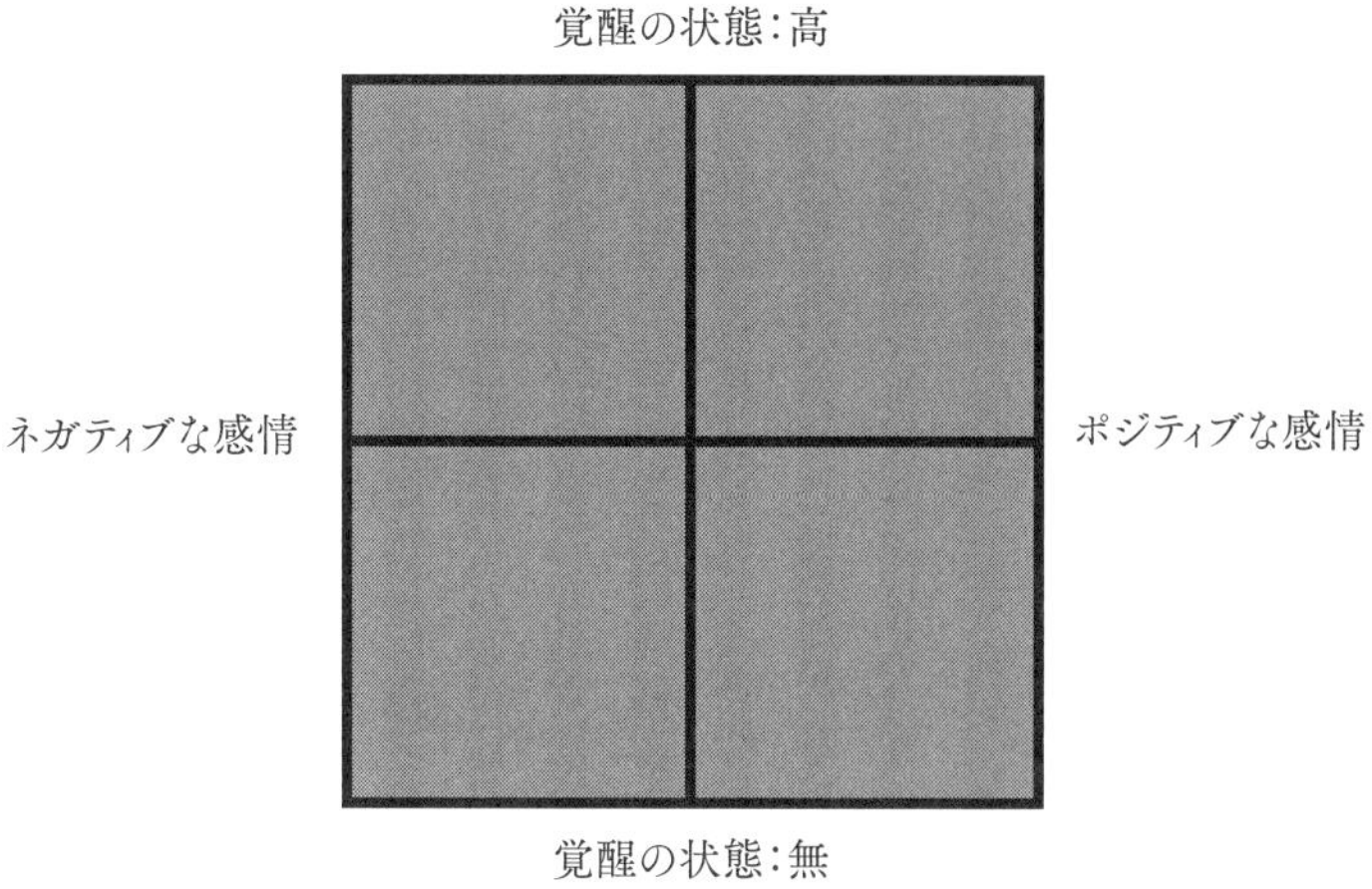

低い覚醒状態」（疲労困憊）までの範囲にある。

　このモデルの開発のきっかけとなったのは、異なるタイプの感情を区別するのが難しいという事実だ。人間の感情はときにあいまいなものである。ネガティブな感情について、それが悲しみなのか、恥なのか、怒りなのかを特定することは難しい。判断基準を絞って、どのくらいポジティブあるいはネガティブに感じているか、どのくらいエネルギーを感じているか、という2つの基準で評価するほうがはるかに簡単だ。たとえば、昇進を告げられた直後の人は、とても幸せでエネルギーに満ちているかもしれない。あるいは、一生懸命考えたアイデアが通らなかった直後は、怒りや疲労を感じやすいかもしれない。

　どちらの基準も、神経科学と生理学の研究で有効性が証明されている。ポジティブ、あるいはネガティブな感情価の主観的表現と、脳の特

図10-2　ラッセルのモデルにもとづく4象限の感情の解釈[21]

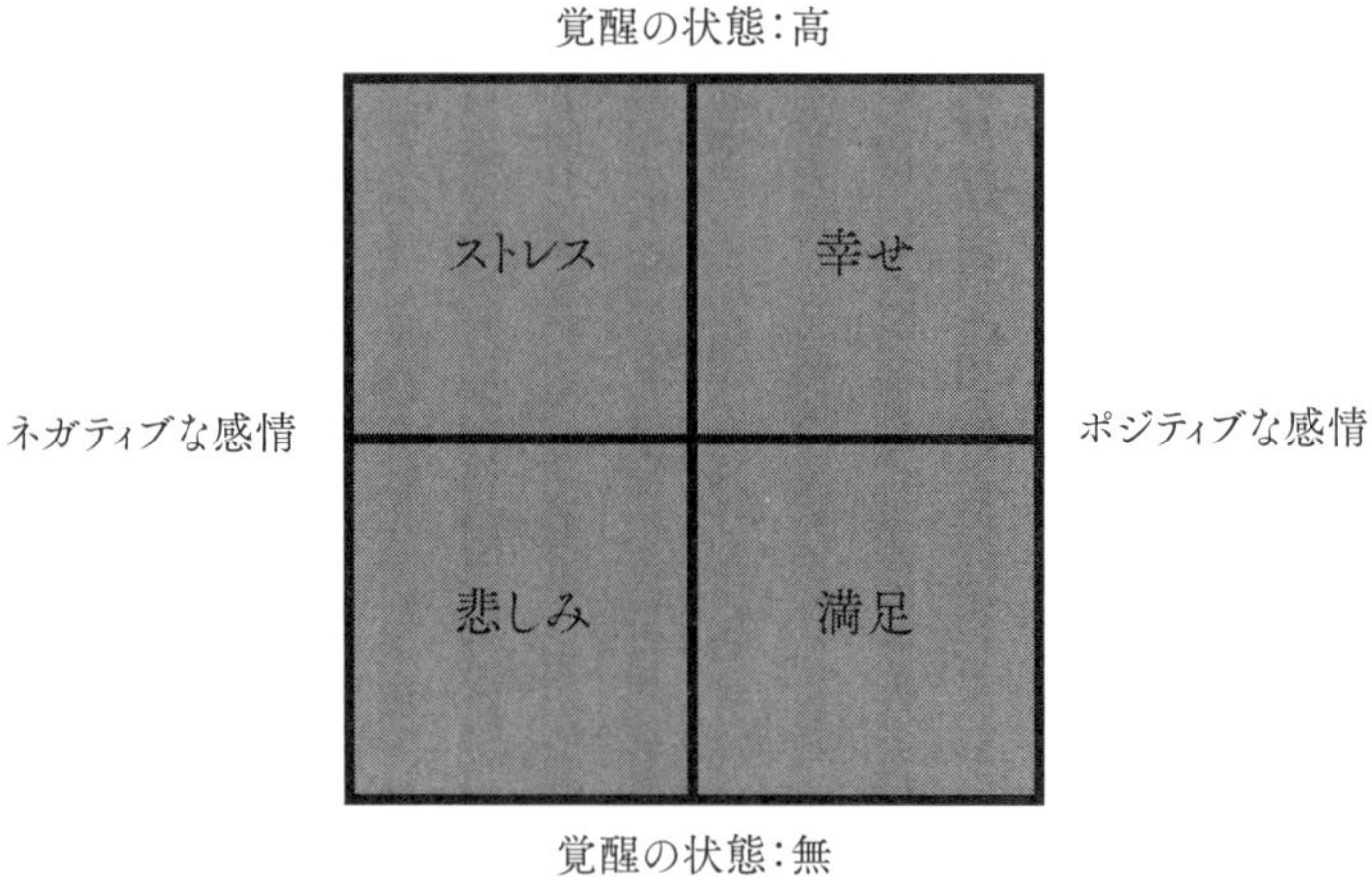

定領域の活性化が対応しているのだ。[18] 覚醒については、心拍数、皮膚伝導反応、脳波（ＥＥＧ）と、その人の覚醒に関する主観的な感じ方とのあいだに高い相関が見られる。[19][20]

図10-1は私たちの実験で用いた図だ。これが仕事中の参加者のコンピュータ画面にふいに現れ、そのときの自分の気分に最も近い場所をクリックするように求められる。非常にポジティブでエネルギーに満ちているなら右上の端、ある程度ポジティブでエネルギーも中くらいなら右上の枠のなかほどをクリックする。感情の「タイプ」を表す感情価も、感情の「量」を表す覚醒も、一定の範囲のなかで感情経験を示す連続した尺度なので、実験の参加者はこの2つの尺度に従って、自分の感情に最も近い場所をクリックすればいい。参加者は事前にリハーサルをおこなって調査方法をよく理解した上で実験を開始した。リアルな職場でおこなったので、参加者は日々の仕事のあらゆる

感情を経験する。本人の同意を得て、業務を妨げないようにしながら、コンピュータの活動記録もとらせてもらった。

感情価と覚醒は、幅広い感情を形成する2つの要素だ。したがって、彼らの回答は大きく分けて「ストレス」「幸せ」「満足」「悲しみ」という4つの基本的な感情経験として解釈できる（**図10－2**参照）。ただし、参加者にはこの解釈は伝えず、**図10－1**の縦横の軸だけを説明した。たとえば、右上の象限（ポジティブな感情価と高い覚醒）なら「ストレス」、右下（ポジティブな感情価と低い覚醒）をクリックすれば「幸せ」、左上（ネガティブな感情価と高い覚醒）なら「悲しみ」を感じていると考えた。この図はより大まかにとらえることもできる。図の右半分をクリックすればポジティブな感情（幸せか満足）を、左半分をクリックすればネガティブな感情（ストレスか悲しみ）を抱いているということになる。

「努力する集中」と「努力しない集中」

さてここで、読書のような深い集中を伴う活動をしているときに、人はポジティブな気分になりやすいという話題に戻ろう。過去の多くの研究でそれが裏づけられていたので、私たちは今回の実験結果に驚いた。なぜなら、参加者は没入状態より、単純な活動をしているときに最も幸せを感じていたからだ。単純な活動とは、第3章で説明したような、ソリティアで遊ぶ、Twitterや Facebookの投稿を眺める、オンラインショッピングをするなど、集中度は高いが難易度は低い日常的な活動のことである。

私たちの研究では、作業への集中度を確認しながら、難易度についても尋ねたが、集中がポジティブな感情と結びついていることを示す従来の研究では、私たちのようにタスクの難易度を区別していなかった。アイロンがけのような単純な活動への集中は、執筆のような難しい活動への集中とは異なる。ただ、これまでの研究も示しているように、退屈な活動の最中はネガティブな感情を抱きやすかった。一方、認知リソースの消費が少なく認知負荷が大きくない単純な活動は、ポジティブな感情と結びついている。要するに、集中が長く続く仕事をしているときより、〈キャンディクラッシュ〉で遊んでいるときのほうが、私たちは幸せを感じやすいということだ。

実験の参加者はなぜ、仕事に没入しているときに最も幸せな状態ではなかったのか。まず、仕事に没入しているときはストレスも感じやすいからだ。ストレスはポジティブな感情が低く、ネガティブな感情が高いときに生じやすい[22]。

次に、過去の研究では、没入とポジティブな感情に相関が認められたものの、その集中状態は熱中度のみを基準として測定しており、タスクの難易度（集中を保つことがほかのタスクと比べて認知的に難しいかどうか）については考慮していなかった。ある活動への集中には、難解な資料を読むような難しい経験も、YouTube の動画を見るようなさほど難しくない経験も含まれる。

難しい活動に集中しつづけていると認知負荷が大きくなり、徐々に成果が落ちることが実験でもわかっている。これは認知リソースの枯渇という理由で説明できる[23]。一方、単純な活動への集中では、認知リソースをほとんど使わない。クロスワードパズルはすぐに解けて、たちまち満足が得られる。デジタルなマルチタスクの環境では、そうした活動は実に気軽で楽しく、簡単に始められる。つまり、私たちが単純な活動に多くの時間を費やしてしまうのは、幸せな気分にしてくれるものから離れがたいからだ。しかし残念ながら、私たちは単純な活動だけをしているわけにはいかない。

では、単純な活動が人々を幸せにするのではなく、その人が幸せだから単純な活動をする可能性はあるだろうか。両者に強い相関があるからといって、単純な活動がポジティブな感情を引き起こすという因果関係が実証されたわけではないが、私はそう考える。マイラ・カルマンがいつものアイロンがけが慰めをもたらすと述べ、私の研究の多くの被験者も、機械的な「慣れた」活動で気分がよくなると言っていたように。私自身の経験でも、単純な活動はつらい仕事から離れて気力を回復する有効な方法の1つである。デバイス使用時の集中に関する研究を始めてから、私自身も単純な活動をしているとリラックスして心が落ち着くと感じるようになった。

Facebookとリアルの交流、幸福度が高いのは？

「Facebookと対面の交流、どちらが人を幸せにすると思うか」と聞かれたら、あなたはどう答えるだろうか。たいていの人は「対面の交流」と答えるだろう。だが、研究結果が示す真実はそうではない。

第3章で、Facebookを見ている人は、「慣れ」または「退屈」に分類される活動をしていると述べた。[24] マイクロソフトリサーチで私たちがおこなった実験では、32名の参加者に1週間センスカムをつけてもらい、15秒おきに彼らの表情を撮影した。顔認識ソフトによって、対面のやりとりが記録されるのだ。主観的な気分の測定にはPANAS尺度も用いた。これは、「興味深い」「熱狂」「心配」「苦悩」など、20種類の異なるタイプの感情について自己評価する尺度だ。[25]

参加者にはまず、出社時にPANASの質問に回答してもらい、退社前にも同じ問いに答えてもらった。もし誰かが非常にポジティブな気分で朝の仕事を始め、過酷な1日を過ごせば、PANASのスコアはポジティブからネガティブへの変化を反映するだろうと考えたのだ。私たちはラッセルのモデルにもとづく経験サンプリング法（図10－1）で、参加者のその時々の感情も確認した。同時に、タスクの熱中度と難易度についても答えてもらった。

さて、実験の参加者はFacebookの交流と対面の交流で、それぞれどのくらいポジティブな感情を抱いていただろうか。まず、交流時の参加者の感情を探ると、Facebookより対面の交流をしているときのほうが幸福度が高かった。ところが、1日の終わりの気分を見てみると、Facebookで費やした時間が長いほど、その日の終わりの幸福度が高いことがわかった。一方、対面の交流に費やした時間は、その日の終わりの気分の変化となんの関係もなかった。

この違いをどう解釈できるだろうか。経験サンプリング法はその瞬間の感情をとらえるが、その感情は長続きしない。それに対して、1日の終わりのPANASの調査にはその日のあらゆることが反映される。だから、対面の交流でFacebookを見たときより幸せな気分になったとしても、1日が終わるころにはその幸せな瞬間がポジティブな気分として蓄積されなかったと考えられる。

別の理由もあるかもしれない。私たちは参加者の集中状態が関係しているのではないかと考えたのだ。交流のあとで熱中度を報告してもらったところ、予想どおり、対面の交流ではFacebookのときと比べて熱中度が高かった。対面の交流のほうが集中を必要とするが、同時に対面の場合、一度始まってしまった集中をコントロールすることが難しいようだ。対面の交流には、まず誰かに挨拶し、会話が進み、別れを告げる（「明日また連絡しますね」）など、さまざまな段階がある。仕事が忙しく締め切りが迫っているなど、ストレスが多いときには、こうした対面のやりとりは避けたいはずだ。対面の交流を途中で中断するのは、よほど遠慮がない人でないかぎり難しいからだ。

一方、Facebookをいつ見るかは自分で自由に選択できる。仕事が忙しければ、Facebookは有効な小休止となって単純な活動でリソースを回復し、ポジティブな感情を抱かせてくれるのだ。

マルチタスクはネガティブな感情を生む

私たちはポジティブな感情を示す人に惹かれる。休憩室で微笑んでくれる人には好感を抱くし、話をしたいと思っていた相手が苦い顔をしていたら静かに引き下がるだろう。第4章で、私たちは1日の大半でマルチタスクのせいでストレスを感じていると指摘したことを憶えているだろうか。組織は社会的な環境であり、マルチタスクをするときには職場でほかの人に囲まれていることが多い。マルチタスクをして、絶えずまわりの人に集中を妨げられているときに感じるストレスは、私たちの感情にどのような影響を与えるのか。マルチタスクをしている人の感情は、ほかの人にもわかるくらい顔に出るものだろうか。

私たちは実験でこの疑問を調べてみることにした。63名の被験者を集め、マルチタスクと集中の中断がある職場環境を再現したのだ。中断のおもな原因はメールであることがわかっていたので、この実験でもメールを用いた。

被験者にはまず、エッセイを書く課題に取り組んでもらった。テーマは、AIやロボットの能力が人間の知能を超えたときに起きる「シンギュラリティ（技術的特異点）」について。その際、被験者を次の2つのグループのいずれかにランダムに割り振ることにした。1つは順序立ったタスクに従事するグループで、最初に複数のメールをまとめて受け取り、それに返信したあとでエッセイを書いてもらった。もう1つはマルチタスクをおこなうグループで、エッセイを書いているあいだに同じ数のメールをランダムに受け取り、すぐに返信するように指示を出した。メールの内容は、国内旅行に関するアドバイスや、罪のない嘘をどう思うかなど、よく考えて返信しなければならないテーマだった。

私たちはこの2つのグループの被験者の表情を録画し、サーモグラフィカメラを用いてストレス度を計測した。鼻と唇のあいだの発汗状態を観察すれば、かなり正確に被験者のストレスを把握できるのだ。怒り、嫌悪、恐怖、幸せ、悲しみ、驚き、中立という7つの異なる感情をほぼ正確に認識する自動表情認識プログラムも使用した。

その結果、マルチタスクによってネガティブな感情、とくに怒りの表情が顔に出ることがわかった（**図10－3**参照）。一方、マルチタスクをしていないときの表情は中立的であることが多かった。[26]興味深いことに、メールをまとめて一度に受け取り、その返信を書いているあいだは、エッセイを

図10-3　マルチタスクをしているときの表情

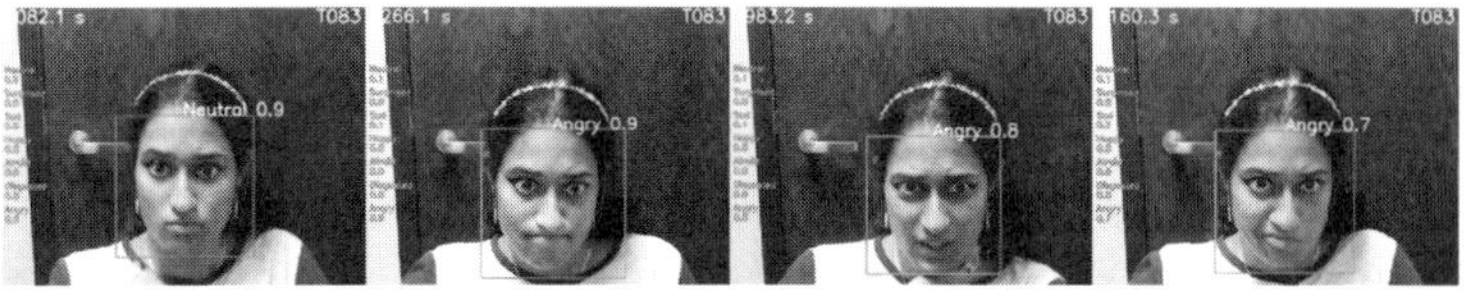

中立 0.9　怒り 0.9　怒り 0.8　怒り 0.7

左は中断なく課題に取り組んでいるときの写真で、中立の感情を示している。右の3つはマルチタスクをしながらつねに集中を妨げられているときの写真で、怒りの表情を示している[28]

書いているときと比べて怒りの表情が増えた。同時に計測したNASA-TLX尺度（第5章参照）でも、つねに集中を妨げられる被験者は心的負荷と努力が増えたと感じていた。つまり、被験者の表情から客観的に計測した感情は、被験者の実際の経験と一致していたのだ。ここで思い出してほしいのは、認知負荷が認知リソースの消費に対応していると考えられることだ[27]。心的負荷が大きいと、認知リソースが余計に使われる。

表情はその人の感じていることをつねに正確に表しているいると断定することはできないが、人間の感情と表情は密接に結びついている[29]。つまり、顔に悲しみが表れていれば悲しみを感じている可能性が高く、同様に、ワクワクした表情をしていれば、ポジティブな感情を抱いている可能性が高い。

とくに大勢の人が集まる場所では、他人の感情表現と行動の影響を受けやすい。感情には伝染効果があり、ある人の感情が別の人に影響を与えて、似たような感情を表現させることもある[30]。この研究分野の第一人者であるシーガル・バーセイドが、人間を「歩く気分醸成機」と呼んだゆえんだ[31]。ある人が表現した感情は、その場にいるほかの人にも影響する。つまり、マルチタスクで消耗すれば、自分がストレスを感じるだけでなく、そのネガティブな感情をまわりの人たちに伝染させている可能性もあるのだ。

単純な活動が生産性を上げる

マルチタスクとそれに伴う中断がここまで一般的になると、単純な活動には、ストレスの多い環境でポジティブな感情を引き出すという一定の役割があると言えるだろう。単純な活動から得られるポジティブな感情という報酬は、私たちがソーシャルメディアやゲームなどに惹かれる理由の1つだ。それは手軽な喜びをもたらしてくれる。

著作家のニコルソン・ベイカーは、彼の言う「明るい時間の仕事」をスケジュールに組みこんでいる。これはメモのタイピングやインタビューの文字起こしなど、認知的な要求の高くない仕事のことだ。[32]第3章で見た集中のさまざまなリズムのなかには、仕事に集中するための準備時間も含まれている。ベイカーのこの活動は、執筆という困難な仕事に向けた準備運動のようなものかもしれない。

多くの時間を画面の前で過ごすデジタルライフでは、「Twitter を眺める、TikTok の動画を見るなどの単純な活動に触れる機会はいくらでもある。私たちがついこうした行動をとってしまうのは、ストレスや時間的制約の多いマルチタスクの影響かもしれない。しかし、単純な活動には緊張を解くというプラスの面もあるのだ。

頭を使わない単純な活動が仕事の効率を上げるなんて、意外だと思われるかもしれない。だが、認知リソースを費やさない頭を使わない活動によって、問題からいったん離れることができるし、それが解決策につながることもある。[33]ポジティブな感情が行動の選択肢を増やすならば、単純な活動でポジティブな感情を積み上げることで、もっとクリエイティブな発想が生まれる可能性もある。私たちが頭を使わない活動にこれほど惹かれるのは、おそらくそれが心理的なバランスをとる上で役立っているからだ。

集中は目標指向であることを思い出してほしい。目標を見失うと、私たちの集中は自分のなかの考えや外部刺激に引っ張られて、簡単でポジティブな感情の報酬が得られるほうに向かってしまう。しかし、高いレベルの目標を維持し、単純な活動をその目標を達成するための1つの手段ととらえれば（マヤ・アンジェロウの「小さな心」が「大きな心」と調和して働いていたように）、「慣れ」の活動に引き寄せられるリスクも減るだろう。

単純な活動が生産性を高めるという考え方は、フレデリック・テイラーのような効率の専門家の見方に反するものだ。「オペラント条件づけ」で有名な心理学者B・F・スキナーも、ガーデニングや水泳を、仕事時間に割りこんでくる「非効率な時間」と表現していた。[34]彼自身も、仕事の開始時間と終了時間をブザーで知らせ、夜中も目覚まし時計をかけて働いていたという。どうやら、彼の生活に単純な活動が入る余地はなかったようだ。

今日では、デバイスの使用時間を追跡する生産性アプリが、Twitterなどの視聴時間、ワードの使用時間などの情報を提供してくれる。こうしたアプリの目的はあなたの仕事の生産性を高めることだが、知識労働者にとって、仕事以外の頭を使わない活動が幸福感を高め、ストレスを減らし、問題を保留することで解決策を生むこともあるという事実を考慮していない。こうした生産性アプリは、「ジャガイモの皮をむいているときが最も思考が深まる」と述べていた哲学者ヴィトゲンシュタインや、バイオリンを弾いているときのアインシュタイン（音楽のおかげで相対性理論を思いついたと述べる）を「生産的」であるとは見なさないだろう[35]。

次の章では、コンピュータやスマートフォン以外のより広範なメディア全体との関係で、集中の問題を考えてみたい。

第11章 メディアによる集中の条件づけ

私たちは、コンピュータやスマートフォン以外に、たくさんのメディアにさらされている。すばやい集中の切り替えは、コンピュータだけでなく、テレビや映画、ミュージックビデオ、コマーシャルを見ているときにも生じることがわかっている。その場合、あなたの集中の切り替えのペースを決めているのは放送局のディレクターや編集者だ。この章では、広範なメディアで見られる集中のすばやい切り替えについて明らかにする。私たちが気づかないうちに、メディアで起きていることがパーソナルデバイスを使うときの集中の切り替えに影響していることがある。

1日10時間のスクリーンタイム

現代の子供たちは幼いころからテレビを見はじめ、1日平均約2時間15分をテレビ画面の前で過ごしている。[1] この視聴時間の長期化傾向は、子供だけでなく大人にも当てはまる。2021年のニールセン・トータル・オーディエンス・レポートによると、[2] アメリカの18歳以上の成人は1日に4時間24分間テレビを見ており、これはほかの国々の視聴時間より長い。たとえば、イギリスの1日の平均視聴時間は3時間12分、[3] フランスは3時間49分、[4] 日本は2時間41分、[5] 中国は2時間30分だ。[6]

　ここにストリーミングサイトの視聴時間や、コンピュータやスマートフォンのスクリーンタイムは含まれていない。ニールセンの報告では、アメリカ人がコンピュータ、タブレット、スマートフォンに費やす時間は、1日平均5時間30分である。[7] これは仕事でコンピュータを使う人だけでなく、全年齢層を含めた数字だ。最大の驚きは、ここにテレビや映画の視聴時間も加えると、私たちの集中が1日10時間近くなんらかのメディアの画面に向けられていることだろう。[8]

　では、テレビや映画を見る時間は、デバイスを使うときの集中時間にどう関係するのだろうか。テレビ番組、映画、ミュージックビデオを見るとき、私たちの集中は非常に速いペースで1つのショットから次のショットに切り替わる。「ショット」とは、視聴者が途切れることなく知覚する映像の最小単位で、1秒につき24~30のフレームですばやく切り替わる。個々のフレームは短すぎて人間の目ではとらえられない。[9] ショットの長さは注意深く編集され、各ショット内の動きや光量とともに視聴者の興味や感情を操作して緊張を生むように設計される。

　ショット内の「動き」も変化しつつある。コーネル大学の映画学者ジェイムズ・カッティングらによると、人が走り出すなどの動きを含むショットの数が増えているのは、それが視聴者の注意を引くからだという。[10] 人間はすでに動いているものより、静止状態から動きはじめるもののほうが正確に認識しやすい[11]。何かが動きはじめると、私たちはその刺激を知覚して処理する。コンピュータ画面に一瞬現れては消える通知のような動きに、気づかずにはいられないのだ。

1ショットの長さがこの数十年のあいだで短くなってきたことも、視聴者の集中に影響を与えている。音入りのトーキー映画が初めて登場した1920年代後半には、会話が重視されるようになって、1ショットは長くなった。1930年の映画の1ショットは平均12秒だったが、その後徐々に短くなり、2010年以降は平均4秒弱になった[12]。興味深いことに、シリーズもののショットも短くなっている。たとえば、映画『アイアンマン』の1ショットは当初平均3・7秒だったが、『アイアンマン2』では3・0秒、『アイアンマン3』では2・4秒に短縮されている[13]。

テレビも映画と同じパターンをたどり、徐々にショットが短くなっている。**図11-1**に2010年までの映画（ジェイムズ・カッティングらが報告した1930年以降のデータ）と、テレビ番組（ジェレミー・バトラーが計測した1950年以降のデータ[14]）の1ショットの長さの推移を示した。

この図を見ればわかるとおり、全体的な傾向として、映画とテレビ番組の1ショットは短くなっている。テレビ番組の1ショットの平均の長さは1950年には約13秒（1930年の映画の平均値とほぼ同じ）だったのが、2010年には映画もテレビも4秒を切るまでになった。テレビは1日4時間半も見られているのだから、すばやく切り替わる短いコンテンツが好まれるようになったと言っていい。

1ショットの短縮傾向はミュージックビデオにも現れている。1984～2014年のMTV最

図11-1　映画とテレビ番組の1ショットの長さの変遷

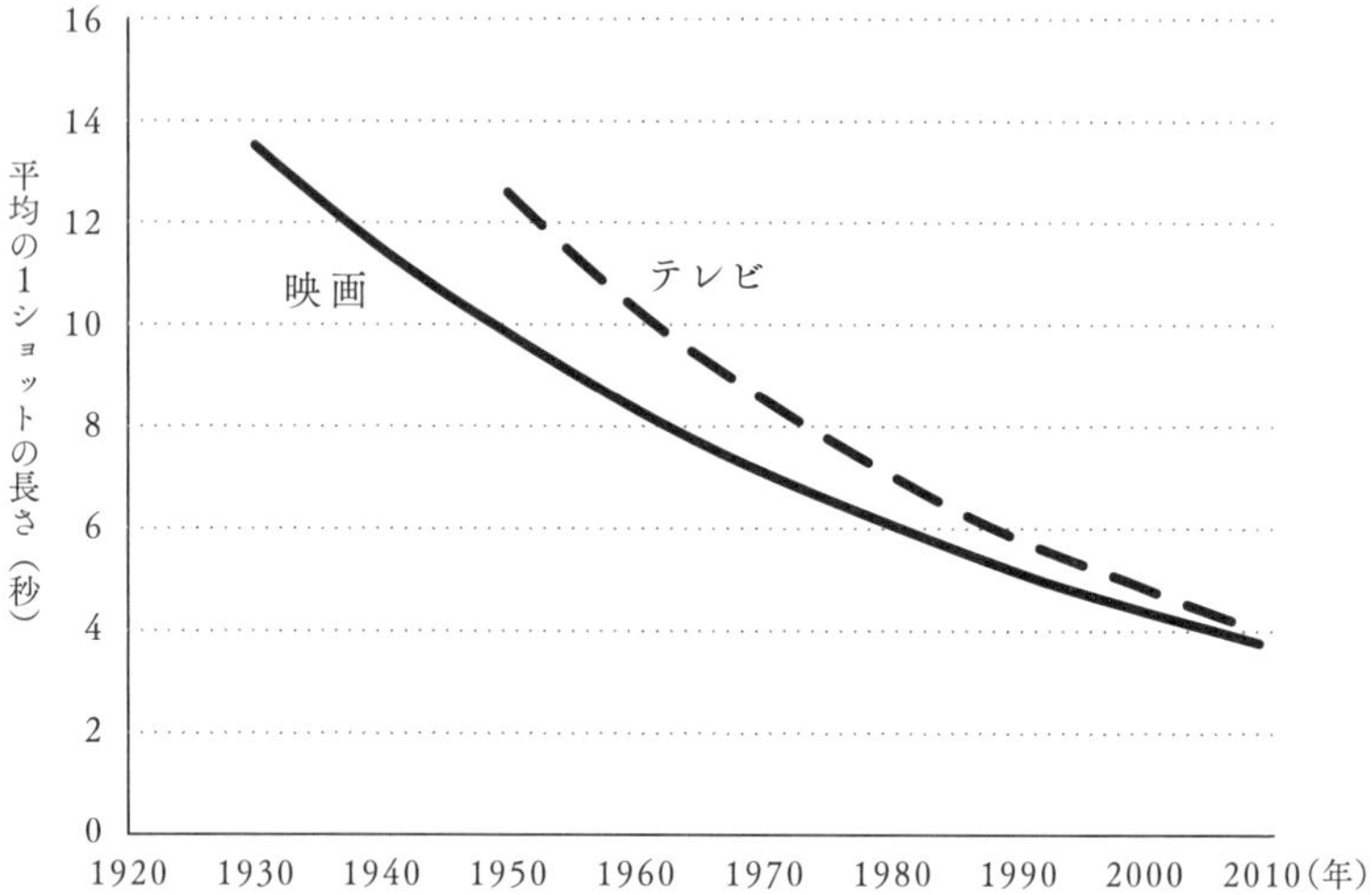

注）カッティングらおよびジェレミー・バトラーのデータ[12][14]

優秀編集賞の155の候補作と受賞作の1ショット当たりの時間の中央値はわずか1・6秒だ。[15]「シネメトリクス」のウェブサイトにあるとおり、MTVの動画では30年にわたってこの平均ショット長が使われている。YouTubeの視聴トップ10の動画はいずれもすばやく切り替わる短いショットからなるミュージックビデオだ。[16]

YouTubeの歴代最高視聴率を誇るミュージックビデオ、PSYの「江南《カンナム》スタイル」は再生回数が40億回を超えているが、全体の長さは4分12秒、平均ショット長は2・9秒だ（ただしストロボが光るようなすばやいシーンの切り替えはカウントしていない）。ミュージックビデオはとりわけZ世代に多く視聴されており、モーニング・コンサルト社のメディア追跡調査によると、Z世代の36パーセントがミュージックビデオを毎日見ているという。[17]

このように、私たちが日常的に目にする動画のショットの切り替えのペースは速くなっているが、そのすべてが私たちの注意を引き、視聴体験の中断を感じさせるわけではなく、編集の仕方によって視聴者の反応は異なる。伝統的なコンティニュイティ編集〔複数のショットで構成されているが、1つの連続した流れを写しているかのように感じさせるカット手法〕では、ショットの切り替えは視聴者に「見えない」ように工夫されている。同じ、あるいは似た時間と場所のショットをつなぎ合わせることで、視聴者は映画の断片を認知的にまとめ、話が連続していると錯覚するのだ[18]。映画を見ているときとコンピュータを使っているときの集中の切り替えには、共通点がある。コンティニュイティ編集は電子書籍で次のページに移るようなもので、唐突に切り替わる編集はエクセルのスプレッドシートからメールの受信トレイに移るようなものだ。

とはいえ、コンティニュイティ編集のルールを守っていても、視聴者はショットの切り替えに気づく。カットの切り替えを検知できるかどうかを確かめる実験では、被験者がさまざまなジャンルの映画の一部を見せられ、編集が入ったと感じられたところでボタンを押すよう指示された。すると、被験者は映画のカットの切り替えの84パーセントを検知することができた。想像どおり、場面自体が切り替わるときと比べて、同じ場面で視点だけが切り替わるカットでは、編集に気づかないことが多かった[19]。

注意喚起のためにわざと画面の切り替えを唐突におこなうショットもある。この手法は今日、ミュージックビデオやコマーシャル、YouTube、そして『インクレディブル・ハルク』や『トランスフォーマー』などのヒット映画で頻繁に使われている。

カット割りの進化と集中

テレビや映画のすばやいショットの切り替えはいまや当たり前になったが、ここに至るまでには長い歴史がある。ごく初期の映画はワンショットで、編集はおこなわれていなかった。映画のなかのショットの切り替えというイノベーションを起こしたのは、1869年生まれのイギリス人、ロバート・ウィリアム・ポールである[20]。1894年、彼は2人の起業家からトーマス・エディソンのキネトスコープを再現してほしいと依頼された。1人で映画を見るために作られたその装置は、イギリスで特許を取っていなかったのだ。1年後、機器製造者のポールは映画撮影用のカメラも設計し、そこから800本近い映画を作ることになる。

1910年代には、映画製作者D・W・グリフィスが、カットの切れ目を感じさせずに物語を展開する「コンティニュイティ編集」と呼ばれるカット手法を発明し、これが1910〜60年代の古典的なハリウッド映画の象徴となる。その代表例が、1954年のヒッチコック監督の映画『裏窓』だ。ある場面で主人公の写真家が望遠レンズ越しに隣人を見ている。カメラをのぞいている写真家と、彼が見ている隣人のあいだでショットが何度も切り替わるが、時間と空間の連続性は保たれているので、写真家が見ているのは隣人だと容易に理解できる。

アメリカでのコンティニュイティ編集の隆盛と並行して、1920年代半ばのロシアの映画界では、セルゲイ・エイゼンシュテイン監督が「モンタージュ」というそれまでにないテクニックを編み出した。異なるショットをつなげ、対比させることで新たな意味が生まれると考えたのだ。たとえば代表作の『戦艦ポチョムキン』では、司祭が十字架を叩くシーンが急に兵士が刀を叩くシーンに切り替わる。観客からすると、ショットとショットのあいだに関連性を見つける努力が必要だが、エイゼンシュテインはこの種のカットが映画への深い思考を促すと信じていた。

1950年代に始まったフランスの映画運動であるヌーベルバーグでは、「ジャンプカット」と呼ばれる手法が用いられ、同じ場面でも、ある時間から別の時間に瞬時にジャンプして、映画のなかに断絶を作った。ジャン＝リュック・ゴダールのようなヌーベルバーグの監督がジャンプカットに大変革をもたらし普及させたが、見る者に驚きとやや不自然な印象を与えるこの手法は、観客の集中にも大きな影響を与えた。

ゴダールの1960年の代表作『勝手にしやがれ』(平均ショット長は11・8秒)などに用いられたジャンプカットでは、1つのシーンのいくつかの部分を省略しているので、その空白を観客は自分の集中力で補わなければならない。話についていくために注意深くショットを見て記憶し、それらをつなげて1つの物語を構成しなければならないのだ。

ゴダールのライバルであったクロード・オータン＝ララに言わせると、ゴダールはジャンプカットを使うことで、『勝手にしやがれ』を意図的に破壊しようとしていたという[21]。一方、ゴダール自身は、長くなりすぎた映画を短くするためにこの手法を用いたと述べている。

ゴダールはこうして映画のシーンの可能性を広げ、ニューヨーク・タイムズ紙の映画評論家ボズレー・クラウザーが言うところの「フランス・ヌーベルバーグの乱暴で根無草の若いパリジャン」を描き出した。[22]そしていま、このジャンプカットという手法は、視聴者の注意を引くためにYouTubeでも多用されている。

ジャンプカットとYouTube

YouTubeがジャンプカットを使うのは、最短時間に最大限のコンテンツを詰めこむためだ。とくに編集に慣れていない人にとって、ショットの調整が難しいシームレスな編集より、ジャンプカットという手法は手軽でもある。

YouTubeでジャンプカットが流行すると、視聴者側に新しい期待が生まれた。映画では映像編集によって自然な意味の流れを保ちながら巧みに会話を編集するが、YouTubeでは無駄な空白や「えー」などのつなぎ言葉を削除し、短時間に行動やコンテンツを詰めこむことで、視聴者の集中をつなぎ止めようとする。ジャンプカットの使用法を説明したあるYouTube動画では、無駄な時間が省かれると、より滑らかな映像表現になると解説している。[23]

実際の会話では、「えー」や「ああ」などのつなぎ言葉を入れることによって考える時間を稼ぎ、自然に話題を切り替えることができる。しかしYouTubeは、会話中にジャンプカットが入るのが当たり前という新たな映像言語を創り出した。このようにコンテンツを凝縮した動画は、飛び飛びでぎこちなく、会話も発声の合図や休止がないが、集中時間が短くなった視聴者をつなぎ止める役割を果たしている。

YouTube動画の目標は、視聴者を退屈させないことだ。その結果、すばやいカットやジャンプカットを駆使した動画が視聴者の集中を揺さぶりつづけ、私たちにペースの速いゲームをしているような感覚を与える。皮肉なことに、映画の編集が大胆になりすぎると、物語の一貫性を求める人々の期待に反するので、その映画は記憶に残りにくくなる。[24] ジャンプカットを多用したYouTube動画は私たちを視覚的に引きつけるが、あとからその内容を思い出すのは難しいはずだ。

ノンリニア編集とカオス編集

すばやく画面を切り替える編集方法が私たちに及ぼす効果について、製作者の考えをもっと知りたいと考えた私は、ノンリニア編集のパイオニアでアナログ映画の編集にも詳しい、エミー賞受賞監督のダグ・プレイに話を聞くことにした。プレイは映画監督として長年多数の映像を製作・編集してきた人物で、動画編集の観察者であり立役者でもある。

彼はインタビューの途中でふと席を立ち、アナログ映画のリールを手に戻ってくると、16ミリフィルムを伸ばしながら1990年代以前のアナログ映像の編集方法について次のように語った。

「編集機器の横に大きな木の枠があって、その無数の小さなフックからフィルムの切れ端が垂れ下がっている。まずそこから1ショットごとにフィルムを探さなきゃならない。それを机に置き、切り貼りをする。1分間の映像に20ショットあるとしたら、それだけで何時間もかかる。もし、途中でフレームを調整したくなったら、最初からやり直しだ。何か抽象的なこと、挑戦的なことをやろうとすると、とんでもなく時間がかかった。だが、昔は何日もかけてやっていたことが、いまはたった1分でできるんだ」

テープを使用せずにコンピュータ上で編集作業をおこなう最初のノンリニア編集システムであるCMX・600は1971年に発売されたが、25万ドルという高価格、モニターの質の悪さ、ストレージの少なさから、映像製作者のあいだでは評判が悪かった。しかし、1989年にアビッド社が新しいノンリニア編集用の革命的なソフトウェアを売り出す。1992年に初めてアビッドの装置の前に座ったときのことを、プレイは「唖然としたよ。すべてが変わったんだ」と回想する。短時間で多数の新しいショットが作れ、編集作業もわずか数時間でできた。「できるとなるともっと作りたくなるもので、どんどん楽しくなった。突然、物語を作る無数の選択肢が手に入るようになり、すばやく話を進められるようになって、それまでとはまったく違う景色が開けたんだ」。編集効率が上がり、カットの追加も簡単になったことで、1ショットの長さは全体的に短くなった。

ショットが短くなったのは、観客の「映画的な言語」やしきたりについての理解が進んだことも関係しているとプレイは語る。昔の観客は、通りにいたある登場人物が次の瞬間、部屋のなかに突然現れたら混乱しただろう。そうした混乱を避けるために、まず背景説明のショットが必要で、次にその人物が家のほうに向かって歩き、ドアノブに手をかけ、クローズアップでドアが開くところを見せなければならなかった。だが今日の観客は、尺を短くするために、途中のショットを省いてもまったく問題ない。

ＭＴＶやミュージックビデオが広く人気を集めたことも、映像のショットが短くなったことに関係しているという。ミュージックビデオは映像界最大のゲームチェンジャーだった。音楽のテンポはどんどん速くビートが利いたものになり、パンクロック、グランジ、ヒップホップなどの新しいジャンルが生まれた。ヒップホップそのものがノンリニアで、「異なる2つのアイデアのぶつかり合い」だった。「このビートにこのスクラッチを重ねようとか、この声を別の曲に重ねようとかね」

こうした新しい音楽のスタイルは、フラッシュカットなどの新しい映像編集を生み出し、やがて彼のドキュメンタリー映画『ハイプ！』（グランジミュージックの拡大を追った作品）や、『スクラッチ』（ヒップホップの人気ＤＪをテーマにした作品）などに多大な影響を与えた。

変わったのは映画的な美学だけではない。ショットの切り替えも「速ければ速いほどいい」とされるようになった。１９８０年代にプレイが作ったミュージックビデオは、従来より「短いカット」を編集したものだ。「みんなが望んでいたんだ。そのほうがワクワクすると言ってね。なぜかはわからないけど、プロデューサーはみな、もっと短く楽しく、エネルギッシュな映像にできないかと言ってきた。ミュージシャンがバンドや曲で勝負するように、ぼくたちも3分という短い時間で勝負していた」

さまざまなメディアが誕生したことも、1ショットの短縮化に影響したと彼は言う。アメリカには当初3つのテレビチャンネルしかなかったが、いまやその数は２０００にも上り、さらにNetflixやYouTubeなどのストリーミングメディアもある。消費者の選択肢は急拡大したが、私たちの時間と集中力は限られているので、各メディアはこぞって私たちの有限なリソースを奪い合おうとする。プレイは「編集は省略だ。ストーリーを進められないショットは省いてしまえ。6秒のショットを3秒にしてもストーリーが変わらないなら、なぜ3秒にしない？」と語る。視聴者の注意を引こうとする競争がもっと加速すれば、人々はますます短い映像を好むようになるだろう。

次に、こうした新たな動画編集が私たちの集中時間に与える影響について、視聴者の視点で理解したいと考えた私は、ベテラン映画評論家のグレン・ケニーに話を聞いてみた。ニューヨーク・タイムズ紙などに寄稿し、ニューヨーク大学で言語と映画の講義を持つ彼は、すばやく切り替わるカットの進化によって、私たちがじっくり映像を見る機会が減ってしまったと考えていた。

たとえば、アクション映画で「カオス編集」と呼ばれる2秒程度のすばやいカットが使われることはもはや当たり前だ。この技法を駆使しているのが、『トランスフォーマー』のプロデューサー兼監督のマイケル・ベイの作品だ。2007年のシリーズ第1作『トランスフォーマー』（平均ショット長は3・0秒）では、あるショットでロボットがピラミッドを破壊し、次のショットで爆発が起きて人々が空中を舞い、ロボットがアーチ型の建物を投げるという一連の出来事が、わずか15秒で描かれる。このシーンをもし見逃したとしても、視聴者は問題なくストーリーについていくことができる。なぜなら、この15秒に描かれているのは、プロットの展開ではなく、カオスの一部にすぎないからだ。

カオス編集では、カット割りを嫌でも意識させられる。映像を見て思索を深めることはできないが、「突進するような感覚は得られる。一定の集中は求められるが、完全に集中しなくてもカオスを多少見逃すだけだ」とケニーは述べる。カオス編集は実際、アクション映画で一定の機能を果たしている。すばやいカットの動きを見ることは、私たちにとってスリリングな体験だからだ。知覚情報が集中放火のごとく投じられ、さまざまな内容が目まぐるしいスピードで画面を駆け抜ける。まるでジェットコースターに乗っているかのようなこの種のすばやいカットの目的は、視聴者の視覚的な混乱を作り出すことにあるとケニーは考えている。

映画の1ショットが短くなる変化と、私たちがコンピュータを使うときの集中時間の短縮は同時並行で進んでいる。数十年前は映画の1ショットはもっと長かったが、いま、観客の集中力は次々と切り替わるシーンにも対応できる。なぜなら、デバイス上で、ある画面から関連のない別の画面に移ることに慣れているからだ。デバイス上で集中がすばやく移り変わるのは、私たち独自のカオス編集のようなものかもしれない。

コマーシャルも短く

テレビ番組や映画と同様に、テレビコマーシャルも短くなっている。1978年のコマーシャルの1ショットの平均的な長さは3・8秒だったが、91年には2・3秒まで短くなった[25]。2022年のスーパーボウルで最も多く視聴されたコマーシャルはアマゾンのアレクサの宣伝で、平均ショット長は2・4秒。コマーシャルのショットは、もはや短さの限界に達しているのかもしれない。

短くなっているのは1ショットの長さだけではない。テレビコマーシャル全体の長さも短くなっている。1950年代、多くのコマーシャルは1本あたり約60秒だったが[26]、2017年になると、この60秒コマーシャルが占める割合は、コマーシャル全体のわずか5パーセントにまで減少した。15秒コマーシャルが試験的に登場したのは1980年代で、かわいさやユーモアのある素材を用いれば、15秒のコマーシャルのほうが30秒より説得力があることもわかった[27]。2014年にはテレビ広告全体の61パーセントが30秒コマーシャルだったが、3年後にはその割合が49パーセントにまで減少している[28]。

2018年、動画広告を短く圧縮する技術が登場すると、30秒の動画広告を15秒に圧縮しても宣伝効果は変わらないことがわかった[29]。これには経済的な理由もある。15秒の宣伝にかかるコストは30秒広告の6~8割ですむからだ[30]。つまり、放送局は一定のコマーシャル枠に15秒広告を入れれば入れるほど儲かるので、短い宣伝により多くの情報を詰めこもうとする。こうして、私たちの集中時間はさらに細切れになる。

YouTubeの視聴者は、再生開始から5秒が経過すると、広告をスキップして動画を視聴することができる。Hulu（フールー）も、番組の初めに長い広告ではなく、短い広告を選ぶ機会を視聴者に与えている。Facebookは自社プラットフォームで掲載するモバイル端末向け動画広告の最適な設計方法を紹介しているが、より多くの視聴者に見てもらうには、15秒以内に収めることが望ましいという[31]。つまり、視聴者の集中時間が短くなりすぎて、広告に注意を向けていられるのは15秒が限度だということだ。テレビや映画と同様に、広告や宣伝も、集中時間の短縮に拍車をかける。いまや6秒のコマーシャルも珍しくない[32]。

デジタル世界の「スナック文化」

ここで再びソーシャルメディアの集中時間について考えてみよう。短くなっているのは広告だけではない。多くのプラットフォームが投稿コンテンツの長さを制限しているせいで、視聴者は細切れのコンテンツを消費させられている。現代のデジタルライフで拡大しているのが「スナック文化」だ。これは、若者が1回平均10分でコンテンツをつまみ食いすることを表す[33]。この言葉は、ソーシャルメディアのコンテンツの長さのみならず、私たちが1つの動画に集中できる時間にもあてはめることができる。

TikTokは利用者がシェアできる動画の長さを当初15秒に制限していたが、やがて60秒になり、いまは3分に延長している。TikTokの運営サイドはこの理由を、「利用者にもっと創造性を発揮してもらうため」とするが、動画の合間に挿入される広告も増えている[34]。月間アクティブユーザーは世界で1億3000万人[35]で、アメリカの18～29歳の成人のほぼ半分が利用していることになる。投稿コンテンツの制限時間が延びたことは、私たちの集中時間にとってはよい知らせのように思えるが、実際に最もよく視聴されているのは、9～15秒の短い動画だという[36]。

TikTokだけでなく、ほかの人気ソーシャルメディア・プラットフォームも、私たちが長いコンテンツを視聴する（または作る）能力を低下させている。InstagramとSnapchatも投稿動画は60秒までという制約がある。ショートメッセージは省略して書くものであり、Twitterにも文字数制限がある。短い宣伝のほうが視聴者の注意を引き、訴求力もあることが明らかになったように、短いコンテンツのほうが視聴者の注目を集めやすいことに、ソーシャルメディアの運営側も気づいているのだ。

TikTokやInstagram、Snapchatを利用する若いユーザーは、コンテンツとは短いものだと考えている。そのほうが、モバイルの生活スタイルに合っているからだ。たとえば、会合や仕事の合間、あるいはほかのメディアを視聴しているときや対面の会話の最中でさえ、オンラインのスナック文化はいとも簡単に取り入れることができる。

メディアが集中に与える効果

映画やテレビの1ショットの長さと、コンピュータやスマートフォンを使うときの集中時間が短くなっていることは直感的に理解できても、この2つの流れが相関していることを示すエビデンスはあるのだろうか。次に紹介するある研究が、テレビとコンピュータの視聴が影響し合い、私たちの集中時間に影響を及ぼしていることを示している。

ボストン大学の研究者たちが、実験室に42名の被験者を集めてある実験をおこなった。1台のノートパソコンを置いた机の前に被験者を座らせ、その机から1・5メートル離れたところには36インチのテレビ画面がある。被験者はパソコンで好きなウェブサイトを見たり、自由にアプリを使ったりしてよいと伝えられ、テレビでも59の地上波とケーブル局のなかから好きな局を視聴することができた。その間、被験者が見た画面の種類と各画面への集中持続時間を調べたところ、パソコンとテレビの両方で、集中持続時間は非常に短かった。テレビ画面の75パーセント、コンピュータ画面の49パーセントの視聴が5秒未満だったのだ。とくに興味深いのは、テレビとコンピュータの視聴を、1分間に4回という頻度で切り替えていることだった。

いずれも集中持続時間が短く、集中がすばやく切り替わることから、テレビとコンピュータの視聴は相互に影響し合っていると考えられた。[37] この研究は実験室内でおこなわれたが、同様の結果は実生活にも当てはめられそうだ。毎日テレビや映画を見て、コンピュータやスマートフォンを何時間も使っていれば、各メディアへの集中が相互に影響し合うこともあるだろう。デバイス使用時の動的集中は、こうしたほかのメディアのすばやい場面の切り替えの影響を受けているのかもしれない。それもただ受動的に見ているのではなく、テレビの場合は、リモコンでチャンネルを自由に切り替えることもできる。

テレビや映画の映像が、より速いペースと短いカット割りで進行するようになると、私たちは視覚的な集中をすばやく切り替えて、約4秒おきに新しい内容やカメラアングル、動き、視点を取りこまなければならない。[38] こうしたすばやい動きは私たちの限りある認知リソースに負担となる。

インディアナ大学の研究者による長年の調査では、コンピュータ画面の切り替えと同様に、ペースの速い映画やテレビ番組も、私たちの認知リソースを消耗させることがわかった。[39] とくに唐突なショットの切り替えは、限られた認知リソースで新しいショットに対応しなければならず、映像のペースが速くなるにつれて、視聴者の心拍数や興奮度も上がっていた。[40]

カオス編集の映像や一部のミュージックビデオでは、映像のカット割りが速すぎて、視覚的に処理できても理解が追いつかないこともある。映画やテレビ番組の映像編集者や監督は、視聴者が集中力をコントロールできるギリギリの線を狙って、緊張とダイナミックな視聴体験を生み出そうとする。

すばやいショットの切り替えは、私たちの実行機能も疲弊させることがわかっている。脳の実行機能はさまざまなことを司るが、その1つに反応の抑止がある。このため、脳の実行機能に過度な負荷がかかると、メールのアイコンをクリックしたくなるといった衝動が止められなくなる。この条件づけは子供のころに始まり、映像のすばやい切り替えが実行機能と集中のコントロールに影響を与えることが確認されている。

ある研究では40人の7歳の子供が実験室に集められ、ペースの異なる2種類の動画を見たあと、画面に数字が表示されればボタンを押し、文字が表示されれば押さないという課題を与えられた。ここで脳の実行機能がすべきことは、望ましくない反応を抑えることだが、速いペースの動画を見た子供は、文字が現れたときにも間違ってボタンをクリックする傾向が見られた。すばやく切り替わる動画の場面を追いつづけることで、過度な負担がかかってしまったのだ。こうした行動抑制の衰えは、脳波（EEG）測定によって神経レベルでも確認された[41]。

同様の結果は、4歳児を対象とした実験でも得られている。その実験では40人の子供を部屋に集め、ペースの速い動画を見たり絵を描いたりするという課題を与えたところ、子供たちは絵を描いたあとのほうがうまく衝動をコントロールできていた[42]。こうした実験結果は、実生活にも当てはめられるだろう。ペースの速い動画を見たあとには、多くの人が衝動を抑えることが難しいと感じるはずだ。認知リソースが減ると、大人でも反応を抑えにくくなることがわかっている。

これらの実験結果は、切り替えのペースが速い映像を見ると消耗してしまうという私たちの実感と一致する。それによって衝動性が高まり、本やホワイトボード、コンピュータ画面などに長く集中できなくなるのだ。もちろん、実験では実行機能に負荷がかかる動画を見た直後の集中状態を調べたので、同様の問題が発生するのは、ミュージックビデオを連続視聴したり、『トランスフォーマー』のようなアクション映画を見た直後と考えるべきかもしれない。だが、人間は何かを長期間続けると、それが習慣化される。ペースの速い動画を毎日何時間も見続ければ、それがデバイスを使うときの行動にも影響するかもしれない。

このことを裏づける実験結果もある。ニュージーランドで3〜15歳の1037人の子供を長期間観察した結果、性別、社会経済環境、幼児期の集中の問題、個人の認知能力といった条件を考慮しても、テレビの視聴時間が長い子供ほど、青年期に注意散漫などの問題を抱えやすいことがわかった。すばやい画面の切り替えにさらされると、長く集中して何かを見つづけることが困難になるのだ。[43] この研究結果は、画面がすばやく切り替わる映画やテレビ番組を見ることが、コンピュータやスマートフォンへの集中を妨げるという考えを裏づけるものである。

メディアが集中を妨げる

これほどペースの速いメディア環境に1日10時間も身を置きながら、集中力に影響が出ないと考えるほうが難しい。その影響はコンテンツそのものだけでなく、すばやい画面の切り替えを伴う激しいアクション映画、テレビ、YouTube、ミュージックビデオ、短い広告といったメディアの「構造」からも、もたらされる。もちろん、ソーシャルメディアのプラットフォームではコンテンツの長さが制限されている。これほど多くのメディアを利用しながら、私たちの集中時間に影響が及ばないはずはない。

では、何がこの流れを後押ししているのだろう。映像の製作者たちが場面をすばやく切り替えるようになったのは、自らの集中持続時間が短くなったせいだろうか。あるいは、意図せず視聴者の期待に応えようとした結果、切り替えが速くなったのだろうか。それとも彼らは、視聴者の集中持続時間がどんどん短くなっていると確信して、意図的にカット割りを早めているのだろうか。

これは鶏が先か卵が先かという問題だ。私たちがいま体験しているのは、人々の集中持続時間が短くなり、社会や文化がその流れに従って、人々の集中持続時間を短いままに保つ条件を作り出す、というサイクルのようだ。

私たちはいま、テレビや映画、ソーシャルメディアといった複数のメディアが合流し、集中力のあり方を急速に変える文化的進化の瞬間に立ち会っている。そして、そのような文化のなかで新しい世代が育っている。実際、1ショットの長さは、マインドワンダリングの実験で心が自然に1つの考えから別の考えに移る時間に近づきつつある。[44] 75年間の映画のショットの変遷を研究してきたコーネル大学のジェイムズ・カッティングらは、私たちはすでに映画のすばやいショットの切り替えに慣れ、それを期待するようにさえなったと指摘する。

だが、その文化を作り出しているのも私たちだ。文学者のジョナサン・ゴットシャルは、その著書 *"The Storytelling Animal"*（物語を創り出す動物）のなかで、人間は「ストーリーテリングの種」だと書いている。[45] 私たちはストーリーの創造者で、その消費者でもある。つまり、メディアの構造を変えているのは、映画監督やテレビディレクター、ITプラットフォームだけではなく、私たち自身でもある。

映画やテレビは物語を伝えるために、激しいアクション映画は視聴者のアドレナリンを噴出させるために、映像のカットを駆使する。一方、コンピュータやスマートフォンなど、複数のアプリや画面のあいだで集中先を移すときには、私たち自身が物語を中断し、心のホワイトボードに何かを書いては消すといったことを何度も繰り返している。メディア理論家のマーシャル・マクルーハンが「われわれは自分が見ているものになる」と述べたように、[46] 私たちの集中時間がメディアを形作り、メディアも私たちの集中時間を形作っているのだ。

Ⅲ

集中、リズム、バランスを整える

Part III
Focus, Rhythm and Balance

第12章 自由意志、主体性、集中

これまで見てきたような、インターネットの構造、個人をターゲットにしたアルゴリズム、社会的動向、パーソナリティや感情、広範なメディアとの接触などの力は、私たちがデジタル機器を使う際の集中のコントロールに、どこまで影響を与えているのだろう。コンピュータやスマートフォン使用時の私たちの集中は、どこまでウィリアム・ジェイムズが考える「自由意志」にもとづいているのだろう。デジタル世界のなかで、私たちは本当に自由意志を持っているのだろうか。

自由意志についてさらに考えてみよう。人間に自由意志があるかどうかという議論は、プラトンやアリストテレスの時代から現在まで続いている。私たちは選挙で誰に投票するか、どんな職業を選ぶかといった日常生活の選択を、自由意志でおこなっていると考えている。だが、デジタル世界では、多くの人がソーシャルメディアやインターネット上の誇大広告への反応をやめられずに困っている。自由意志が私たちの思考や行動を決めているのだとすれば、スマートフォンやメールをチエックしたくなる衝動に駆られるのも自由意志によるものなのだろうか。それとも、私たちは社会技術的な力によって条件づけられ、行動を促され、あるいは強制されているのだろうか。

デジタル世界における自由意志について、2つの対照的な立場を見てみよう。IT企業で働くあるソフトウェア開発者は、デバイスを使うときは問題なく集中をコントロールできていると私に語った。彼は、ソーシャルメディアに費やす時間を自由に選び、メールの利用時間も完全に管理できていて、ゲームに没頭しすぎることも断じてないという。デバイスを使うときの行動も、完全に自分でコントロールできていると述べていた。

一方、実験に参加したあるリサーチ・アナリストは、コンピュータに向かっているときは、ほぼ主体性が持てていないように感じると述べていた。たとえば、メールについては「着信音とポップアップ通知に振りまわされて」、マルチタスクをしていると何かを押しつけられているような気分になるのだという。「こんな働き方はまったく望んでいないし、コンピュータやスマートフォンを使いはじめたときにはこんなことになるなんて思いもしなかった」と語る彼は、無力感にさいなまれ、世の中を変えることはできないと感じるという。もちろん、彼の言う「世の中」とはデジタル世界のことだ。

デジタル世界でどのくらい行動を自由に選択しているかという問題に関するこの2人の感覚は対照的だ。どちらが正しいのだろうか。ほかにやるべき仕事があるとわかっているのにTikTokを見るのをやめられない理由はどこにあるのか。自由意志を行使して、気が散るものに抵抗し、動的集中をコントロールし、生産性を上げる方法はないのだろうか。本書では、気の散りやすさは、利用できる認知リソースや、1日に経験するいくつかの集中状態、パーソナリティ、テクノロジーの設計、感情的報酬、社会的な力、環境内のさまざまなメディアの影響などによって変わると述べてきた。そうだとすれば、デバイス使用時の集中は、完全に自由意志にもとづいていると言えるのだろうか。それともそれは幻想なのか。

自由意志に反する事例を簡単に検証してみよう。自由意志に最も懐疑的だった人物としてアルベルト・アインシュタインの名を挙げると、意外に思う人もいるかもしれない。彼は1905年、「運動物体の電気力学について」という論文で当時の物理学界を震撼させ、ほどなく全世界に影響を与え、私たちの宇宙と時間に関する見方を変えた。だが、こうして一躍時の人となったアインシュタインは、自分の能力については謙遜をはるかに超えた、驚くべき信念を持っていた。「私の功績など何ひとつない。すべてははじめから決まっている。私たちは自分が望むことをするが、必然であることとしか望めない。しかし、私はあたかも自由な意志が存在しているかのようにふるまうしかない[1]」と彼は語っている。

アインシュタインのこの言葉は何を意味しているのか。彼は生まれつき非常に高い知性の持ち主で、特殊相対性理論を発見するために多大な努力をしたと考えられているが、彼自身はすべてのものには先だつ原因があると信じていた。月が軌道をまわるように、人間も自由に進む道を選んでいると私たちは信じているが、それは間違いだと彼は述べる[2]。アインシュタインは自由意志に対してきわめて懐疑的で、人間は自分の行動を完全に自由に選択することなどできないと考えていた。

そう考えていたのはアインシュタインだけではない。厳格な行動心理学者たちも、人間は環境内の刺激にさらされることで無条件に行動すると見なしていた。心理学者のB・F・スキナーは、人間の行動や「男女の精神と心」は社会的・物理的環境における偶発的要素によって変化すると考えた。[3]彼は、私たちの日常生活の行動は環境によって条件づけられると強く信じ、娘を注意深く整えられた環境で寝かせ遊ばせるために、最適な気温と寝具を備えたボックス型の子供用ベッド「エアゆりかご」を設計した。彼は娘を2歳までこの「エアゆりかご」で育て、1940年代のアメリカでは、約300人の乳児がこれを使ったという。スキナーの娘もほかの子供たちも健康に育ったとされるが、これは環境が人間をつくるということを彼がいかに強く信じていたかを物語るものだ。

脳スキャンから得られたエビデンスも、自由意志の存在を否定する論拠になりそうだ。ある種の行動は無意識のメカニズムから生まれていることを示す研究がある。自由意志研究の先駆者として知られるベンジャミン・リベットの古典的研究[4]や、その後何度も再現された研究では、被験者は手首を軽くひねるなどの動作をするように指示され、動作をおこなうタイミングは自分で決めてよかった。その結果、被験者が意識的な行動をとる400ミリ秒前に「準備電位」と呼ばれる脳の活動が始まることがわかった。

この実験は、人間の行動がまだ意識すらしていないうちに始まることを示すものである。つまり人はまず無意識に反応し、それから脳の意識の部分が活動しはじめる。しかし、被験者は、手首が動いたのは自分の能動的な判断によるものだと信じていた。これは、スマートフォンを手に取り、メッセージをチェックするという行動にも広く当てはまるものだ。私たちは聞かれれば、意識的にそうしたのだと答えるだろうが、実際はほぼ反射的にスマートフォンに手を伸ばしている。それは無意識に決定していることのように見える。

「自由意志」という考えは西洋の文化に深く根づいたものだ。北米やヨーロッパの人に尋ねれば、ほとんどの人が直感的に、自分たちには自由意志があると答えるだろう。だが、それを言葉どおりに受け取っていいのだろうか。長年、自由意志の問題に取り組んできた哲学者で、タフツ大学教授のダニエル・デネットは、人間には行動を自由に選ぶ能力とその行動を反省する能力があると指摘する。私たちが自分の行動に責任を持つことができるのは、この自由意志があるからだ。デネットは、決定論的な世界、つまり先立つ原因によって結果が決まる世界でも、人間は自由意志を持つことができると述べる[5]。

だが、ここに次のジレンマがある。もしデジタル世界に生きる私たちが本当に自由意志を持っているのなら、なぜそれを実践し、もっと集中することを選ばないのだろうか。ウィリアム・ジェイムズが述べたように、なぜ意志の力で集中をコントロールしないのか。自由意志とは、どう行動したいかを選び、自分の行動を自己制御できるということでもある。つまり、正しいタイミングでその意志を用いれば、Twitter や Instagram などの誘惑にも抵抗できるはずだ。

人はみな自制したいと言う。もし、望みどおりに行動できる完全な自由意志が存在するならば、なぜ私たちは自制できずに睡眠不足になったり、何時間も選択に悩んだりするのだろうか。メールチェックの回数を減らしたいなら、なぜ自由意志の力でそれをやめられないのか。私たちの研究では、多くの人が、もっと集中したいと言いながら、気がつけば「動的集中」の状態になっていることがわかった。

欲望に自由意志を働かせるのはもっと難しいかもしれない。喫煙者は煙草を吸いたいという気持ちをコントロールできない[6]。同様に、人はInstagramを見たい、〈キャンディクラッシュ〉をしたいという欲求を止めることもできない。もし自由意志が存在するなら、人はこうした欲求を克服することができるはずだ。たとえばInstagramを見たいという衝動を抑えて、締め切りを過ぎた報告書に取り組めるだろう。欲求に抗う上では、誠実さや衝動性の低さといった性格特性が一定の役割を果たすが、そういう性質を持たない人はブロッキングソフトを用いて自分を抑制しなければならないのだろうか。

しかし、自由意志にはもう1つの見方があり、これが私たちのデジタル行動を最もうまく説明しているかもしれない。「柔らかい決定論」と呼ばれるこの考え方は、完全な自由意志を信じることと疑うことの中間に位置し、外部の要因や条件が私たちの行動を形作る可能性があることを認めている。たとえば、遺伝や育った文化、環境などの先行要因が私たちの行動に影響を与えるが、これらの先行要因がすべてを決めるわけではない。このような制約のなかで、人はある程度、自分の行動を決定する能力を持つ。

私たちの決定が状況にいくらか左右されることは否めない。進学や就職に関する自分の過去の選択を振り返れば、状況や運がその決定を導いたケースもあることに気づくだろう。貧困家庭に生まれた人は裕福な家庭に生まれた人よりも、30年後の社会経済的地位が低くなる可能性が高い。また、貧しい環境に生まれると、のちの人生で健康状態が悪化し、若くして亡くなる可能性も高くなる。数学の授業を受けなかった少女たちは、一般的に科学やエンジニアリングの道には進まない。これらはみな状況が人の行動を誘導したり制限したりすることを示すものだ。

まったくの偶然が影響を及ぼすこともある。パーティーで偶然知り合った人の紹介で仕事を得ることもあるだろう。私が夫に出会ったのは、同僚たちとの食事会をいったん断ったあとでやはり行くことにして、レストランで彼の向かいの席に座ったからだ。私たちの生まれながらのパーソナリティが、あるパターンの行動をとらせることもある。同様に、子供のころの社会的な出会いが私たちの行動に影響を与えることもあるだろう。いじめられた経験があるか、ドラッグを使用したことがあるか、よいロールモデルに出会ったか――こうした経験はいずれも、のちの人生でその人が他者とどうかかわっていくかを決めるものだ。

それでも、この「柔らかい決定論」は私たちに楽観的な見方を示してくれる。人生のどこかで行動に影響を与えるような状況を経験したとしても、人は行動を自由に選ぶことができるのだ。私たちの行動を左右し、注意散漫を招く要因がこれほど多くあるにもかかわらず、人は自由に行動を選択できるというのはうれしい知らせだ。

意識的な行動、自動的な反応、自由意志

意識的な決定と自動的な決定はまったく性質の異なるもので、神経科学の研究によると、両者は脳の別の部位から生じるという。自由意志に意識的なコントロールが含まれるのは明らかだ[7]。私た

ちはデバイスを使うときにたびたび意識的に決定し、そこでは内因性の目標指向の集中が見られる。意識的な行動は、脳のさまざまな領域で起こる一連のプロセスによってもたらされる。朝、私たちはノートパソコンを開くときに、その日の計画を立てようとする。たとえばニュースをチェックするか、Twitter や Facebook を見るか、あるいは締め切りを過ぎた報告書を書くかといったことを決めるが、その決定は、脳の前頭皮質（計画を司る額のうしろの部位）でおこなわれる。次に脳内の報酬回路が、ポジティブな体験をもたらすものとネガティブな体験をもたらすものを評価し、脳の集中にかかわる領域でポジティブな体験を選ぶのだ。

しかし、リベットの研究に立ち返れば、私たちが意図的にとっていると考える一部の行動のなかには、実は自動的なものもあるかもしれない。たとえば、私たちのパーソナリティを把握したアルゴリズムにもとづくターゲット広告や、注意を引くように設計された点滅通知に反応するときには、意図的に行動しているのではなく、自動的に行動しているのかもしれない。自由意志に懐疑的な人々は、そうした行動は意識外の神経メカニズムによって引き起こされていると言うだろう。先に述べたストループ課題のように、自動的な反応に抗うのは難しい。

神経科学的な観点では、この種のデジタル通知には「ボトムアップ型サリエンス」と呼ばれるものが関係している。サリエンス〔外界から受ける感覚上の顕著性や行動上の重要性〕は、脳の腹部注意ネットワーク（外因性注意ネットワーク）と呼ばれる部分を通じて作用し、私たちの先祖が、捕食者の存在を知らせる茂みの動きにつねに注意を払っていたように、「この点滅しているものに注目せよ」と命じるのだ。つまり、ターゲット広告が点滅したり、興味を引く魅力的なキーワードが含まれていたりすれば、人はまるで自動操縦されているかのように反射的にそれを見てしまう。このような自動的な反応の例として、スマートフォンに手を伸ばしたり、画面上部のFacebook通知をクリックしたり、メールのアイコンをクリックするといったことがある。これは他者との社会関係資本を維持したいという社会的な力によるもので、私たちは無意識にこうした行動をとっている。

自動的な反応には、認知リソースの蓄えを消費しないという利点がある一方で、より重要な目標の達成を阻害する面もある。さらに、スマートフォンやメールをチェックするといったことを頻繁におこなえばおこなうほど、その反応は強化される。そして、自動反応が一度定着してしまうと、実行機能をコントロールすることは難しくなる。長年スマートフォンをチェックしつづけていると、無意識にホームボタンをクリックせずにいられなくなるのはそのせいだ。

デジタル行動の「主体性」を育むには？

コンピュータやスマートフォンを使用する際に、私たちはつねに目標に注意を向けつづけるのが難しいという課題に直面している。報告書を仕上げるのを後回しにしてソーシャルメディアに2時間も費やしたり、YouTube動画に夢中になるなど、ウェブ上のあらゆる誘惑によって、重要な目標が達成できなくなってしまうのだ。自分の行動をコントロールし、望ましくない行動に走らないようにするにはどうすればいいかというこの難題を、心理学者は軽視してきたわけではない。アルバート・バンデューラは自由意志にかかわる広範な議論を、実行可能な「人間の行為主体性《ヒューマン・エージェンシー》」の問題に置き換えた。主体性《エージェンシー》を持って行動するとはつまり、この非常に複雑な世界のなかで、自分の望むように意図的に行動できるということだ。主体性があれば、人は自分の強みや弱みの範囲内で選択し、自分の行動の原因と結果を知り、自制し、環境の制約を理解することもできる。

バンデューラは、環境が私たちの行動を制約し、選択肢を狭めていることに気づいた。たとえば、刑務所の受刑者は独房の外に出られないが、それでも主体性を持って考えることはできる。また、カリフォルニア州では計画停電をおこない、その間、人々は行動を制限されるが、それによって山火事を防ぎ、最低限の電力供給が確保されれば、人々の行動の選択肢は増えるかもしれない。バンデューラの立場は楽観的で、人は環境の影響を克服し、自らの未来を能動的に選ぶことができると考えていた。たとえば、貧困を乗り越えて一流法律事務所のパートナーになることは不可能かもしれないが、自分の将来の方向性を定め、法学の学位を取るために努力することはできる。

多くの心理学者は、自分の個人的な経験によって研究心をかき立てられてきた。バンデューラも、カナダ北部の厳しい環境で育った幼少期の経験から人間の行為主体性を研究するようになった。彼が育ったのは人口400人の小さな町で、2人の教師が小さな学校でハイスクールの全課程を教えていた。このときのほぼ独学に近い環境での学習経験や、大学入学前に働いたユーコンでの荒々しい生活が、彼が自己効力感の研究に興味を持つきっかけとなった。やがてバンデューラはアイオワ大学で博士号を取得し（クルト・レヴィンはその数年前に同大学の教授を辞めたばかりだった）、スタンフォード大学教授に就任する。開拓者のような人生を送ってきた彼は、こうして20世紀を代表する社会心理学者となった。

バンデューラは本書執筆時に他界したが、自分の行動をコントロールできるようになる方法の解明にキャリアを費やし、人間の行為主体性には次の4つの特徴があるという考えに至った。すなわち、「意図性」「事前の考慮」「自制」「内省と修正行動」である。[8] これらの特徴が現実世界で主体性と結びついているのは容易に想像できる。たとえば、ある人が大学に進むことを強い意志とともに選択するとしよう。遠方の大学に行くと決めたなら、自分の将来をある程度想像することができる。自制して、華やかなパーティーなどには参加せず、熱心に試験勉強をするだろう。主体性の最後の特徴である「内省と修正行動」が見られるのは、大学卒業後の就職先の選択を間違ったことに気づいて、自分で転職を決めるときなどだ。

とはいえ、これらの主体性の特性が、デジタル世界でどのように作用するかをイメージするのは難しいかもしれない。とりわけ集中力のコントロールに活用するにはどうすればいいだろうか。

まず、「意図性」があれば、仕事の計画を立て、月例報告書の作成に率先して取り組むのか、受信トレイにたまっていくメールに対処するのか、あるいはTwitterを見るかを意識的に選ぶことができる。

2番目の「事前の考慮」は、たとえば、ソーシャルメディアを見ることが自分の将来にどういう影響を与えるかという大きな文脈ではとらえにくいかもしれない。その行動が一瞬のものである場合にはなおさらだ。しかしたとえば、Facebookにアクセスすることがその日の仕事にどのような影響を与えるかを考えてみることや、パソコンに向かうときに仕事の完成イメージを持つことも、「事前の考慮」である。

バンデューラの3番目の特徴である「自制」は、デジタル世界に生きる多くの人にとっての難題だ。ゲームや昼夜を問わないスマートフォンのチェック、ソーシャルメディアの使いすぎなど、内発的な目標を妨げるこうした行動を自制するのは難しいかもしれない。もともと衝動性が低く、誠実性が高い性格の人なら楽に自制できることもあるが、次に述べるように、そのような性格でなくても悲観する必要はない。

そこで登場するのが、4番目の特徴「内省と修正行動」だ。これは私たちの集中力をコントロールする上で非常に重要である。なぜなら、主体性とは、デジタルデバイスを使うときの自分の行動を振り返ることで行動を変えられるようになることを意味するからだ。たとえば主体性があれば、ゲームに時間を使いすぎていることに気づき、それをやめるための行動を起こせるだろう。だが、どうすればそれを実現できるだろうか。

自分の行動を内省し、それを変えていくには、まずその根本的な要因に気づく必要がある。つまり、主体性の主要な要素である、自分の行動を変えられるという信念を育むには、そもそもなぜ、自分がそのような行動をとってしまうのかを、理解しなければならない。バンデューラによれば、その理解こそが「主体性」を発達させる重要な基盤となる。そこから内省と一連の行動の変化が生まれるからだ。

奇妙で複雑な相互関係

複雑なデジタル世界で、私たちはどうすれば主体性を持って行動できるのだろうか。より高い次元の目標に沿って行動するにはどうすればいいか。まず、私たちは何もないところでテクノロジーを使っているわけではないことを思い出そう。私たちの集中は自己を超えた多くのものの影響を受け、自己の内外のさまざまな要因との複雑な関係に縛られている。そして、それがデジタル世界での集中を可能にしたり制約したりする。私たちの注意に影響を与える要因には、因果関係のあるものもあれば（アルゴリズムによって設計された広告が画面上に現れて私たちの注意を引く）、相互作用的なものもある（ソーシャルネットワークでつながりを築くと、今度はそこにいる人たちが気になってしまう）。私たちとデバイスとの関係は、実に複雑で厄介だ。

本書のⅡ部で取り上げた要因がどのように結びつき、私たちの集中に影響を及ぼすかについて、もう少し詳しく見ておこう。それによって、まず私たちの行動に対する意識を、言い換えれば、バンデューラの主体性の第1の特徴である「意図性」を高めることができるのだ。行動を変えるには、行動に対する気づきを得ることが不可欠である。次の章では、私たちの行動のメタ認識、つまり私たちが何をしているかという「その瞬間」の深い意識を習得する方法について説明する。また、集中のコントロールに関連して、主体性のほかの側面についても見ていく。

まず、アルゴリズムは私たちに関する情報を収集し、それを活用することによって、私たちの注意力に直接的な影響を及ぼす。広告、おすすめ情報、ニュースフィードは、私たちが思わずクリックしたくなるように設計されている。もちろん、抵抗を試みることもできるだろうが、いずれも強力で執拗だ。

そこまで直接的ではないものの、個人のパーソナリティも私たちの集中に影響を及ぼす。生まれつき衝動的な性格の人は、そうでない人と比べると、気が散るものに抵抗するのが難しい。神経症傾向のスコアが高い人は、低い人に比べて画面の切り替えの頻度が高いことは、私の研究でもわかっている。

社会的な影響も、私たちの集中に強い影響を与える。社会構造を作っているのは私たち自身だが、その社会構造によって人の行動も形作られる。学校や職場やクラブにはそれぞれに従わなければならない規範がある。また、集団や共同体などの社会構造においては、社会関係資本の交換や社会的影響力の行使によって、社会的なつながりを維持しようとする強い力が働く。要するに、社会構造のなかで、人々の行動がおのずと決まってくるということだ。

デジタル世界では、Facebookの友人のネットワークやTwitterのフォロワーなど、人々が社会構造を作るためのプラットフォームを、テック企業が提供している。こうして私たちは、集中のあり方に影響を与えるデジタルな社会構造を自ら作り出している。友人のネットワークを親友だけに限定することも、大勢の人たちと招待しあって1000人規模のネットワークにすることも可能だが、人数が増えると見るべき投稿や通知が増えて、50人のネットワークより、多くの注意力が奪われるだろう。あるいは、Instagramで多くのフォロワーを獲得し、「いいね」の数も増えれば、ますます投稿したくなって、あなたの注意力は奪われつづけるかもしれない。

　インターネットの設計と私たちの集中のあいだには、また別の種類の相互関係もある。もともとインターネットはオープンで民主的なアーキテクチャーをめざして作られたものである。個人であれ企業であれ、誰もがコンテンツを提供し、その構造を変えていけるという事実は、新しいコンテンツの成長を促し、新しい何かを発見したいという人間の生来の好奇心と結びついている。FOMO（取り残される恐怖《フィアー・オブ・ミッシング・アウト》）を経験する人も多い。私たちは他者の投稿に情報やリンクを追加することで、より多くの人の関心を集めようとする。博物館の展示物が増えれば増えるほど、何度も訪れたくなるようなものだ。さらにノードとリンクの構造自体が、私たちを簡単に意味記憶のネットワークに引きこんでさまよわせる。

　ソフトウェア開発者は私たちがある特定の行動をとるように巧妙にインターフェースを設計しながら、あたかも自らの意志でその行動を選択したかのように思わせる。たとえば、Netflixのあるエピソードを見たあとに自動的に次のエピソードへと画面が変われば、私たちは自分の意志で視聴しつづけていると思うかもしれない。だが、実際は、秒数をカウントダウンする次のエピソードの予告画面につられて視聴を続けているだけだ。同様に、Twitterでも共感する投稿に出会うと自然に共有ボタンを押すが、開発者はそうした行動を誘導するために、設計を改良しつづけている。

　同様の相互関係はより広いメディア環境でも見られる。映画、テレビ、YouTube、ミュージックビデオのすばやい画面の切り替えやジャンプカットはプロットを進め、視聴者の集中を操作しようとする。集中力のない人たちを引きつけておくために画面をすばやく切り替え、最短時間でできるだけ多くのコンテンツを詰めこんで儲けようとしている監督や編集者もいるかもしれない。あるいは、彼ら自身の短い集中力がその選択を促しているのかもしれない。私たちの注意力は、熾烈な競争が繰り広げられる不動産市場のように狙われている。

私たちの集中行動は、状況や文脈にも大きく左右される。会議で埋め尽くされた1日の終わりに疲れ果て、精神的リソースが尽きてしまったと感じている人は、ターゲティング広告をクリックしたり、TikTokを見て笑いの報酬を得たりしたいという衝動に駆られやすいだろう。またそうした人々は、私たちの研究も示すように、簡単に達成感が得られる単純な活動を好みやすい（Instagramや〈キャンディクラッシュ〉など）。夜遅く宿題をしなければならない睡眠不足の若者も、友達のInstagramの投稿通知に、思わず反応せずにはいられないだろう。

「主体性」の力で前進する

では、私たちは自由な選択をすることが難しいデジタル世界を作ってしまったのだろうか。デジタル世界での私たちの行動は、文化や現在の習慣、歴史によって形作られる。こうした要素を排除することは不可能だ。そこで使われる記号やシンボルは、たとえば、パソコンのインターフェース上にあるファイル、フォルダ、ゴミ箱のアイコン、InstagramやFacebookの「友達」や「ネットワーク」の用語のように、その起源を西洋の現実世界に遡ることができる。これらのシンボルはデジタル世界で私たちの行動を方向づけるものであると同時に、現実世界にも結びついている。だが、集中力が短くなっていることを、こうしたアルゴリズムや通知だけのせいにすることはできない。デバイスを使うときの集中行動は、テクノロジーを超えたもっと広い文化に包含されている。私たちが暮らす現実世界が、デジタルの行動にも影響を与えていることを忘れてはならない。

デジタル世界での自由意志の追求という目標を、主体性の追求ととらえなおしてみよう。主体性を育むことは可能だと考えるならば——私はそう信じているのだが——こうしたさまざまな要因が私たちの集中を複雑な方法で誘導し、束縛していることを理解しておく必要がある。自分たちの行動の背景を正しく認識し、自省すれば、デジタル世界にふさわしい集中力を身につけられるだろう。

デジタル世界で集中をうまくコントロールし、デバイスを使うときにも高いレベルの目標を守ることができると信じている人もいるかもしれない。だが、私の研究が示す結果はそうではない。ほとんどの人は、集中に影響を及ぼす個人や環境、技術の力を受けやすく、そのことに気づいていない人もいる。

しかし、バンデューラの主体性の考え方が、進むべき道を示してくれる。私たちは、集中に影響を与える環境や状況を認識し、自分の欲望のコントロールはできないまでも、行動をコントロールすることはできる。デジタル世界での新しい働き方を構築する上でも、こうした理解が役立つだろう。主体性を身につければ、高いレベルの集中力でタスクを完了させ、戦略的に集中状態をコントロールし、バランスを取りながら「動的集中」を有効活用することができる。次章では、その主体性と集中のコントロールを達成するためにできることを、具体的に見ていこう。

第13章

「主体性」の力で生活リズムを整える

本書の冒頭でも述べたように、私たちはいま、パーソナルテクノロジーとの関係を再考すべきときを迎えている。デジタルデバイスを使って生産性を最大化するというこれまでの目標を、生産性を最大化しながら健康的な心のバランスを保つという目標に切り替えていかなければならない。

もちろん、デバイスの使用以外にも心理的バランスを崩すものは数限りなくある。だが現実問題として、私たちは起きている時間のかなりの割合を、コンピュータやタブレット、スマートフォンなどに費やしている。この章では、ストレスに押しつぶされることなく、いかにポジティブで活力に満ちた気分でいられるかという問題に焦点を当てる。つまり、デバイスを使いながら心理的バランスをどう取るかということだ。

心理的バランスとは何を意味するだろうか。体内の特定のプロセスを調節する自律神経系は、副交感神経系と交感神経系の２つの部分で構成される。副交感神経系は体がリラックスしているときの「休息と消化」の機能を司り、心拍数を下げ、消化をコントロールする。一方、交感神経は「闘争・逃走」反応にかかわり、ストレスの多い状況で心拍数を上げ、筋肉への血流を増やす。

集中の頻繁な切り替え、中断、長すぎる集中を伴うマルチタスクはストレスにつながり、それが長時間続くと交感神経系が優位になることは、私の研究でもわかっている。交感神経系が副交感神経系より優位になると、体はつねに闘争か逃走かの状態になって、高血圧などのさまざまな病弊を引き起こすのだ。[1] 人はつねにストレスを経験していると心のバランスが崩れる。だが、心理的なバランスを保つためにできることもある。このバランスは「心理的ホメオスタシス（生体恒常性）」と呼ばれる。[2]

自律神経系のバランスが保たれているときにはパフォーマンスも上がる。心理的ホメオスタシスに伴う気分は、満足、幸福感、覚醒[3]（エネルギーを感じるなど）が入り混じったポジティブなものだ。ポジティブな気分でいれば、達成できることも増える。ポジティブな感情は創造力の源となることが証明されており、[4] 第10章の「拡張形成理論」でも述べたように、私たちの思考と行動の可能性を広げ、広範な問題解決策を生み出してくれる。[5]

第3章で示したように、集中は「している」か「していない」かのいずれかのみではなく、1日のうちに集中のタイプが変わり、それぞれに異なる目的がある。没入によって仕事に深く携わることもできれば、「単純な活動」によって一時的に仕事を離れてリフレッシュすることもできる。退屈も多すぎるとネガティブな感情が湧くが、適量であれば、やはり認知負荷を和らげることに役立つ。

私たちは自然なリズムに従って生活している。24時間のリズムで寝起きし、昼夜のリズムに従って日常業務を調整し、スピーチをするときにもリズムを活用する。[6]同様に、私たちの集中にもリズムがある。深く没入するための認知リソースが充分に蓄えられているときもあれば、そうでないときもある。自分の体内の計測ゲージをイメージし、リソースのタンクがいっぱいで、クリエイティブで難しい仕事に取り組む準備ができているか、それとも、休憩してタンクを満たす必要があるのかをつねに意識しよう。さまざまなタイプの集中を意図的に使い分ければ、心理的バランスを保ちながら目標を達成することができる。

「主体性」で集中力をコントロールする

心理的バランスを保つには、自分の集中力をコントロールするための主体性を身につけ、それを使いつづける必要がある。前章では、バンデューラの主体性の概念に「意図性」「事前の考慮」「自制」「内省と修正行動」という4つの特徴があると述べた。[7]これらの特徴は、デジタル世界で集中力をコントロールする際にも活用できる。

ここで言う「集中力のコントロール」とは、集中力の使い方に関する意識を高めることである。たとえば、私はFacebookを長年利用してきたが、ソーシャルメディアから本当に得るものはあるのかと疑問を持つようになった。対面のやりとりや電話のほうがはるかに価値があり、信頼関係を築けることに気づいたのだ。パンデミックの期間中、私は友人や、ふだん職場や会議で顔を合わせる同僚たちと定期的にオンラインで話した。また、ソーシャルメディアを使ってリアルタイムの会話をしたことで、友人たちとの絆も強まった。友情を育むためのソーシャルメディアの戦略的な使い方については、あとで詳しく述べる。

デジタル行動のメタ認識

自分の集中力をコントロールできるようになるために、まず、バンデューラの主体性の第1の特徴である「意図性」を学ぶことから始めよう。行動のメタ認識のしかたを学ぶことで、集中と行動を意識のレベルに引き上げ、より意図的に選択する強力なテクニックを習得できる。メタ認識とは、自分が経験していることをリアルタイムで知ることだ。たとえば、仕事中に画面を切り替えてニューヨーク・タイムズの記事を読むという選択を意識する、というように、自分の体験をオンタイムで知ることである。逆に、TikTokを見ているうちに時間がたつのを忘れたり、インターネットから抜け出せなくなったりするのは、自分の行動をメタ認識できていない証拠だ。

メタ認識は、自分の行動やその動機をより深く検討するための分析的な考え方だ。自分の行動を客観的に観察し、それによって、習慣化された行動を、意識的なレベルに引き上げるのだ。私がこれを思いついたのは、パンデミックが始まったころに、大学でマインドフルネスの講座を受講したことがきっかけだ。マインドフルネスは、呼吸や音のような外部の刺激、身体感覚など、現在の自分の経験に集中することを教えてくれる。それによって、いまこの瞬間をより強く意識できるようになるのだ。

同様のプロセスを応用すれば、自分のデバイス使用時の行動についても、もっと意識的になれる。私は研究者として、人間行動を観察する訓練を積んできたが、あるときからその手法を自分の行動にも適用できるのではないかと考えるようになり、実際に試してみたところ、自分のオンラインでの行動をより深く理解し、以前より意識的に行動できるようになった。自分を客観的にとらえることは誰にでもできる。それは磨くことのできるスキルなのだ。

もちろん、マインドフルネスの講座をとらなくても、デバイス使用時の行動のメタ認識は習得できる。正しく自問自答することを学べば、集中をコントロールできる。マインドフルネスは実行すればするほど向上する技術だ。

第2章で紹介したフレーミングエラーを思い出してほしい。人は自分が選択するものの価値や、何かをする際に必要な時間を見誤ることがある。しかし、自分の行動にもっと意識的になれば、このようなフレーミングエラーも避けられる。たとえば、ソーシャルメディアを見る前に、「このサイトを見ることで何が得られるか」と自問する。すでにクリックしてしまったあとなら、「私はここでどれだけの時間を費やしたか？　これを見つづけることで何か得られるものはあるか？」と自分に問いかけてみよう。メタ認識を用いると、自分の集中を受動的なものから能動的なものに切り替えることができる。私はこのような自問自答を意識的におこなうことで、漫然とネットニュースやソーシャルメディアを眺める習慣から脱することができた。

こうした分析的な考え方はいつでも活用できるものだが、とくに次の3つの場面で有効だ。(1)自分の認知リソースのレベルを知りたいとき、(2)自分の仕事とあまり関係のないソーシャルメディア、ニュース、ショッピングサイトを見たくなったとき、(3)単純な活動をしていて、それがまだ有益かどうかを判断したいとき、である。

集中リソースが減っていないか、あるいは休息が必要かを知るために、メタ認識を活用しよう。私は以前、十分な休息もとらずに1日中働きつづけ、疲れきってしまうことがよくあった。しかしいまでは「自分はどう感じているか?」「働きつづけようか、それとも疲れているからやめようか」「エネルギーを補給する必要があるか?」と自問自答することで、自分の認知リソースのレベルをより深く意識し、消耗しきってしまう前に休息をとれるようになった。

もちろん、認知リソースが減ると、ついソーシャルメディアを見たり、単純なゲームで遊んだりすることもあるだろう。それはそれでかまわない。頭を使わない慣れた活動は、短い休息にはぴったりだ(何より効果的なのは、席を立って動きまわることだ)。しかし、ソーシャルメディアや単純なゲームをしているときでも、それを切り上げるタイミングを意識できるようになる。たとえば、こう自分に問いかけてみよう。「エネルギーは補充されたか、それとも、嫌な仕事を避けようとしているだけ?」「そうだとしたらその原因は何か。誰かに助けてもらえそうなことはないか」「ソーシャルメディアを見てしまうのは、仕事がつまらないから?」。こうして自分の行動を分析することで、私たちは集中の罠から抜け出しやすくなる。自問自答を続けることで、自分自身を観察するプロになれるのだ。

この本を書いている最中にも、ある有名な裁判の判決に関するニュース速報が飛びこんできた。私は思わず画面を切り替えてニュースを読みたい衝動に駆られたが、手を止めて、「これは本当に価値ある情報か？　いまそれを読む必要があるか？」と自問し、仕事が一段落するまで待つことにした。すると、仕事が終わるころには、そのニュースへの興味も冷めていた。

たとえばニュース記事を読んでいるときは、次のように自問してみるといいだろう。「話の概略はつかめたか？」「まだ何か興味深いことがあるか？」「読みつづけても新たに得られる情報は減る一方？」。その答えがイエスなら、読むのをやめよう。これで深刻なサンクコストの罠にはまりこむことは避けられるはずだ。

メタ認識を習得することは、筋肉を鍛えるようなものだ。最初は立ち止まって自問することを忘れても、練習を重ねるほど自然にできるようになる。たとえば、自分への簡単な質問を書き出して、付箋に書いて見えるところに貼っておくことから始めてもいい。行動のメタ認識がうまくなれば、それだけ意識的な行動がとれるようになる。実践を重ねるうちに、自分の行動に対する分析的な考え方が身につくはずだ。

デジタルツールに触れる前に

バンデューラが示した2つ目の特徴「事前の考慮」も、集中力を高めるための主体性を習得する上で役立つ。「事前の考慮」とは、自分の現在の行動が、将来どのような影響を与えるかを想像してみることだ。このプロセスも、自らの行動をもっと意識的なものにする。ソーシャルメディアを見たりオンラインゲームをしたりする前に、一度立ち止まってその日の終わりの様子を想像してみよう。自分の行動習慣をよく理解していれば、ソーシャルメディアやニュースサイトの視聴に自分がどの程度の時間を費やすか、見当がつくだろう。

ソーシャルメディアに没頭しやすいという自覚がある人は、SNSを20分（または2時間）見ることが数時間後の自分の仕事（や私生活）に与える影響を思い描いてみよう。たとえば、あなたがパワーポイントでプレゼン資料を作り、メモを書き出し、メールを処理し、Slackでチャットし、さらには新しいアパートも探すという複数の仕事をこなさなければならないとしよう。ソーシャルメディアは見たいが、一度見はじめたら軽く1時間は離れられなくなることはわかっている。だから、そうならないように、SNSに1時間費やすとどうなるか、想像するのだ。その日の終わりに、あなたの手元には、完成したプレゼン資料があるだろうか。それとも、無駄にした時間を取り戻すために残業しているだろうか。

あなたが学生であれば、この「事前の考慮」はとりわけ重要だ。大学生を対象とした私たちのある研究では、ソーシャルメディアが学生から膨大な時間を奪っていることがわかった。深夜2時の自分の様子を思い描いてみてほしい。ぐっすりと眠っているだろうか、それともソーシャルメディアに夢中になってしまったせいでまだ宿題をしているだろうか。後悔している姿が目に浮かぶ？いまこの瞬間の先まで思考を広げ、自分の行動が1日の終わりに何をもたらすかをよく考えよう。

目標を持つことは重要だが、その目標に到達するまでの具体的なイメージを視覚化できなければ、抽象的で心に残りにくいかもしれない。自分がどんな感情を抱くかといったことでもいい。視覚的なイメージが詳細であればあるほど、必要なときに軌道修正しやすくなる。ソーシャルメディアの視聴に時間を費やした影響を、短期的または長期的に思い描くことが、集中先を切り替えようとするときの適度な抵抗になる。将来を視覚化することで、自分の現在の行動がどのような結果をもたらすかを意識できるようになる。その際は、将来の明確なイメージ（宿題を終えている、リラックスする時間がある、Netflixのドラマの次のエピソードを見ている、寝る前に本を読んでいるなど）が目標を見失わないための動機づけになるだろう。

たとえば私は、〈パングラム〉というアナグラムゲームが大好きだ。このゲームでは、プレイヤーは上のレベルをめざして努力することで、心理的緊張が生まれる。私も上のレベルに達するまでその緊張を解くことができない（クルト・レヴィンの緊張緩和）。自分の性格特性から、一度始めればクリアするまでやめられないこともわかっている。ゼイガルニクの「未完のタスクの効果」のせいで、最高レベルに達するまでこのゲームのことが頭から離れなくなるからだ。ある問題をクリアして、さらに単語が見つかることを期待して没頭してしまうこともある。

よく考えた末に、私はゲームを始める前に「事前の考慮」をすることにした。最高レベルに到達するには30分から数時間程度かかることがわかっているので、ゲームをすれば、その日のうちに終えるべき仕事にどの程度の支障が出るかを考えるのだ。状況が許すなら、通勤時間などに思いきりゲームを楽しめばいい。しかし、ゲームを始める前にこの事前の考慮をすれば、そもそもゲームを始めなくてすむ。またもっと時間があるときにゲームをすれば、仕事を終わらせなければならないという緊張がなくなるので、より多くの報酬が得られることもわかっている。このため、仕事に支障がないことがイメージできなければ、私はゲームに手をつけないことにしている。

以前、このアナグラムゲームに熱中していたときは、ほかの仕事をしていても頭のなかに文字がちらついていて、新しい単語のことをつねに考えていた。取り憑かれるとはまさにこのことで、ゲームから離れていてもその残余が次のタスクに干渉するのだ。しかし、メタ認識を習得し、ゲームの注意残余がほかの仕事に干渉していることに気づくことができた。将来の結果と、ゲームを再開できる機会を視覚的にイメージすることで、自分の行動を制御できるようになったのだ。

デジタルな行動を自制する

特定のサイトへのアクセスをブロックして注意散漫を防ぐブロッキングソフトは、バンデューラの主体性の3番目の特徴である「自制」を後押しする有効な手段に思えるかもしれない。しかし、こうしたツールは短期的効果が期待できるものの、絶対的な解決策ではない。私たちの研究でも、自制の弱い人には一定の短期的効果が見られたが、これは長期的な自制のスキルを育むものではなく、ソフトウェアに仕事を丸投げしているだけである。こうしたツールを使っても主体性に関する重要なスキルを身につけられないのは、補助輪をつけたままでは自転車に乗れるようにならないのと同じだ。ブロッキングソフトを使っているとき、自分の行動をコントロールするための主体性は働いていない。ソフトウェアに頼っているかぎり、自制に必要な行動を促す内部モデルを発達させることはできない。

誰もが生まれつき強い自制力を持っているわけではない。だが、自制は鍛えることのできるスキルだ。マシュマロテストで最初のマシュマロを食べてしまった4歳の子が、その後の人生でも集中をコントロールできないとはかぎらない。おそらく、他人より少し意識的に努力する必要があるだけだ。認知リソースが減ると、自制が難しくなるということを忘れないでほしい。疲れすぎてはいけない。自分の認知リソースの計測ゲージに注意を払い、疲れを感じはじめたら、休息をとるようにしよう。

仕組みを変える

私たちはさまざまな仕組みを作っている。1日のスケジュールを立てることもその1つだ。しかし、デジタル世界にはあなたの集中を制限し、誘導するための別種の構造があることをご存じだろうか。ファイルやアプリ、ブラウザのタブなどの視覚的なインターフェースも私たちの集中状態に影響する。集中力をコントロールするには、まずインターフェース環境を整え、自動的な反応を促す刺激を減らすべきだ。

注意散漫につながる視覚的要素をインターフェースから取り除くことで生じる効果は、すでにご存じかもしれない。たとえば、自動的な反応を促す通知機能をオフにしてもいい。仕事とは関係ないことや、つい手を出してしまうものにアクセスしにくくする方法もある。あるゲームをしたくなるとわかっているなら、そのアプリをフォルダに入れて目につかないようにする。そうすれば、わざわざ探さなければならないという手間が生じるので、その間に立ち止まって、いまそれをする価値があるかと自問できる。その価値がないと思うなら削除し、ストレスが解消できて自制しながら楽しめると思うなら残しておけばいい。こうしてコンピュータとスマートフォンの環境を整えるのだ。

あるいは、自制を助ける環境作りをしてもいいだろう。衝動的に思わずスマートフォンに手が伸びてしまうような人は、摩擦となる物理的障壁を設け、スマートフォン自体に触れにくくすればいい。

たとえば、出勤時にスマートフォンを別の部屋に置く、引き出しにしまう、あるいはそこに鍵をかける。このような摩擦を組み入れて注意散漫の原因となる刺激を遠ざければ、簡単にアプリを開けるという期待が修正されて、内外から邪魔される可能性が減る。手元に雑誌があれば読みたくなるかもしれないが、別の部屋にあるならそもそも読もうと思わないだろう。つまり、コンピュータやスマートフォン、あるいはそれ以外の物理的環境においても、気が散る原因になりそうなものを見えない場所に置いて、意識から締め出すのだ。

「釣り針」を設ける

集中力をコントロールするために、ソーシャルメディアの利用やネットサーフィン、ニュースの閲覧を完全にやめる必要はない。それでは本末転倒だ。他人とつながり、必要な情報を得るという社会的利益を享受しながら集中をコントロールするには、デジタル世界に「釣り針」を設定する方法を学ぶといい。

釣り針は、私たちが集中の罠にはまるのを防いでくれる。ソーシャルメディアにアクセスしたりニュースを読んだりする前に、あらかじめあなたをそこから引き上げるものを用意しておくのだ。

たとえば、ソーシャルメディアを見ていい時間を、電話会合の10分前に設定する。そうすれば、電話が釣り針になって、ソーシャルメディアの閲覧をやめざるをえない（ゲームに夢中になりすぎて約束を忘れてしまわないように注意しよう）。

もう1つの例は、通勤時間を大好きなゲームの時間に充てることだ。そうすれば、到着駅が釣り針の役割を果たしてくれるだろう（これも降り過ごしに気をつけること）。ソーシャルメディアを利用できる場所を決めておくのもいいだろう。たとえば病院の待合室での待ち時間だけ見てよいことにすれば、自分の名前を呼ばれることが釣り針になる。

自分の行動を制御するために、こうした外的要因に頼るのは主体的ではないと思う方もいるかもしれない。だがそれは違う。なぜなら、こうした戦略は、事前に必要な逃げ道を考えておくことにほかならないからだ。

画面を切り替えない

目の前においしそうなチョコレートケーキがあれば、食べずにいることのほうが難しいだろう。同様に、自分の衝動に従って見たいサイトをクリックすれば、もとのタスクに戻るのはさらに難しくなる。仕事中にYouTubeの画面に切り替えるのは、目の前に自分の食べたいものを置いておくようなものである。しかし、最初からYouTubeの画面を見なければ、抜け出せなくなることもない。

思い出してほしい。私たちは自分の欲望を自由意志でコントロールすることはできないかもしれないが、主体的に行動することはできる。ソーシャルメディアを見たくなったら、画面を切り替えないという行動をとるだけでいい。目に見えないものの誘惑の力はさほど大きくならないという単純な話だ。画面を切り替えず、深呼吸をして窓の外を少し眺めるか、短い散歩のあとで中断していた仕事を再開しよう。

内省と修正行動

最後に紹介するのは、バンデューラの主体性の4番目の特徴である「内省と修正行動」だ。集中状態をコントロールしてバランスのとれた状態を維持するために、行動を変えるさまざまな方法を見ていこう。ソーシャルメディアを使うときのマインドセットを変え、自分の認知リソースと感情を充分に考慮しながら1日のスケジュールを立てれば、目標を具体的に意識しつづけることができる。

友人関係を活用する

次々と投稿される知り合いのFacebookを無心にスクロールして見てしまうのはマルチタスクに

似ている。ある人から別の人、あるトピックから別のトピックへと切り替えていると、興味深い投稿に出会うかもしれないが、そのほとんどは記憶に残らない。TikTokやInstagramでおもしろい話や動画を見つけて、笑いや怒り、悲しみなどの感情を経験することもあるだろうが、そのヒットに出会うために長い時間を要し、時間と集中とエネルギーを無駄使いすることになる。

すでに述べたように、Facebookなどのソーシャルメディアは深い人間関係を築くためではなく、既存の関係を維持するために設計されている。しかし、友人のネットワークが何百人何千人もの規模になると、人間関係を維持するということがそもそも不可能になる。安定した関係を築ける相手は150人まで（深い関係を築けるのはわずか5人程度）というダンバー数を思い出してほしい。本当によい関係を築きたければ、ソーシャルメディアの外でやるべきだ。

一方、ソーシャルネットワークから得られる別の報酬もある。「橋渡し型の社会関係資本」によってさまざまな集団からのインプットがあるため、たとえば部屋探しなどには有効で、そこでしか得られない情報が入手できることもあるだろう。また、社会関係資本のもう1つのタイプである「結束型の社会関係資本」からは、親しい人たちの感情的・物理的支援も得られる（逆にあなたのほうから支援することもあるだろう）。しかし、ソーシャルメディアで知人の投稿をスクロールしているときには、こうした報酬について無自覚である可能性が高い。

オンラインネットワークから得られる報酬をうまく活用すれば、私たちの限りある時間と集中をもっと有効に使うことができる。私自身は結束型の社会関係資本について考え、ある特定の人（長く連絡をとっていなかった古い友人など）ともっと有意義なやりとりができないかと考えるのが好きだ。

休憩時間の手軽な楽しみを求めているなら、ソーシャルメディアで昔の友人とつながり、電話やビデオ通話をしたり、実際に会う約束をしてみるのもいいだろう。行動の価値を見誤る第1のフレーミングエラーを思い出してほしい。無意識の習慣で画面をスクロールしつづけていると、ソーシャルメディアに私たちの大切な時間を奪われてしまう。

ネットワーク上の何百何千もの人々の投稿を漫然とスクロールするより、自分の経験を意味あるものにすることを考えよう。あなたがやりとりして楽しい気分になれる人を選び、限りある時間と意識をその人に集中させるのだ。その人との交流を具体的にイメージしてみることで、やる気も湧いてくるだろう。そして、その人を大切に思っていることが伝わるようなポジティブなメッセージを送ろう。

その際は、電話で実際に会う約束をしてもいいが、メールやチャットなどのオンラインネットワークを利用するほうがはるかに簡単だ。その手軽さこそ、ウェブ上のつながりの大きな利点である。ただし、メッセージを送ったあとは、ソーシャルメディアから離れて仕事に戻ること。

バランスのとれた1日を計画する

1日のスケジュールを立てる昔ながらのよくある方法は、やるべき仕事を書き出すことだ。カレンダーに会合や仕事の締め切りを書いたり、やることリストを作ったりする。それぞれの仕事について、開始時間と終了時間を細かく設定してもいい。こうしたやり方では、自ずとスケジュールどおりに仕事を片づけていこうとするだろう。生産性を最大化するために、限られた時間内にできるだけ多くの仕事を詰めこまなければならないので、その副作用として当然ストレスも増す。

私は長年、大学のプロジェクトマネジメントの授業で、目標を立ててそれを達成する効果的な方法を教えてきた。プロジェクトマネジメントの常識として、たいていの仕事はどこかで予想外の遅延が生じることがある。また、仕事のスケジュールには人間の健康や幸福なども考慮されていない。私たちは、現代のデジタル世界にふさわしい1日のスケジュールの立て方を学び直す必要がある。それは自分を疲弊させず、幸福度を高める戦略を考え、自分の集中のリズムや認知リソースは有限であるという事実を理解することでもある。以下では、よりよい心理的バランスを実現するためのいくつかの戦略を紹介しよう。

自分のリズムを知り、認知リソースを最適化する

この本では一貫して、認知リソースを消耗させる活動もあれば、補充する活動もあるという認知リソース理論を、日常生活に応用してきた。認知リソースは有限であることをよく理解した上で、1日を設計しよう。リソースを補充する時間を充分にとれば、ストレスや注意散漫が減って、よりクリエイティブになれる[8]。

現実世界では、家族や友人と過ごしたり、イベントを手配したり、自然散策をするなどのさまざまな活動が、私たちの身体的エネルギーに影響を与えることがわかっている。では、デジタル世界で精神を消耗させるものは何か。認知リソースを補充するために何をすればいいのか。リラックス

するにはどんな単純な活動が有効か。1日の終わりに活力に満ち、ポジティブな気分でいたいなら、夕方にリソースを使い果たしてしまうような事態は避けなければならない。翌日にストレスが持ち越されてしまうと、私生活にも影響が生じるからだ。

自分の行動が貴重な認知リソースにどのような影響をもたらすかを考えて1日の計画を立てよう。まず、自分の仕事を全体的にとらえることから始めよう。複数の案件をパズルのように組み合わせ、難しい案件が続いて集中力に負荷をかけないようにする。集中状態が長く続くと消耗してしまうことも忘れてはいけない（一般的な知識労働でフロー状態になれることはほとんどない）。

1日をどのような仕事で始めたいだろうか。多くの人は、難しい仕事に取りかかる前にウォーミングアップとしていつもの慣れた仕事から始めようとする。たとえば、会議について考えてみよう。その日の会議はあなたの認知リソースにどんな影響を与えるだろうか。できることなら、複数の会議を連続して入れることは避けたい。それは間違いなくあなたを消耗させるからだ。オンライン会議の問題点は、次々とスケジュールを詰めこんでしまい、その間にリセットするチャンスが少ないことだ。

重要な長い会議の前には、簡単でポジティブな報酬が得られることをして、会議後も、リソースを補充できることをしよう。友人とのやりとりや、単純な活動をするのもいいが、いちばんのお薦めはやはり散歩だ。午前11時に疲れ果ててしまわないように、あなたの貴重な精神的エネルギーをさまざまな活動に適切に配分しなければならない。

自分の集中のリズムに合わせて1日のスケジュールを立ててみよう。自分の集中のピーク時間を知り、集中を必要とする仕事に、その時間を充てる。ピーク時間は各人のクロノタイプ（自然な24時間のリズム）で決まるので、まず、自分のクロノタイプを知ることだ[*]。第3章で紹介した実験でも、ほとんどの人は午前11時ごろと午後3時ごろに集中のピークがあることがわかった。朝型のピークは午前11時より早く、夜型は昼過ぎになっても本調子ではないかもしれない。最も努力と創造性を必要とする仕事を自分のピーク時間に持ってこよう。

そして、ピーク時間にはメールを開かないこと。貴重な認知リソースはもっと重要な仕事に使ったほうがいい。メールはストレスを伴うので、出勤時や退社前など、集中のピークではない時間帯に見るようにしよう。そもそもメールは時間の経過とともにすぐに内容が古くなるので、退社前にチェックすれば多くの問題はすでに解決しているかもしれない。時系列を遡ってメールをチェックしてみると、ほとんどの問題が解決ずみであることがわかるだろう。そして、就寝前には絶対にメールをチェックしないこと。さもなければ、ストレスをベッドに持ちこむことになる。

ちなみに私自身は平均的なクロノタイプで、極端な朝型でも夜型でもない。朝はまずニュースのヘッドラインに目を通し、それからメールの受信トレイを確認する。しかし、ここでメールを開いて読んではいけない。あとで読むために重要なメールだけを振り分けるのだ。メールを読めばそれが前述したゼイガルニクの未完のタスクになって、返信しなければとずっと考えてしまう。私の集中のピークは午前11時ごろなので、最もクリエイティブな仕事をそこに充てる。自分の集中力の計測ゲージがはっきりとイメージできていれば、たとえば税法を学ぶことに時間をかけすぎてしまう

＊クロノタイプについては以下のサイトを参照。https://chronotype-self-test.info/

と、認知リソースが減ってほかの重要な仕事にも影響が及ぶことがわかる。もちろん、難しい仕事に時間を割かなければならないときは、あなたが疲れていない時間帯を選ぶようにしよう。

自分のリソースが有限であることを理解していれば、長い記事を読みはじめてもサンクコストの罠にはまる前に切り上げることができる。記事を読み終える時間がないことを知っていれば、そもそも読もうとしなくなるだろう。集中先が移ろう「動的集中」に陥りやすいのは、たいてい1日の終わりである。リソースが枯渇し、注意散漫に対する抵抗力が落ちるからだ。

「ネガティブスペース」を設ける

1日のスケジュールにネガティブスペースを設けよう。アートの世界では、中心となるイメージの周辺のスペースのことを「ネガティブスペース」と呼ぶ。もちろん、これも作品の大切な一部だ。日本では「余白の美」などとも呼ばれるが、絵画や庭園のデザインで、対象物のまわりに美しくダイナミックなスペースを設ける。それは音楽のなかで意図的に設けられた静寂に近く、これも曲の重要な一部である。

1日のスケジュールを立てるときも、困難な仕事の前後に意識的にこのネガティブスペースを設け、休息を確保しよう。それによってあなたの集中力をリセットし、一気に集中を高めることができる。メタ認識を使って認知リソースが減っていないかを確かめ、もし少なくなっていたら、リソースを消費しないような（単純で頭を使わない）別の作業に切り替えたほうがいい。それがポジティブな感情や報酬をもたらしてくれる。バランスを調整し、ストレスをためすぎないようにしてくれるネガティブスペースは、仕事と同じくらい重要なものだ。

とはいえ、仕事の成果をあげるには一定の覚醒の時間が必要なので、勤務時間中に、長々と禅の境地にいるわけにもいかない。

覚醒と成果との関係については、「ヤーキーズ・ドットソンの法則」と呼ばれる優れた研究がある。[9]これは逆U字型のグラフで、横軸が覚醒の度合い、曲線の高さが成果（作業効率）を表している。その頂点が、適切な覚醒量によって成果（作業効率）がピークに達する場所だ。適度な緊張をもたらす覚醒は必要だが、覚醒が強すぎるとストレス過多になって成果が下がりはじめる。

ストレスのスイートスポットとも呼べる自分の覚醒の最適領域を見つけよう。難しい仕事とネガティブスペースを組み合わせ、散歩や単純な活動で適度な息抜きをして、そのスイートスポットにできるだけ長く留まれるようにしよう。実践を重ねるうちに、自分のリズムと集中リソースの減り具合がわかるようになるはずだ。

仕事の「感情価」を知る

デジタル世界の活動を、どれだけの注意力が必要かという視点だけでなく、「感情価」という視点でとらえなおしてみよう。つまり、その行動によってポジティブに感じるか、ネガティブに感じるかという感情の質を考えてみるのだ。私たちの研究では、やり慣れた単純な活動をしているときに、人は最も幸せを感じやすいことがわかっている。また、メールの処理はネガティブな感情を引き起こしやすい。ポジティブな感情で1日を終えられるように、仕事のスケジュールを組み立ててみよう。たとえば私はジョギングをするとエンドルフィンが分泌されて幸せな気分になれるので、ポジティブな気分になりたいときは走ることにしている。

残念ながら、私たちは1日中ポジティブな感情が得られる仕事だけをすることはできない。だが、気難しい人との会合も昼食前に持ってくれば、昼休憩で気分をリセットすることができるはずだ（ただし、画面を見ながらのデスクランチは禁物だ）。メールの送受信などのストレスの多い仕事も、チェック回数を1日に1、2回に制限すれば、管理しやすくなる。面倒な仕事は誰かと協力すれば多少負担が減るかもしれない。

ネガティブな感情を引き出しやすい仕事については、取りかかるタイミングを変えてみよう。1日の終わりや昼食前に持ってきたり、ポジティブな感情になれる仕事の合間に入れたりして、気分をリセットできるようにすればいい。1日のスケジュールを立てる際には、個々の仕事がどのような感情を引き起こすかをよく吟味しよう。

心のバランスを保つための目標を立てる

あなたの目標は、貴重な認知リソースをどう使い、どのように心のバランスを保つかを示した1日の青写真のようなものである。目標を立てて終わりではなく、その内容を実践しながら維持していくのだ。私たちの集中は目標指向であることを思い出そう。脇道にそれることなく集中しつづけるには、目標をつねに意識しておかなければならない。1日の予定を立てる際には、自分が何を達成したいのか、どう感じたいのか、目標を実現するために先回りして視覚化してみよう。その日の終わりに完成した報告書を送るとき、あなたはどんな気分だろうか。

感情面の目標も立ててみよう。タスク目標に感情的な目標を取り入れることの効果を示す興味深いアプローチもある。私たちがマイクロソフトリサーチでおこなった、仕事の離脱と再開に関するその研究では、34名の参加者に2週間、毎朝パソコンの電源を入れたときに画面に現れる簡単な質問に答えてもらった。参加者は、その前日の終業時に、翌日どんな仕事をしたいか、どのような気分になりたいかを尋ねられる。そしてたとえば、あるプロジェクトに参加して幸せな気分になりたいと答えた人は、翌朝「まだそのプロジェクトをしたいと思いますか？　その仕事を完了するためにとるべき最初のステップは？　まだ幸せな気分になりたいですか？　そのための最初のステップは？」と問われるのだ。

こうした質問がプライミング効果となって、参加者は自分の目標を意識的に考えるようになり、実験では、最初の1時間でいつもより生産性が上がったという好結果が得られた[10]。質問に答えることでその日の計画と目標が意識化され、主体的に業務に取り組めたのだ。このテクニックを使えば、目標を意識し、心にとどめておくことができる。実験では、目標を1日に何度か再確認する必要があることもわかった。

私が本書の執筆を最後まで続けられたのも、ここで紹介したさまざまな方法を使って、自分の行動に主体性を持たせることができたからだ。実際、メタ認識を使って、「執筆を中断してまでなぜニュースやメールをチェックしなければならないのか」などと自問しながら、自分の行動を何度も振り返った。また、「事前の考慮」によって、朝仕事を始めるときやその日の終わりに、書き終えた原稿をフォルダに保存したり送ったりする様子をイメージした。

そのときの幸せな気分を想像してモチベーションを高めることも、大きなインセンティブになった。より高い次元の目標を意識することで「集中の罠」にもはまらずにすむ。私は一度何かを始めると途中でやめるのが難しい性格なので、1日の終わりにこうありたいと望むイメージにつながらない活動には初めから手をつけないようにした。これらの実践によって、自分のデジタル行動を内省し、問題が生じても軌道修正することができた。

そして何より、自分のリズムを認識し、自分のものにすることを学んだ。自分の執筆のピークや疲れを感じやすいタイミングも理解している。私は早朝型ではないので、早起きしすぎてもうまくいかないが、自分のリズムに合った時間に単純な仕事から始めると、すぐにトップギアに入る。自分の認知リソースの容量をイメージし、減ってきたと感じれば意識的に別の活動に切り替える。疲れきってしまう前に、手を止めてリフレッシュするのだ。

1日のスケジュールには屋外での運動も組みこみ、屋内でも休憩をとって体を動かすようにする。ときどき簡単なクロスワードパズルで頭をすっきりさせると(マヤ・アンジェロウの「小さな心」)、執筆再開時に新鮮な目で原稿を見ることができた。

重要なのは、メタ認識を用いて、リソースが減ってきたと感じたら、それが枯渇する前に休憩をとったり単純な活動に切り替えたりすること、「事前の考慮」によって脇道にそれないようにすること、そして、ゲームのような楽しい単純な活動を始める前に、自分なりの「釣り針」を設けておくことだ。私は自分を注意散漫にする力について熟知しているし、自分の性格の強みと弱みもわかっている（間違いなく神経症傾向がある）。この知識を、デバイス使用時の戦略的な集中のコントロールに役立てたい。

私は本書を講義と事務作業から解放されるサバティカル（研究休暇）期間に執筆した。本の執筆以外にも複数の研究プロジェクトを運営し、会合やワークショップに参加し、研究論文を書き、学生の学士論文を指導し、博士論文審査に立ち会い、論文を査読し、推薦状を書くなど、さまざまな仕事をこなさなければならなかったが、それでも目標通りのスケジュールで書き上げることができた。その間は、単純な活動や楽しい活動を必ず組み入れて、注意深く1日のスケジュールを立て、夜や週末にはしっかり楽しむことを心がけた。

幸い、なんとかストレスのスイートスポットの近くにとどまることができたが、執筆作業がつねに順風満帆だったわけではない。ときに目標を意識できなくなったり、自分のリソースの計測ゲージに注意を払わずに休憩や気晴らしを忘れて疲れてしまうこともあった。そのたびに、もっと自分の行動とリソースレベルをしっかり認識し、問題に取り組む主体性を養い、そこで新たに学んだことを行動のレパートリーに加えるように努めた。

集中の神話を打ち破る

本書では、さまざまな研究結果を示しながら、デバイスの使用法に関する新たな議論を示してきた。最大の目標は、健康的な心理的バランスを実現し、自然な集中のリズムに従うことだ。だが、ちょっと待てよ、と思った方もいるかもしれない。私たちの最大の関心事は「生産性」じゃないの？　と。

だが、マラソンを1日中続けることができないように、心的負荷の高い没入状態を中断なしに長く続けることはできない。そのうち必ず成果が下がり、ストレスが増す。だからこそ、生産性を最大化するために無理に長い没入を維持するのではなく、自分に合ったリズムでさまざまなタイプの集中状態をうまく使い分けることを学んでほしい。難しい課題に取り組む時間と、楽に熱中できることをする時間をうまく組み合わせ、認知リソースを賢く使うことを意識して1日のスケジュールを立て、最大限の幸福を得るのだ。

頭を使わない単純な活動はすべきではないという一般常識は科学的に正しくない。単純な活動にも大切な役割があるからだ。たとえばガーデニングや編み物など、さほど難しくない活動に熱中しているとき、人は幸せを感じ、くつろぎ、認知リソースも回復している。同じように、デジタル世界にもリラックスして気分を切り替え、ほかの人とつながるような報酬が得られる活動がある。こうした単純な活動を、より大きな成果と感情的な目標を支える仕事の一部ととらえるようにしよう。

もちろん、最も効果的な休息は、デスクを離れて体を動かすことだ（ただし、そのときにスマートフォンをチェックしてはいけない）。短い休憩をとって単純な活動をすれば（かつメタ認識を活用して、あまり長く本来業務から離れないようにすれば）、貴重な認知リソースを補充することもできる。その結果、私たちはより深く集中し、効果的に自制し、生産性を高め、何よりポジティブな気分になれる。

休息をとる余裕を持とう。休むことに罪悪感を覚える必要はない。誰もが1日に2000ワードの文章を書くウィリアム・ジェイムズやスティーブン・キングのようになれるわけではない。私たちは生産性を最大化することがよいと考えてきたが、それは情報やコミュニケーションの量が増え、フォローしなければならない情報量が増えるということだ。こうした現代のデジタル環境下で、私たちは強風にあらがって船の進路を保つかのように、必死で自分たちの幸福を守ろうとしている。

いま私たちにできることは、主体性の力で集中力をコントロールし、自分の集中のリズムに合わせて働き、幸福と健康の実現に向けて努力することだ。偉大な芸術家や作家は自分のリズムを見つけることがいかに重要かを知っていた。1日のなかでいつ最高の成果が出て、いつ休憩し、いつネガティブスペースを設けるべきかを知っていたのだ。作家のアン・ビーティが自分の集中のリズムに従って夜の9時から書きはじめ、真夜中から午前3時のあいだに最高潮に達していたように[11]。

デジタル時代が始まって間もないいまのうちに、私たちは健康と幸福を最優先課題にする必要がある。人間の能力を拡張するために創られたはずのデジタル機器によって、私たちは集中をコントロールできなくなり、多くのストレスを抱えこんでいる。気が散り、仕事を中断し、マルチタスクになってしまう原因を、個人の意志の弱さだけに限定するのは正しくないが、すべてを強力なアルゴリズムのせいにしてしまうのも間違っている。日々の生活のなかで、私たちの集中行動は、環境、社会、個人、技術を包含した大きな世界の影響を受けている。たんに自制心が足りないという問題ではない。

それでも、私たちは主体性を発揮して計画し、行動を起こすことができる。集中のしかたを意識的に選ぶことで、「動的集中」をコントロールできるのだ。デジタル世界で集中力を効果的に使うということは、私たち自身と私たちのまわりの環境について理解を深めるということでもある。

第14章 デジタル時代の集中力を育む

パーソナルコンピューティング、インターネット、そしてスマートフォンは、私たち人間の能力を高めるために創られたものだ。しかし私の長年の研究では、生活を改善するはずのこれらのテクノロジーが、同時に、私たちを疲労困憊させていることがわかった。研究結果が示す事実は予想よりはるかに深刻なものだった。私たちは長時間コンピュータやスマートフォンを使い、すばやく集中を切り替え、外部の刺激や自分自身の行動によって頻繁に作業を中断する結果、仕事が分断され、多くのストレスにさらされている。

本書の冒頭でも述べたように、ストレスは21世紀のエピデミック（伝染病）と呼ばれ[1]、高血圧、睡眠障害、倦怠感などの多くの問題を引き起こす。もちろん、私たちの生活にはほかにもストレス要因がたくさんあるが、少なくともその原因になりうるパーソナルデバイスとの関係については、変えていくことができる。限られた集中リソースを賢く使うことで、心理的バランスを保ち、健康に、幸福に、また生産的にもなれるのだ。

デジタル技術が私たちの心や文化に浸透したいま、もはやそれなしで生きることは難しい。GPSなしで運転することはできないし、自分で暗算することはなくなり、グーグルは立派な話し相手になった。私たちは、コンピュータやスマートフォンを超えたもっと大きな、変化の激しいデジタル世界の一部であることを忘れてはならない。たとえば買い物をするときは音声アシスタントに頼り、家の暖房にも自動温度調節機能を使い、ロボットに掃除をさせている。こうしたデジタル世界の変化はあまりにも速く、その変化に気づかないことすらある。

同様に、私たちはパーソナルデバイスを使う際の集中力の低下にも慣れてしまった。年を追うごとに集中時間は短くなり、その傾向を助長する文化も生まれつつある。このような文化を作ってきたのは、IT企業、映画、テレビ、広告、ソーシャルメディアのプラットフォームや組織構造であり、私たち自身でもある。動画やソーシャルメディアのコンテンツ、ストーリーをシェアし、新しいプラットフォームを開発することによって、私たち全員が集中時間の短縮を促すデジタル文化を創ってきたのだ。

コンピュータやスマートフォンの普及によって、私自身の集中も、私の研究に参加してくれた人々と同じような影響を受けた。私は長年、人々のデジタル行動を研究するうちに、自分のマルチタスクとそれに伴うストレスを強く意識するようになった。自分の行動に目を向けることが増えると、心理的バランスをいかに軽視してきたかに気づかされ、やがて、集中が細切れになっている現状を観察するだけでなく、なぜそうなるのか、どう対処すればいいかを、知りたいと考えるようになった。そして私が長年の研究から得た結論は、私たちは注意散漫とストレス過多の道を、ひたすら進む必要はないということだ。

テクノロジーと健全な関係を築くには、個人、組織、社会という3つのレベルでの変化が必要だ。個人レベルでは、パーソナリティの傾向や、人と交流したいという本能的な衝動を変えることはできないが、デジタル世界での集中をコントロールする主体性を育むことができる。組織レベルでは、コミュニケーションのとり方や期待を変えることで、個人の努力を支援できる。そして社会レベルでは、政策やプログラムを制定し、新しい文化的慣習を発展させていくことができる。

テクノロジーは私たちの注意力を奪いつづけているが、それでも、私はテクノロジーが生み出すイノベーションに魅了されてきたし、幸福を損なうことなく、その効果的な使用法をマスターできると信じている。私たちは、自分を限界まで追いこまなければならないという古い考え方を捨て、テクノロジーの力を借りて、幸福になるために努力することができる。大海に呑みこまれるのではなく、波に乗る方法を学ぶのだ。

デジタルデトックスの先へ

では、注意散漫を防ぐには、よく言われているように、メールやチャット、ソーシャルメディアの利用を断つだけでいいのだろうか。たしかに一時的にはこうしたデジタルデトックスも有効だが、デバイスを永遠に利用しないわけにはいかないので、長期的な解決策にならない。あらゆる知識労働者、仕事でコンピュータやスマートフォンを使う人々、大学生や高校生、遠方に住む家族や友人と連絡をとり合う必要がある人たちにとって、ネットワークから長く離れることは現実的ではない。完全に離れてしまうと業務上必要な情報が得られなくなったり、友達と大切な会話ができなくなったりするからだ。さまざまな人間関係や情報が複雑にからみ合うデジタル世界に生きる私たちは、増えつづける情報のなかで生きている。デバイスは賢いが、私たちはそれをもっと賢く利用しなければならない。

個人レベルでは主体性を発揮すればよいが、集中のコントロールに関しては組織的な課題として扱う必要もある。メールやSlackなどの仕事上のツールの利用を制限するには、メール断ちの実験の例で見たように、[2]組織全体で取り組む必要がある。メールのまとめ読みは1つの解決策として広く推奨されているが、すでに述べたように、これはさほど確実な方法ではない。実験ではメールをまとめて読んでもストレスは減らず、生産性が上がったという申告も見られなかった。

しかしだからといって、この方法にメリットがないわけではない。メールの着信時間を制限すれば人々の意識は変えられる。たとえば午後1時までメールは来ないとわかっていれば、職場全体の意識も変わり、すぐに返信しなければというプレッシャー(と罪悪感)から解放されて、メールの数も減るだろう。また、個人のメールチェックの習慣も変わる可能性がある。私の研究では、被験者は1日に平均77回メールを確認していることがわかったが、その回数が1日1、2回に減れば、空いた時間をもっとほかのことに充てられる。人間の学習スピードは早いので、新規のメールが来ないとわかれば、つねに受信トレイをチェックすることはなくなり、それが新たな習慣になるはずだ。

メール断ちに関する研究で、わずか数日で参加者の習慣に変化が見られたように、職場のコミュニケーションに関しても、新たな社会的慣習や意識を作り出すことができる。

電子的なコミュニケーションをとらない時間を設けてもいいだろう。それによって、その時間にはメールが来ないという意識も生まれる。さらに効果的な方法は、通信会社が月々のデータ使用量を割り当てるように、組織が1週間や1日のメールの利用分数に上限を設けることだ。それ以上連絡をとりたければ、直接会って話すしかないが、実際にメール利用を禁止した実験では、参加者はその状況を楽しんでいた。

組織レベルでは、勤務時間外に届いたメールに返信しなくても、ペナルティを科さないという後方支援をすることができる。これを公式のルールにすれば、メンバーの考え方も変わり、崩れかけた仕事とプライベートの境界線も再構築できる。私たちは、勤務時間外にメールの処理をするとストレスが増す。要するに、勤務時間外のメールの送受信は怒りの感情を抱かせるのだ[3]。勤務時間外に仕事のメールの送受信をオフにしても罰せられないように、政府が介入している国もある。フォルクスワーゲンや保険会社アリアンツなどのドイツ企業では、社員は勤務時間外のメール、Slack、電話、オンライン会議などに応じる必要はない。

さらに国レベルでは、「つながらない権利」が法制化されつつある。先鞭をつけたのは2017年に可決されたフランスのエル・コムリ労働法だが[4]、イタリアやフィリピンでも同じような法律が導入されている。2021年には、アイルランドが「行動規範」を、カナダのオンタリオ州が「労働者のための就労法2021」を制定した。いずれも従業員は通常の勤務時間後に仕事関連の連絡に応じる必要がないことを法で定めたものだ。

こうした政策は成功しているだろうか。107名の労働者を対象にしたフランスの調査では、エル・コムリ法に対する評価は分かれた。発想自体は素晴らしいが、実際には会社の収益を悪化させるという理由で、採用を拒む企業もあった。[5] 企業利益より従業員の幸福を優先するには、政策を導入し、企業文化も変えていかなければならない。

これらの法律の特徴は、デジタルデバイスから離れること、言い換えれば、勤務時間外に仕事から離れても不利益を被らないことを基本的人権と位置づけていることだ。この「つながらない権利」は、世界人権宣言の第24条「すべての人は、労働時間の合理的な制限および定期的な有給休暇を含む休息および余暇を持つ権利を有する」にもとづいている。[6] 今後多くの国がこの権利を法制化するには、時差のある地域の人々とともに働く場合の取り決めなど、さまざまな課題を解決しなければならない。とはいえ、こうした課題に積極的に取り組んでいる国々もある。こうした政策の導入によってより多くの国が国民のストレスを減らし、認知リソースを補充する必要性を理解するようになるだろう。

新型コロナウイルスによるパンデミックの経験は、私たちの労働時間に対する考え方を大きく変えた。仕事中に子供の世話などが入り、労働時間は延び、私生活と仕事の境界があいまいになって、もはや通常の就業時間という考え方が意味をなさなくなった。多くの企業では現在もリモートワークやハイブリッドワークを継続し、とくに育児や介護に携わる多くの労働者が、労働時間を柔軟に変えられるメリットを享受している。

リモートワークでは、夜遅くまでメールに時間を費やして燃え尽きないために、つながらない権利がこれまで以上に重要になる。フレックスタイム制によって、全従業員の電子的なコミュニケーションを、1日数時間に短縮することも可能かもしれない。こうした組織的な取り組みは、段階を踏んで進めるのが最も効果的だ。時間の枠を徐々に狭めていけば、全従業員の対応や意識を確実に変えていくことができる。

特に、実行機能と社会的アイデンティティが発達段階にある若者は、テクノロジーの影響を受けやすい。このため、学校がメディアリテラシーの授業をおこない、もっと自分のデジタル行動に自覚的になるように導く必要がある。そうすれば、若者たちはデジタル時代に必要な「主体性」を育み、テクノロジーを有効に使えるようになるだろう。実際にメディアリテラシーの授業を取り入れた例もあり、カリフォルニア州が2018年に可決した「第830上院法案[7]」のように、メディアリテラシー教育に一定の予算を割いて各学区で利用できる教材を用意した学校制度もある。パーソナルテクノロジーとの健全な関係を育むには、若いうちから始めなければならない。

一方、社会レベルでは、法律と政策が、私たちのテクノロジー利用を改善するための基盤となる。個人が声をあげることで、必要な社会的変化が起きると楽観する向きもある。第7章で述べたように、2021年にFacebookの元社員フランシス・ホーゲンが内部文書を公開し、アメリカ上院委員会で同社の弊害について証言した。彼女の勇気は多くの人に一歩前に踏み出す力を与え、今後、ソーシャルメディア企業の不当な行動を規制する新たな動きにつながるかもしれない。

ほかにも注目すべき重要な活動がある。ハーバード大学ケネディスクール[8]と非営利団体の人道的技術センター《センター・フォー・ヒューマン・テクノロジー》[9]による「テクノロジーと社会変革プロジェクト」が、アメリカ政府に倫理的なソーシャルメディアの利用を支援するよう働きかけ、議会での証言も相次いでいる。アルゴリズムを用いたターゲット広告は一向に減らないが、私たちの行動がどのように操作されているかという問題に対する人々の意識は高まっている。私たちは、Facebookの８７００万ユーザーの個人情報を不正利用したケンブリッジ・アナリティカの凋落を目の当たりにしたが[10]、同社は個人情報の取り扱いに関する裁判費用が膨らみ、顧客の反発を買って破産している。この出来事は他の企業に対し、ユーザーのプライバシーに越えてはならない一線があることを示した。ヨーロッパではすでに、データのプライバシー保護は「ＥＵ一般データ保護規則」（ＧＤＰＲ）によって法制化されている。

テレビ、映画、広告宣伝などの広範なメディア環境の変化については、楽観的な見方もある。強力な利益動機によって、企業が多くのコンテンツを短い時間枠に詰めこもうとする傾向は当分変わりそうにないが、映像のショットがもっと短くなれば、最終的には理解不能なものになるかもしれない（カオス編集などはその限界に達している）。振り子が逆方向にふれるのは歴史の常だ。今後の成り行きを見守りたい。

ＡＩと私たちの集中

技術革新もそうした楽観論を後押しする。技術革新がいかに社会を変えるかを実証した歴史的出来事の１つに、ローマクラブが１９７２年に発表した「成長の限界」という研究報告書がある。[11]ローマクラブとは、地球規模の問題解決をめざす100人の思想的リーダーのネットワークだ。

この研究では、マサチューセッツ工科大学（MIT）の研究グループが、コンピュータシミュレーションによって世界の資源の枯渇を予測し、世界の1人当たりの食糧供給は2020年にピークに達し、その後、急降下すると予測した。しかし、2020年を過ぎたいまも、その予測は当たっていない。このモデルは、崩壊を阻止したり遅らせたりする介入や技術革新（たとえば新しい農業手法）が生じる可能性を想定していなかったのだ。もちろん、まださまざまな分野で大きな変化が求められており、気候変動や技術革新など、政策や慣行の改善を必要としている喫緊の社会課題は、ほかにもたくさんある。

私たちの集中時間が限界まで短くなるのは、もはや時間の問題だと感じている人もいるかもしれない。だが、新しい技術や行動のイノベーションが私たちの「主体性」の追求にプラスに働くか、マイナスに働くかを予見することはできない。たとえば将来的には、各人がアルゴリズムを所有するようになるかもしれない。誰もがAIに制御されたパーソナルデジタルアシスタント（携帯用個人情報端末）を所有・操作し、それに関連するデータも所有するようになれば、AIアシスタントとやりとりする情報はIT企業のものではないし、企業からはアクセスできず、アクセスさせるべきでもなくなる。

未来のこうしたパーソナライズ化されたデジタルアシスタントは、あなたの行動、文脈、性格特性、前夜の睡眠、気分などから、あなたの集中力に関する詳細な情報を正確に把握し、それをもとに、集中リソースを増やしたり減らしたりする原因を学習する。理想的な集中のリズムや、注意散漫の要因、仕事を中断するタイミングなども詳細に学び、あなたのことを知り尽くしたＡＩアシスタントは、休憩をとるべき時間をフィードバックしたり、ポジティブな気分になれる活動を教えてくれるようになるかもしれない。

このようなデジタルアシスタントの原型の１つが、２０１９年、マイクロソフトリサーチが24名の参加者を対象とした研究で導入された「アンバー」だ。休憩時間を知らせてくれるこのアシスタントは評判もよく、ソーシャルメディアを見る回数が減るなど、参加者の行動にポジティブな変化が見られた[12]。こうしたアシスタントは私たちの代わりに仕事をするわけではないが、私たちの行動をより深く理解するために詳細なデータを収集してくれる。アプリに費やした時間を知らせるような従来のソフトウェアよりはるかに有益なこれらのアシスタントの力を借りれば、あなたも自己効力感を高め、デジタル世界に必要な自制力を身につけることができるだろう。これらのツールは、パーソナルコーチのように行動のコントロールを助けてくれるのだ。

一方、進化とともに私たちの生活に浸透するＡＩは、別のかたちで私たちの集中に影響を与えるようになるだろう。ＡＩはルーティンワークをこなすのが得意なので、人間がやりたがらない退屈な作業を任せるには便利だが、あいまいで複雑な意志決定には不向きだ。このため、人間は、労働時間と集中のかなりの部分を複雑な仕事の処理に充てることになり、これが集中の新たな課題となるはずだ。

心理的バランスを高める技術設計

第6章で見たように、テクノロジーの設計は私たちの集中力に多大な影響をもたらす。ソーシャルメディア関連企業は、社会的な存在である人間の社会的報酬を求める性質を利用する。たとえば、ソーシャルメディアの「いいね」ボタンは私たちの社会的な価値を高め、終わりのない情報の流れは社会的な好奇心を満たす。より健康的なテクノロジー習慣と長い集中時間を得るためには、インターフェースの再構築などの個人の努力以外に、あえて摩擦を取り入れる方法もある。延々と続くスクロールは目標達成に必要な集中の妨げになるため[13]、それを断ち切り、フィードの再開にもうひと手間が必要な設定にすれば、私たちは無意識の行動にもっと自覚的になれるかもしれない。

より過激な方法は、たとえばソーシャルメディアを10分間見た人のアカウントをロックアウトし、再びサインインを求めるか、一定の分数だけ延長できるような設定にすることだ。それによって、ソーシャルメディアの利用対象が最も重要な人間関係に絞られるだろう。あるいは、3日ごとにパスワードの更新を求めるような設定にすれば、ある時点で嫌気が差して散歩に出かけるかもしれない。当然、こうしたアイデアは企業利益に反するので、実際にソーシャルメディアの機能に組みこまれる可能性は低いが、将来的に、ブラウザへのプラグインというかたちで実現するかもしれない。

より広範なレベルでは、社会心理学者と臨床心理学者によるソーシャルメディアの設計チームが早急に求められる。その目的は、ソーシャルメディアをさらに強力にすることではなく、その影響力を弱め、私たちの健康と幸福を最優先課題にすることだ。現在のソーシャルメディアの設計チームは、コンピュータサイエンティストやエンジニアなど、そのほとんどが技術系の人たちで構成されている。私も何度かこうした設計チームに参加したことがあるが、プロジェクトに参加する心理学者はたいてい私1人だった。設計仕様を決める際には、人間行動に与える影響の大きさを視野に入れる必要がある。ソーシャルメディアの設計チームにはむしろ、最も重要な利害関係者であるユーザーを含めるべきだ。

グーグルグラスの例を思い出そう。実生活であの眼鏡を使うとどうなるか、設計者は予見できなかった。ソーシャルメディアの設計で優先すべきことは、人々が実生活で得られる報酬を補うための健全な社会的報酬を提供することだ。よりよい心理的バランスを実現するために、ソーシャルメディアは私たちの自然な行動に寄り添ったものであることが望ましい。

現実世界に集中する

デジタル時代の問題は、あまりにも多くの時間と集中力をデバイスに費やすようになった結果、直接人と交流する際に機会費用が生じるようになったことだ。そのことを示すいくつかの研究結果がある。アメリカ全土の中高生を対象とした大規模なサンプル調査では、1976年から2017年のあいだに、若者たちの対面の交流が減少していることがわかった。[14] その間、ソーシャルメディアの利用は増えていたが、この研究では、デバイスの使用が対面の交流を減らしたという結論には至らなかった。

しかし、物理的にいっしょにいるときでさえ、私たちの注意は目の前の人物ではなく、スマートフォンに向けられることが多い。その場にいる人よりスマートフォンが優先されるのだ。メッセージのやりとりには時間差があり、ニュースも絶えず更新されるため、私たちは世の中の流れに取り残されたくないという思いから、ほかの誰かと向かい合っているときにも手元の端末につねに注意を払うことになる。

テクノロジーの力で未来を創造してきた私たちは、デジタル世界で自分の存在感を示すさまざまな方法を考案してきた。リモートワークで利用するZoomなどのビデオ通話もその1つだ。しかし、現実世界での存在感についても、私たちはもっと考えるべきだ。オンラインの交流もないよりはましだが、対面の交流で得られる創造性や満足感を与えてはくれない。また、ショートメッセージにも、対面のコミュニケーションで得られるような豊かな社会的な手がかり（声音、ジェスチャー、姿勢、顔の表情など）は存在しない。ウェブ会議のようなメディアがどんなに高度化しても、他者との深い交流を導く社会的な手がかりは得られないのだ。

会話とは1つのスキルであり、ダンスのようなものなので、物理的な世界で最大の効果を発揮する。会話の枠組みを作る文脈も大切だ。デジタル環境の手がかり（Zoomの背景など）は、オフィスや戸外の公園、あるいはダイニングルームで、あなたが対話相手と共有するような表情豊かな雰囲気を作り出すことはできない。

私たちが多くの時間を費やす画面から得られる刺激は、人間の精神が進化のなかで経験してきた現実世界の刺激の役目を果たすことはできない。バーチャルリアリティは現実世界を巧みに再現できるようになったが、私たちの集中と行動はまだ二次元の画面に制限されたままで、アバターを使っても、人々がどのように動くかという運動感覚を体験することはできない。また、画面の前で長時間過ごすことで、現実世界で自分の体の位置や向きを認識する固有受容感覚を使う機会が奪われていることにも注意が必要だ。もちろん、スマートフォンを見ながら世界を歩きまわっても、周囲の環境を知覚することはできない。

ウェブ上の単純な活動にも一定のメリットはあるが、画面から離れて現実世界を体感するような休息をもっと取り入れよう。できれば屋外で自然のなかを歩くことが望ましい。自然散策は創造性を高めることが実証されているからだ。スタンフォード大学の研究者が、40名の参加者に屋外を散歩させたところ、散歩や外出によって、物の利用法を考える際に（たとえばタイヤを植木鉢として使うなど）、より斬新なアイデアが生まれることがわかった[15]。この研究は、デバイスから離れ、物理的な世界で活動することの大切さを示すものだ。もちろん、その間はスマートフォンは置いていこう。

職場環境の未来と私たちの集中

自宅からリモートで働くにせよ、週3日のハイブリッドワークをするにせよ、新しい働き方を試すときには、それが私たちの集中に与える影響を理解しておく必要がある。たとえば在宅勤務をする場合は、家族や同居人、あるいは家そのものがおもな中断要因になる。ゼイガルニクの「未完のタスク」でも証明されたように、私たちはシンクに積まれたままの食器の山を見れば、どうしてもそれが気になってしまう（私の友人のMIT教授は、洗濯した靴下の左右を組み合わせる作業が好きだと教えてくれた。こうした靴下合わせや、カルマンのアイロンがけなどの単純な活動は、休息にも使える）。

職場では、誰かが電話で会話に夢中になっていたり、早く切り上げようとしたりする様子を、その気配から感じ取ることができる。私たちは相手のしぐさや言葉のイントネーションなどから相手に話しかけていいタイミングを判断している。しかし、在宅勤務では仕事と私生活の境界があいまいなため、夜9時に誰かに邪魔されるかもしれないし、朝7時に自分が誰かの邪魔をしてしまうかもしれない。リモートワークでは同僚や上司に話しかけていいタイミングがわからずに、誰もが厄介者になる可能性がある。

一方、コワーキングスペースなどのオープンオフィスでは、気軽なやりとりや協力が生まれるというメリットがある反面、集中が中断されやすいというデメリットもある。集中の中断に関する私たちの観察実験では、オープンスペースで働く人は、オフィスで働く人と比べて、内外から受ける中断がはるかに多く、[16] そうした中断はたいてい本来業務と無関係だった。それに対して、同じ職場で働く人たちは、周囲をよく観察し、相手に声をかけるタイミングを（たとえば相手がコンピュータから目を離した瞬間など）、瞬時に察知していた。

リモートワークやハイブリッドワークが増える未来の職場環境では、そうした働き方のメリットだけでなく、仕事の中断に関するルール作りや、孤独感の増大、[17] 特に注意散漫の増加などの新たな課題が生じることに注意しよう。

自分に合ったデジタル世界を創造する

未来を予測する際には、私たちはデジタル世界を創造している最中であることを憶えておこう。コンピューティングの歴史のなかで、私たちはまだ黎明期を迎えたばかりだ。本書冒頭で引用したエマーソンの言葉「われわれは文明の頂上近くにいると思っているが、まだ雄鶏が明けの明星の訪れを告げたばかりだ」にも象徴されるように、[18]パーソナルコンピュータが広く使われるようになったのは1980年代半ば、インターネットの普及は1990年代半ば、そしてポケットサイズのスーパーコンピュータであるスマートフォンがiPhoneの発明とともに登場したのは、2007年のことである。

テクノロジーが目まぐるしく発展する世界で、集中力への過度な負荷やストレスに圧倒されることなく、日常生活にそれをいかに取り入れるかという問題への理解は、大幅に遅れている。あらゆることが過剰な現代社会で、人々はデジタルメディアも過剰に摂取しすぎている。私たちはまだ、デジタル世界でどのように注意を払い、行動を抑制し、「主体性」を確保していけばいいかを正しく理解できていない。

しかし、明るい材料もある。デジタル世界は会話やコンテンツのシェアという従来の用途を超えて、かつて想像もしなかったような方法で人々を結びつけるようになり、国や地域ごとの独自の慣行はあるものの、テクノロジーとは疎遠であった人々も巻きこんだ世界共通のデジタル文化が生まれつつある[19]。北京やリオデジャネイロの若者の微博（ウェイボー）やTwitterの使い方は、シカゴやパリに住む若者たちのそれとさほど変わらない。なぜなら、私たちは同じ人間なので、デバイスを使うときも似たような報酬を求めるからだ。世界中の人々が他人の注目を集めるために競い合っている。

デジタル世界は人間が発明し、発展させてきたものだ。そして私たちは協力し合い、一人ひとりが自分に合ったテクノロジーの使い方を決めることができる。企業がデジタル世界の方向性を決めることもあるが、最終的には人々の発明や数の力によってそれを覆すことができる。

ターゲティング通知や社会的・環境的な条件づけ、それぞれのパーソナリティなどの違いはあるが、あなたの集中力はあなた自身のものだ。誰もそれを奪うことなどできない。注意を向ける先がすばやく切り替わる「動的集中」をコントロールする方法を学び、有効に活用しよう。ここぞというときに集中力を発揮し、休息が必要なときは単純な活動に切り替えるのだ。私たちの注意をそらそうとする力は強大だが、人間はその強大な力にも耐えることができる。

私たちは自分が望むデジタル世界を創造し、そこで主体的に生きることができるのだ。

謝辞

執筆は孤独な作業であり、私はもともと社交的な人間だ。振り返ってみると、この長い執筆の旅にほかの人たちを招き入れたのは自然なことだった。本書は多くの人たちの協力を得て完成した。みなが自分の時間を惜しみなく割いて私の草稿にコメントを寄せ、私の思考を広げてくれた。これほど多くの賢明かつ親切な友人たちを持つ私は果報者だ。

本書はパンデミック期間中に書き上げたものだ。いろいろな人と直接会って意見交換ができれば最高だったが、やりとりの多くはビデオ通話かメールでおこなわれた。Zoom が世界への窓を開いてくれたと言っていい。

感謝を捧げたい人はたくさんいる。彼らがいなければ本書が世に出ることはなかった。まず親友のジュディ・オルソンは、正直な意見と知恵と支援を与えつづけてくれた。ジム・ガサの鋭い哲学的思考のおかげで適度な緊張を保つことができた。ダン・ラッセルはつねに先見の明があり、彼のインターネットに関する専門知識は私の視野を広げてくれた。ニック・ベルキンとコリーン・クールは核心に迫るいくつもの鋭い質問を投げかけてくれた。バリー・ラザロウィッツは楽しい会話と人間のリズムに関する新たな洞察を与えてくれた。ダグ・プレイとグレン・ケニーの映画に関する新しい観点、エレン・エンセルの音楽の専門知識と経験、ジョナサン・グルーディンの人間とコンピュータの相互関係に関する知恵にも助けられた。そしてデイブ・スミスは、すべてが始まったときからそこにいてくれた。

メアリ・ツェルウィンスキーとシャムジ・イクバルをはじめとするマイクロソフトリサーチの仲間にも、たくさんの喜びと、研究の新たな可能性をあらゆるところで提供してくれたことに感謝したい。集中時間とデバイスの関係を探る長年の研究にともに携わり、感謝を捧げたい同僚はほかにも数えきれないほどいるが、なかでもスティーヴン・ボイダ、ビクター・ゴンザレス、エリン・ブラドナー、イラン・ワンの名を特記しておきたい。また、アメリカ国立科学財団の寛大な支援がなければ、この研究の多くは実現しなかった。私の研究に参加してくれたみなさんは、デジタルデバイスがもたらす喜びと苦痛について率先して話してくれた。

ダンカン・ブランビーとマックス・ウィルソンにも心から謝意を表する。ジョフィッシュ・ケイ、ハビエル・エルナンデス、バート・ニーネンバーグとも素晴らしい会話を交わした。ジュディス・ボーガウツ、トマス・ブライデバンド、アレックス・ウィリアムズ、ロヤ・ファーザニー、テッド・グローバー、ファティマ・アクバル、ウェンディ・ケロッグ、そしてモナにも感謝する。人間とコンピュータの相互関係や注意散漫というテーマに興味を持ち、ともに熱心に学んだ私の大学院のゼミ生たちにも。

ハノーバー・スクウェア社の編集者ピーター・ジョゼフは、私の執筆に忍耐強く最後までつき合ってくれた。同社のグレイス・タワリーにも貴重なコメントをもらった。この旅の最初の種をまいてくれた私の著作エージェント、ジェイドリー・ブラディックスにも感謝する。

言うまでもなく、ウォルター・ミシェル、クルト・レヴィン、アルバート・バンデューラ、その他大勢の偉大な心理学者たちの基礎研究がなければ本書は成り立たなかった。彼らのひらめきの素晴らしさに敬意を表する。

最後に、私の家族に感謝したい。娘のミカエラとナタリーはどんなときにも私を支え、フィードバックを与えてくれた。2人は、無条件の愛があればときに遠慮なく批判しても憂いが残らないことを知っている。そしてアルフレッド、いつも頼りになる正直な批評と、私に対する果てしない辛抱強さをありがとう。

訳者あとがき

集中時間が減っていることを心配するすべての人の必読書。
――カル・ニューポート（『大事なことに集中する』『超没入』）

気鋭の心理学・情報科学者、グロリア・マーク博士の初の著書 *Attention Span: A Groundbreaking Way to Restore Balance, Happiness and Productivity* の邦訳をお届けする。アメリカ本国で2023年初頭に刊行された本で、コンピュータやスマートフォンなどのデジタルデバイスと私たちの集中力の関係を解き明かす最新の内容である。

グロリア・マーク博士は、カリフォルニア大学アーバイン校の総長特任教授（専門は情報科学）。コロンビア大学で心理学の博士号を取得し、約20年にわたって、デジタルメディアが人々の生活に与える影響を研究している。研究テーマには、マルチタスク、集中の中断、デジタルデバイスの使用にともなう感情などが含まれる。これまで発表した論文は200以上で、グーグル・リサーチ・アワードを2回受賞。2017年にはACM SIGCHIアカデミー（マン・マシン・インターフェース

の分野で働く研究者や技術者、専門家などの国際学会）に加わった。サウス・バイ・サウスウェスト（SXS

W）やアスペン・アイデアズ・フェスティバルで研究発表をおこなったほか、ニューヨーク・タイムズ紙、ウォール・ストリート・ジャーナル紙、ナショナル・パブリック・ラジオ（NPR）、CNN、ガーディアン紙など多くの大手メディアでその研究成果が紹介されている。

現代のデジタル世界では、1つのことに注力したくても「気が散る」情報が氾濫していて、なかなか集中できない。デバイスは本来、人間の能力を拡張するために生み出されたはずだが、それらのせいで私たちは集中をコントロールできなくなり、ストレスを抱え、精神のバランスを崩すまでになっている。アンデシュ・ハンセン著『スマホ脳』（新潮社）によると、私たちがスマートフォンを手放せないのは、SNSに脳の報酬系をハッキングされているからだという。

こうした問題への対処を促す書籍はほかにもある。たとえば、カル・ニューポート著『大事なことに集中する——気が散るものだらけの世界で生産性を最大化する科学的方法』（ダイヤモンド社）では、仕事を大まかに「ディープ・ワーク」と「シャロー・ワーク」に分け、あまり知的思考を必要としないシャロー・ワークを避け、認識能力を高めて新しい価値を生み出すディープ・ワークに集中すべきであると説く。しかし実際にはメールやショートメッセージ、SNSなどのシャロー・ワークに注意力を奪われ、ディープ・ワークに手が回らなくなっているというのだ。

マルチタスク対シングルタスクという視点もよくある。マルチタスクはシングルタスクを高速で切り替えているだけだから生産性が落ちる、計画を立ててひとつずつ仕事に取り組むべきだ、というのが定説で、デボラ・ザック著『SINGLE TASK 一点集中術——「シングルタスクの原則」ですべての成果が最大になる』（ダイヤモンド社）などがその典型だ。

こうした書籍が集中力低下の対策としてあげるのは、スマートフォンの利用（スクリーンタイム）を減らすなど、たいていデジタルデバイスの利用を制限することだ。ニューポートも別の著書『デジタル・ミニマリスト――本当に大切なことに集中する』（早川書房）で、スマートフォンからSNSのアプリを削除すること、ブロッキングツールを活用してコンピュータをシングルタスクに変えること、SNSのログイン回数や友達の数を減らすこと、スローメディア（たとえば、速報より調査や分析を中心とした記事、紙の新聞）を増やすことなどを推奨している。

一方、本書が示す対策はこれらとは大きく異なる。マーク博士らは、類書が主張の根拠とする心理学や脳科学の実験室内での実験に頼らず、会社などの現実の組織で働いている人たちのうしろに張りついて、パソコン画面への集中度やそのときの気分といったデータを集めた（現在はこのデータ収集もパソコン上で自動化されている）。実験室ではなく現実の職場（彼らの言う「生きた実験室」）で得られるデータのほうが、人々の日常的な集中の実態を正確に把握できることは言うまでもない。

その結果は驚くべきものだった。まず集中は長続きせず、無理に長時間集中すればかならず成果が落ちはじめる。第2に、何かに没入して時がたつのも忘れる「フロー」という理想状態はめったに出現せず、むしろ日頃の活動では持続時間が短い「動的集中」が一般的である。第3に、注意散漫の原因は外部からの通知や刺激だけでなく、私たちの思考やパーソナリティ、インターネットの構造、ひいてはまわりの社会、メディア、文化などの影響もある。そして最後に、一見生産性がない、頭を使わない簡単な活動にも価値がある（「はじめに」の「4つの神話」を参照）。

こうした発見にもとづき、本書はSNSやデジタルデバイスの利用を一概に「制限」するのではなく、シャロー・ワーク（本書で言うマヤ・アンジェロウの「小さな心」）も活用しつつ、ディープ・ワークへの集中を高めることをめざす。デジタル技術を効果的に使いながら、集中を管理して、健康的な心のバランスを取り戻そうというのだ。

ただし、著者も指摘しているとおり、今日の環境で「集中を管理」するのは容易ではない。そこで出てくるのが、心理学者アルバート・バンデューラが提唱した「人間的主体性」である。具体的には、意図性、事前の考慮、自制、内省と修正行動だが（第12章を参照）、この主体性を発達させれば、ブロッキングツールに頼らなくても、各人の自然なリズムに従って集中を管理できるようになると著者は言う。その出発点は、デバイスを使うときの自分の行動を、他者の目で見るように「メタ認識」することだ。

マーク博士の提言は続く。私たちの集中時間がますます短くなっていることは、個人だけで解決できる問題ではない。これを「組織」の課題ととらえ、たとえば会社全体でメール使用の時間帯を決めるなど、組織的な取り組みが必要だというのだ。電子的なコミュニケーションのない「クワイエット・タイム」を設定したり、コミュニケーションツールの使用時間に上限を設けたりすることも、組織単位でなければ実現が難しい。さらに広く問題をとらえると、リモートワークが普及したいま、「つながらない権利」の法制化といった国家単位の政策もますます検討が必要になっているし、子供たちへのメディアリテラシーの教育も、国や地方自治体のレベルで取り組まなければならない。個人の対策を超えるこうした社会的な提言があるところも、類書にはあまり見られない本書のユニークな特徴だ。

以上で紹介したのは骨子だけだが、本書ではほかにも、認知リソースと集中に関する実験の詳細や、過去の学説の解説、ＡＩとアルゴリズムが注意を引く仕組み、インターネットやテレビや映画などのメディアと人々の集中の関係など、興味深いテーマが論じられている。なかでも「没入」、「慣れ」、「退屈」、「不満」という4つの象限を用いた集中状態の解説はわかりやすく、汎用性が高いだろう。

情報過多の世界で「21世紀のエピデミック」とも呼ばれるストレスを減らし、精神のバランスを維持して健康的な生活を送ることは、万人の願いであると同時に、社会的な要請でもある。本書にはその解決策のヒントがたくさん詰まっている。

依田卓巳

*
* *

17 Killgore, William D. S., Sara A. Cloonan, Emily C. Taylor, and Natalie S. Dailey. "Loneliness: a signature mental health concern in the era of COVID-19." *Psychiatry Research* 290 (2020): 113117.

18 Emerson, Ralph Waldo. *Essays: Second Series*. Boston: James Munroe and Company, 1844.

19 Su, Norman Makoto, Yang Wang, Gloria Mark, Tosin Aiyelokun, and Tadashi Nakano. "A bosom buddy afar brings a distant land near: Are bloggers a global community?" In *Communities and Technologies*, Dordrecht: Springer, 2005, 171–90.

5 Fredrickson, B. L., and C. Branigan. "Positive emotions broaden the scope of attention and thought - action repertoires." *Cognition & Emotion* 19, no. 3 (2005): 313–32.

6 Ramus, Franck, Marina Nespor, and Jacques Mehler. "Correlates of linguistic rhythm in the speech signal." *Cognition* 73, no. 3 (1999): 265–92.

7 Baer, John, James C. Kaufman, and Roy F. Baumeister, *Are We Free? Psychology and Free Will.* Oxford University Press, (2008): 86-127.

8 Rowe, Gillian, Jacob B. Hirsh, and Adam K. Anderson. "Positive affect increases the breadth of attentional selection." *Proceedings of the National Academy of Sciences* 104, no. 1 (2007): 383–8.

9 Yerkes, Robert M., and John D. Dodson. "The relation of strength of stimulus to rapidity of habit-formation." *Punishment: Issues and Experiments*, (1908): 27–41.

10 Williams, Alex C., Harmanpreet Kaur, Gloria Mark, Anne Loomis Thompson, Shamsi T. Iqbal, and Jaime Teevan. "Supporting workplace detachment and reattachment with conversational intelligence." In *Proceedings of the 2018 CHI Conference on Human Factors in Computing Systems*, New York: ACM Press, 2018, 1–13.

11 Currey, Mason, ed. *Daily Rituals: How Artists Work.* New York: Knopf, 2013.

第 1 4 章

1 Fink, George. "Stress: the health epidemic of the 21st century." Elsevier SciTech Connect. 2016. http://scitechconnect.elsevier.com/stress-health-epidemic-21st-century/.

2 Mark, Gloria, Stephen Voida, and Armand Cardello. "A pace not dictated by electrons, an empirical study of work without email." *Proceedings of the SIGCHI Conference on Human Factors in Computing Systems*, New York: ACM Press, 2012: 555–64.

3 Butts, Marcus M., William J. Becker, and Wendy R. Boswell. "Hot buttons and time sinks: the effects of electronic communication during nonwork time on emotions and work-nonwork conflict." *Academy of Management Journal* 58, no. 3 (2015): 763–88.

4 Maligorne, Clementine. "Travail: vous avez désormais le droit de vous déconnecter." 2016. https://www.lefigaro.fr/social/2016/12/31/20011-20161231ARTFIG00013-le-droit-a-la-deconnexion-qu-est-ce-que- c-est.php.

5 Pansu, Luc. "Evaluation of 'Right to Disconnect' legislation and its impact on employee's productivity." *International Journal of Management and Applied Research* 5, no. 3 (2018): 99–119.

6 United Nations. Universal Declaration of Human Rights. 1948. Available https://www.un.org/en/about-us/universal-declaration-of-human-rights.

7 Senate Bill no. 830. An act to add Section 51206.4 to the Education Code, relating to pupil instruction. https://leginfo.legislature.ca.gov/faces/billTextClient.xhtml?bill_id=201720180 SB830.

8 Technology and Social Change Project. Shorenstein Center on Media, Politics and Public Policy, Harvard Kennedy School. Accessed July 2022. https://shorensteincenter.org /programs/ technology-social-change/.

9 Center for Humane Technology. 2021. https://www.humanetech.com/.

10 Lapowsky, Issie. "Facebook Exposed 87 Million Users to Cambridge Analytica." *Wired*, April 4, 2018. https://www.wired.com/story/facebook-exposed-87-million-users-to-cambridge-analytica/.

11 Meadows, D. H., D. L. Meadows, J. Randers, and W. W. Behrens. *The Limits to Growth.* New York: Universe Books, 1972.『成長の限界　ローマ・クラブ「人類の危機」レポート』（ドネラ・H・メドウズほか著、大来佐武郎監訳、ダイヤモンド社）

12 Kimani, Everlyne, Kael Rowan, Daniel McDuff, Mary Czerwinski, and Gloria Mark. "A conversational agent in support of productivity and wellbeing at work." In *2019 8th International Conference on Affective Computing and Intelligent Interaction (ACII)*, IEEE, 2019 1–7.

13 Loranger, Hoa. "Infinite Scrolling Is Not for Every Website." Nielsen Norman Group. 2014. https://www.nngroup.com/articles/infinite-scrolling/.

14 Twenge, Jean M., Brian H. Spitzberg, and W. Keith Campbell. "Less in-person social interaction with peers among US adolescents in the 21st century and links to loneliness." *Journal of Social and Personal Relationships* 36, no. 6 (2019): 1892–913.

15 Oppezzo, Marily, and Daniel L. Schwartz. "Give your ideas some legs: the positive effect of walking on creative thinking." *Journal of Experimental Psychology: Learning, Memory, and Cognition* 40, no. 4 (2014): 1142–52.

16 Mark, Gloria, Victor M. González, and Justin Harris. "No task left behind? Examining the nature of fragmented work." In *Proceedings of the SIGCHI Conference on Human Factors in Computing Systems*, New York, ACM Press, 321-30. 2005.

#topicHeader__wrapper.
36 Aldredge, J. "Your guide to social media video lengths." 2021. https://vimeo.com/blog/post/social-media-video-lengths/.
37 Brasel, S. Adam, and James Gips. "Media multitasking behavior: concurrent television and computer usage." *Cyberpsychology, Behavior, and Social Networking* 14, no. 9 (2011): 527–34.
38 Cutting, J. E., K. L. Brunick, J. E. DeLong, C. Iricinschi, and A. Candan, A. "Quicker, faster, darker: changes in Hollywood film over 75 years." *i-Perception* 2, no. 6 (2011): 569–76.
39 Lang, Annie. "The limited capacity model of mediated message processing." *Journal of Communication* 50, no. 1 (2000): 46–70.
40 Lang, Annie, Paul Bolls, Robert F. Potter, and Karlynn Kawahara. "The effects of production pacing and arousing content on the information processing of television messages." *Journal of Broadcasting & Electronic Media* 43, no. 4 (1999): 451–75.
41 Kostyrka-Allchorne, Katarzyna, Nicholas R. Cooper, Steffan Kennett, Steffen Nestler, and Andrew Simpson. "The short-term effect of video editing pace on children's inhibition and N2 and P3 ERP components during visual go/no-go task." *Developmental Neuropsychology* 44, no. 4 (2019): 385–96.
42 Lillard, Angeline S., and Jennifer Peterson. "The immediate impact of different types of television on young children's executive function." *Pediatrics* 128, no. 4 (2011): 644–9.
43 Landhuis, Carl Erik, Richie Poulton, David Welch, and Robert John Hancox. "Does childhood television viewing lead to attention problems in adolescence? Results from a prospective longitudinal study." *Pediatrics* 120, no. 3 (2007): 532–7.
44 Cutting, J. E., K. L. Brunick, J. E. DeLong, C. Iricinschi, and A. Candan, A. "Quicker, faster, darker: changes in Hollywood film over 75 years." *i-Perception* 2, no. 6 (2011): 569–76.
45 Gottschall, Jonathan. *The Storytelling Animal: How Stories Make Us Human*. Houghton Mifflin Harcourt, 2012.
46 McLuhan, Marshall, and Quentin Fiore. *The Medium is the Message.* New York: Random House, 1967: 115.

第 1 2 章

1 Viereck, George Sylvester. "What life means to Einstein." *The Saturday Evening Post*, 1929.http://www.saturdayeveningpost.com/wp-content/uploads/satevepost/einstein. pdf.
2 Strawson, Galen. "Nietzsche's Metaphysics?" in: *Nietzsche on Mind and Nature* (editors: Manuel Dries, Peter J. E. Kail), Oxford University Press, 2015, quote, pg. 33.
3 Skinner, Burrhus Frederic. "Why I am not a cognitive psychologist." *Behaviorism* 5, no. 2 (1977): 1–10.
4 Libet, Benjamin. "Unconscious cerebral initiative and the role of conscious will in voluntary action." *Behavioral and Brain Sciences* 8, no. 4 (1985): 529–39.
5 Dennett, Daniel C. Elbow. *Room: The Varieties of Free Will Worth Wanting.* MIT Press, 2015.『自由の余地』(ダニエル・C・デネット著、戸田山和久訳、名古屋大学出版会)
6 Baumeister, Roy F. "Addiction, cigarette smoking, and voluntary control of action: do cigarette smokers lose their free will?" *Addictive Behaviors Reports* 5 (2017): 67–84.
7 Shepherd, Joshua. "Free will and consciousness: experimental studies." *Consciousness and Cognition* 21, no. 2 (2012): 915–27.
8 Bandura, Albert. "The reconstrual of 'free will' from the agentic perspective of social cognitive theory." In eds., John Baer, James C. Kaufman, and Roy F. Baumeister, *Are We Free? Psychology and Free Will.* Oxford University Press, 2008: 86–127.

第 1 3 章

1 Esler, Murray, Elisabeth Lambert, and Markus Schlaich. "Point: chronic activation of the sympathetic nervous system is the dominant contributor to systemic hypertension." *Journal of Applied Physiology* 109, no. 6 (2010): 1996–8.
2 Cummins, Robert A. "Subjective well-being, homeostatically protected mood and depression: a synthesis." In *The Exploration of Happiness*, Dordrecht: Springer, 2013, 77–95.
3 Cummins, Robert A., Eleonora Gullone, and Anna L. D. Lau. "A model of subjective well-being homeostasis: the role of personality." In *The Universality of Subjective Wellbeing Indicators*, Dordrecht: Springer, 2002, 7–46.
4 Amabile, Teresa M., Sigal G. Barsade, Jennifer S. Mueller, and Barry M. Staw. "Affect and creativity at work." *Administrative Science Quarterly* 50, no. 3 (2005): 367–403.

Hollywood film over 75 years." *i-Perception* 2, no. 6 (2011): 569–76.

11 Abrams, Richard A., and Shawn E. Christ. "Motion onset captures attention." *Psychological Science* 14, no. 5 (2003): 427–32.

12 Cutting, J. E., K. L. Brunick, J. E. DeLong, C. Iricinschi, and A. Candan. "Quicker, faster, darker: changes in Hollywood film over 75 years." *i-Perception* 2, no. 6 (2011): 569–76.

13 Follows, S. (2017). "How many shots are in the average movie?" Stephen Follows Film Data and Education. Available https://stephenfollows.com/many-shots-average-movie/.

14 Butler, Jeremy G. "Statistical analysis of television style: what can numbers tell us about TV editing?" *Cinema Journal* 54, no. 1 (Fall 2014): 25–45.

15 Tsivian, Yuri. Lab: MTV Video. Cinemetrics. Accessed December 3, 2021. http://www.cinemetrics.lv/ lab.php?ID=165.

16 Statista. "Most popular YouTube videos based on total global views as of August 2021." 2021. https://www.statista.com/statistics/249396/top-youtube-videos-views/.

17 Shevenock, Sarah. Exclusive: Vevo Data Reveals How Often Gen Z Watches Music Videos and Which Ones Overperform With Them. Morning Consult. 2021. Available https://morningconsult.com/2021/08/02/vevo-exclusive-data-gen-z-music-videos/.

18 Smith, Tim J. "The attentional theory of cinematic continuity." *Projections* 6, no. 1 (2012): 1–27.

19 Smith, Tim J., and John M. Henderson. "Edit blindness: the relationship between attention and global change blindness in dynamic scenes." *Journal of Eye Movement Research* 2, no. 2 (2008).

20 Barnes, John. *The Beginnings of the Cinema in England 1894-1901. Vol. 2.* Exeter: University of Exeter Press, 1996.

21 Raskin, Richard. "Five explanations for the jump cuts in Godard's Breathless," *P.O.V.: A Danish Journal of Film Studies*, no. 6. (1998), 141–53.

22 Crowther, Bosley. "French film 'Breathless' has shocking power." *The New York Times*, February 12, 1961. https://timesmachine.nytimes.com/timesmachine/1961/02/12/118022212.html?pageNumber=355.

23 BMAC. "How to jump cut like a pro." 2017. https://www.youtube.com/watch?v=p2BqEvoiX04.

24 Schwan, Stephan, Bärbel Garsoffky, and Friedrich W. Hesse. "Do film cuts facilitate the perceptual and cognitive organization of activity sequences?" *Memory & Cognition* 28, no. 2 (2000): 214–23.

25 MacLachlan, James, and Michael Logan. "Camera shot length in TV commercials and their memorability and persuasiveness." *Journal of Advertising Research* 33, no. 2 (1993): 57–62.

26 Elliott, Stuart. "TV Commercials Adjust to a Shorter Attention Span." *The New York Times*, April 8, 2005. https://www.nytimes.com/2005/04/08/business/media/tv-commercials-adjust-to-a-shorter-attention-span.html?searchResultPosition=1.

27 Stanton, John L., and Jeffrey Burke. "Comparative effectiveness of executional elements in TV advertising: 15- versus 30-second commercials." *Journal of Advertising Research* 38, no. 6 (1998): 7–8.

28 Friedman, Wayne. "Shorter-duration TV commercials on the rise." *Television News Daily*, Oct. 4, 2017. https://www.mediapost.com/publications/article/308248/shorter-duration-tv-commercials-on-the-rise.html.

29 Mandese, J. "Nielsen patents method for compressing TV ads, finds they can work better than longer ones." *MediaDailyNews*, June 11, 2018. https://www.mediapost.com/publications/article/320538/nielsen-patents-method-for-compressing-tv-ads-fin.html.

30 Newstead, Kate, and Jenni Romaniuk. "Cost per second: the relative effectiveness of 15- and 30-second television advertisements." *Journal of Advertising Research* 50, no. 1 (2010): 68–76.

31 "Facebook for business. Best practices for mobile video ads." Accessed August 31, 2021. https://www.facebook.com/business/help/144240239372256?id=603833089963720.

32 Fulgoni, Gian M. "Why marketers need new measures of consumer engagement: how expanding platforms, the 6-second ad, and fewer ads alter engagement and outcomes." *Journal of Advertising Research* 58, no. 3 (2018): 259–62.

33 Ah-young, Chung. "Snack Culture." *The Korea Times*, Feb. 2, 2014. http://www.koreatimes.co.kr/www/news/culture/2014/02/386_150813.html.

34 Hutchinson, Andrew. "TikTok tests even longer video uploads as it looks to expand its presence." *Social Media Today*, 2021. https://www.socialmediatoday.com/news/tiktoks-testing-even-longer-video-uploads-as-it-looks-to-expand-its-presen/605603/.

35 Ceci, L. "TikTok—Statistics & Facts. 2022." Statista. https://www.statista.com/topics/6077/tiktok/

21 Posner, Jonathan, James A. Russell, and Bradley S. Peterson. "The circumplex model of affect: an integrative approach to affective neuroscience, cognitive development, and psychopathology." *Development and Psychopathology* 17, no. 3 (2005): 715–34.

22 Carver, Charles S., and Michael F. Scheier. "Situational coping and coping dispositions in a stressful transaction." *Journal of Personality and Social Psychology* 66, no. 1 (1994): 184.

23 Smit, A. S., P. A. Eling, and A. M. Coenen. "Mental effort causes vigilance decrease due to resource depletion." *Acta Psychologica* 115, no. 1 (2004): 35–42.

24 Mark, Gloria, Shamsi Iqbal, Mary Czerwinski, and Paul Johns. "Capturing the mood: Facebook and face-to-face encounters in the workplace." In *Proceedings of the 17th ACM Conference on Computer Supported Cooperative Work & Social Computing*, New York: ACM Press, 1082–94. 2014.

25 Watson, David, Lee Anna Clark, and Auke Tellegen. "Development and validation of brief measures of positive and negative affect: the PANAS scales." *Journal of Personality and Social Psychology* 54, no. 6 (1988): 1063.

26 Blank, C., S. Zaman, A. Wesley, P. Tsiamyrtzis, D. R. Da Cunha Silva, R. Gutierrez-Osuna, G. Mark, and I. Pavlidis. "Emotional footprints of email interruptions." In *Proceedings of the 2020 CHI Conference on Human Factors in Computing Systems*, New York: ACM Press, 1–12. 2020.

27 Wickens, Christopher D. "Multiple resources and mental workload." *Human Factors* 50, no. 3 (2008): 449–55.

28 Blank, C., S. Zaman, A. Wesley, P. Tsiamyrtzis, D. R. Da Cunha Silva, R. Gutierrez-Osuna, G. Mark, and I. Pavlidis. "Emotional footprints of email interruptions." In *Proceedings of the 2020 CHI Conference on Human Factors in Computing Systems*, New York: ACM Press, 1–12. April 2020.

29 Zajonc, Robert B., Sheila T. Murphy, and Marita Inglehart. "Feeling and facial efference: implications of the vascular theory of emotion." *Psychological Review* 96, no. 3 (1989): 395.

30 Bartel, Caroline A., and Richard Saavedra. "The collective construction of work group moods." *Administrative Science Quarterly* 45, no. 2 (2000): 197–231.

31 Barsade, Sigal G. "The ripple effect: emotional contagion and its influence on group behavior." *Administrative Science Quarterly* 47, no. 4 (2002): 644–75.

32 Currey, Mason, ed. *Daily Rituals: How Artists Work*. New York: Knopf, 2013.

33 Wickelgren, Wayne A. *How to Solve Problems: Elements of a Theory of Problems and Problem Solving*. San Francisco: WH Freeman, 1974.

34 Currey, Mason, ed. *Daily Rituals: How Artists Work*. New York: Knopf, 2013.

35 Root-Bernstein, Robert S. "Music, creativity and scientific thinking." *Leonardo* 34, no. 1 (2001): 63–8.

第 11 章

1 Rideout, Victoria, and Michael B. Robb. *The Common Sense Census: Media Use by Kids Age Zero to Eight*. San Francisco: Common Sense Media, 2020. https://www.commonsensemedia.org/sites/default/files/uploads/research/2020_zero_to_eight_census_final_web.pdf.

2 "The Nielsen total audience report March 2021." https://www.nielsen.com/us/en/insights/report/2021/total-audience-advertising-across-todays-media/.

3 Statista 2020. "Average daily time spent watching TV per individual in the United Kingdom (UK) from 2005 to 2020." https://www.statista.com/statistics/269870/daily-tv-viewing-time-in-the-uk/.

4 Statista 2020. "Audience distribution among the leading television channels in France in 2020." https://www.statista.com/statistics/381685/audience-share-of-tv-channels-in-france/.

5 Statista 2019. "Average time people spent on watching real-time television per weekday in Japan from fiscal year 2012 to 2019." https://www.statista.com/statistics/1201929/japan-average-time-spent-real-time-television-per-weekday/.

6 Statista 2019. "Average daily time spent watching television in China from 2011 to 2019 with estimates until 2022." https://www.statista.com/statistics/467531/china-average-daily-time-spent-watching-tv/.

7 "The Nielsen total audience report March 2021." https://www.nielsen.com/us/en/insights/report/2021/total-audience-advertising-across-todays-media/.

8 "The Nielsen total audience report March 2021." https://www.nielsen.com/us/en/insights/report/2021/total-audience-advertising-across-todays-media/.

9 Cutting, James E., Jordan E. DeLong, and Christine E. Nothelfer. "Attention and the evolution of Hollywood film." *Psychological Science* 21, no. 3 (2010): 432–9.

10 Cutting, J. E., K. L. Brunick, J. E. DeLong, C. Iricinschi, and A. Candan. "Quicker, faster, darker: changes in

Journal of Personality and Social Psychology 74, no. 3 (1998): 774.

34 Mischel, W., Y. Shoda, and P. K. Peake. "The nature of adolescent competencies predicted by preschool delay of gratification." *Journal of Personality and Social Psychology* 54, no. 4 (1988): 687.

35 Watts, T.W., G. J. Duncan, and H. Quan. "Revisiting the marshmallow test: a conceptual replication investigating links between early delay of gratification and later outcomes." *Psychological Science* 29, no. 7 (2018): 1159–77.

36 Gottfredson, M. R., and T. Hirschi. *A General Theory of Crime*. Stanford University Press, 1990.『犯罪の基礎理論』(マイケル・R・ゴットフレッドソン、トラビス・ハーシー著、松本忠久訳、文憲堂)

第 1 0 章

1 Danner, Deborah D., David A. Snowdon, and Wallace V. Friesen. "Positive emotions in early life and longevity: findings from the nun study." *Journal of Personality and Social Psychology* 80, no. 5 (2001): 804.

2 Kalman, Maira. "How to iron a sheet, according to Maira Kalman." *New York Magazine*, April 15, 2020.

3 Currey, Mason, ed. *Daily Rituals: How Artists Work*. New York: Knopf, 2013.

4 Flanner, Janet, James Thurber, and Harold Ross. "Tender Buttons: a day with Gertrude Stein." (October 13, 1934). https://www.newyorker.com/magazine/1934/10/13/tender-buttons.

5 Diener, E. "Introduction to the special section on the structure of emotion." *Journal of Personality and Social Psychology* 76 (1999): 803–4.

6 Watson, D., D. Wiese, J. Vaidya, and A. Tellegen. "The two general activation systems of affect: structural findings, evolutionary considerations, and psychobiological evidence." *Journal of Personality and Social Psychology* 76, no. 5 (1999): 820.

7 Gibran, Kahlil, and Suheil Badi Bushrui. *The Prophet: A New Annotated Edition*. Simon and Schuster, 2012.『預言者のことば』(カリール・ジブラン著、有枝春訳、サンマーク出版)

8 Zohar, Dov, O. Tzischinski, and R. Epstein. "Effects of energy availability on immediate and delayed emotional reactions to work events." *Journal of Applied Psychology* 88, no. 6 (2003): 1082.

9 Gross, Sven, Norbert K. Semmer, Laurenz L. Meier, Wolfgang Kälin, Nicola Jacobshagen, and Franziska Tschan. "The effect of positive events at work on after-work fatigue: they matter most in face of adversity." *Journal of Applied Psychology* 96, no. 3 (2011): 654.

10 Fredrickson, B. L., and C. Branigan. "Positive emotions broaden the scope of attention and thought – action repertoires." *Cognition & Emotion* 19, no. 3 (2005): 313–32.

11 Fredrickson, Barbara L., and Robert W. Levenson. "Positive emotions speed recovery from the cardiovascular sequelae of negative emotions." *Cognition & Emotion* 12, no. 2 (1998): 191–220.

12 Folkman, Susan, and Judith Tedlie Moskowitz. "Positive affect and the other side of coping." *American Psychologist* 55, no. 6 (2000): 647.

13 Agarwal, Ritu, and Elena Karahanna. "Time flies when you're having fun: cognitive absorption and beliefs about information technology usage." *MIS Quarterly*, (2000): 665–94.

14 Csikszentmihalyi, Mihaly. *Flow: The Psychology of Optimal Experience*. Vol. 1990. New York: Harper & Row, 1990.『フロー体験　喜びの現象学』(M・チクセントミハイ著、今村浩明訳、世界思想社)

15 Kabat-Zinn, Jon. *Wherever You Go, There You Are: Mindfulness Meditation in Everyday Life*. New York: Hachette Books, 2009.『マインドフルネスを始めたいあなたへ』(ジョン・カバットジン著、松丸さとみ訳、星和書店)

16 Mark, Gloria, Shamsi T. Iqbal, Mary Czerwinski, and Paul Johns. "Bored Mondays and focused afternoons: the rhythm of attention and online activity in the workplace." In *Proceedings of the SIGCHI Conference on Human Factors in Computing Systems*, New York: ACM Press, 3025–34. 2014.

17 Posner, Jonathan, James A. Russell, and Bradley S. Peterson. "The circumplex model of affect: an integrative approach to affective neuroscience, cognitive development, and psychopathology." *Development and Psychopathology* 17, no. 3 (2005): 715–34.

18 Posner, Jonathan, James A. Russell, and Bradley S. Peterson. "The circumplex model of affect: an integrative approach to affective neuroscience, cognitive development, and psychopathology." *Development and Psychopathology* 17, no. 3 (2005): 715–34.

19 Lang, Peter J., Mark K. Greenwald, Margaret M. Bradley, and Alfons O. Hamm. "Looking at pictures: affective, facial, visceral, and behavioral reactions." *Psychophysiology* 30, no. 3 (1993): 261–73.

20 Keil, Andreas, Matthias M. Müller, Thomas Gruber, Christian Wienbruch, Margarita Stolarova, and Thomas Elbert. "Effects of emotional arousal in the cerebral hemispheres: a study of oscillatory brain activity and event-related potentials." *Clinical Neurophysiology* 112, no. 11 (2001): 2057–68.

12 McCrae, Robert R. "Cross-cultural research on the five-factor model of personality." *Online Readings in Psychology and Culture* 4, no. 4 (2002): 1–12.

13 Terracciano, A., A. M. Abdel-Khalak, N. Adam, L. Adamovova, C.-k. Ahn, H.-n. Ahn, et al. "National character does not reflect mean personality trait levels in 49 cultures." *Science* 310 (2005): 96–100.

14 Costa, P. T., Jr., A. Terracciano, and R. R. McCrae. "Gender differences in personality traits across cultures: robust and surprising findings." *Journal of Personality and Social Psychology* 81 (2001): 322–31.

15 Kraaykamp, Gerbert, and Koen Van Eijck. "Personality, media preferences, and cultural participation." *Personality and Individual Differences* 38, no. 7 (2005): 1675–88.

16 Braun, Beate, Juliane M. Stopfer, Kai W. Müller, Manfred E. Beutel, and Boris Egloff. "Personality and video gaming: comparing regular gamers, non-gamers, and gaming addicts and differentiating between game genres." *Computers in Human Behavior* 55 (2016): 406–12.

17 Karim, Nor Shahriza Abdul, Nurul Hidayah Ahmad Zamzuri, and Yakinah Muhamad Nor. "Exploring the relationship between internet ethics in university students and the big five model of personality." *Computers & Education* 53, no. 1 (2009): 86–93.

18 Moore, Kelly, and James C. McElroy. "The influence of personality on Facebook usage, wall postings, and regret." *Computers in Human Behavior* 28, no. 1 (2012): 267–74.

19 Mark, Gloria, and Yoav Ganzach. "Personality and internet usage: a large-scale representative study of young adults." *Computers in Human Behavior* 36 (2014): 274–81.

20 Blaz˙ej Szymura, and Edward Ne˛cka. "Three superfactors of personality and three aspects of attention." *Advances in Personality Psychology*. (2005): 75–90.

21 Whiteside, Stephen P., and Donald R. Lynam. "The five factor model and impulsivity: using a structural model of personality to understand impulsivity." *Personality and Individual Differences* 30, no. 4 (2001): 669–89.

22 Cohen, Sheldon, Tom Kamarck, and Robin Mermelstein. "A global measure of perceived stress." *Journal of Health and Social Behavior*, (1983): 385–96.

23 Mark, Gloria, Shamsi T. Iqbal, Mary Czerwinski, Paul Johns, and Akane Sano. "Neurotics can't focus: an in situ study of online multitasking in the workplace." In *Proceedings of the 2016 CHI Conference on Human Factors in Computing Systems*, New York: ACM Press, 1739–44. 2016.

24 Forster, Sophie, and Nilli Lavie. "Establishing the attention-distractibility trait." *Psychological Science*, (Dec. 14, 2015): 203–12.

25 Mark, Gloria, Shamsi T. Iqbal, Mary Czerwinski, Paul Johns, Akane Sano, and Yuliya Lutchyn. "Email duration, batching and self-interruption: patterns of email use on productivity and stress." In *Proceedings of the 2016 CHI Conference on Human Factors in Computing Systems*, New York: ACM Press, 1717–28. 2016.

26 Mark, Gloria, Daniela Gudith, and Ulrich Klocke. "The cost of interrupted work: more speed and stress." In *Proceedings of the SIGCHI Conference on Human Factors in Computing Systems*, New York: ACM Press, 107–10. 2008.

27 Mark, Gloria, Mary Czerwinski, and Shamsi T. Iqbal. "Effects of individual differences in blocking workplace distractions." In *Proceedings of the 2018 CHI Conference on Human Factors in Computing Systems*, New York: ACM Press, 1–12. 2018.

28 Agarwal, Ritu, and Elena Karahanna. "Time flies when you're having fun: cognitive absorption and beliefs about information technology usage." *MIS Quarterly*, (2000): 665–94.

29 Moffitt, T. E., L. Arseneault, D. Belsky, N. Dickson, R. J. Hancox, H. Harrington, R. Houts, R. Poulton, B. W. Roberts, S. Ross, and M. R. Sears. "A gradient of childhood self-control predicts health, wealth, and public safety." *Proceedings of the National Academy of Sciences* 108, no. 7 (2011): 2693–8.

30 Mark, Gloria, Mary Czerwinski, and Shamsi T. Iqbal. "Effects of individual differences in blocking workplace distractions." In *Proceedings of the 2018 CHI Conference on Human Factors in Computing Systems*, New York: ACM Press, 1–12. 2018.

31 Chattu, Vijay Kumar, M. D. Manzar, Soosanna Kumary, Deepa Burman, David Warren Spence, and Seithikurippu R. Pandi-Perumal. "The global problem of insufficient sleep and its serious public health implications." In *Healthcare*, Vol. 7, No. 1, 1. Multidisciplinary Digital Publishing Institute, 2019.

32 Mark, Gloria, Yiran Wang, Melissa Niiya, and Stephanie Reich. "Sleep debt in student life: online attention focus, Facebook, and mood." In *Proceedings of the 2016 CHI Conference on Human Factors in Computing Systems*, New York: ACM Press, 5517–5528. May 2016.

33 Muraven, M., D. M. Tice, and R. F. Baumeister. "Self-control as a limited resource: regulatory depletion patterns."

use of online social network sites." *Journal of Computer-Mediated Communication* 12, no. 4 (2007): 1143–68.
23 Granovetter, Mark S. "The strength of weak ties." *American Journal of Sociology* 78, no. 6 (1973): 1360–80.
24 Burke, M., C. Marlow, and T. Lento. "Social network activity and social well-being." In *Proceedings of the SIGCHI Conference on Human Factors in Computing Systems*, 1909–12. 2010.
25 Russell, Bertrand. *Power: A New Social Analysis*, 10. Oxfordshire: Routledge, 2004.『権力　その歴史と心理』(バートランド・ラッセル著、東宮隆訳、みすず書房)
26 Magee, Joe C., and Adam D. Galinsky. "Social hierarchy: the self – reinforcing nature of power and status." *Academy of Management Annals* 2, no. 1 (2008): 351–98.
27 Panteli, Niki. "Richness, power cues and email text." *Information & Management* 40, no. 2 (2002): 75–86.
28 Gilbert, Eric. "Phrases that signal workplace hierarchy." In *Proceedings of the ACM 2012 Conference on Computer Supported Cooperative Work*, New York: ACM Press, 1037–46. 2012.
29 Tchokni, Simo Editha, Diarmuid O. Séaghdha, and Daniele Quercia. "Emoticons and phrases: status symbols in social media." In *Eighth International AAAI Conference on Weblogs and Social Media*. 2014.
30 Anderson, Cameron, Oliver P. John, Dacher Keltner, and Ann M. Kring. "Who attains social status? Effects of personality and physical attractiveness in social groups." *Journal of Personality and Social Psychology* 81, no. 1 (2001): 116.
31 Fiske, Susan T. "Controlling other people: the impact of power on stereotyping." *American Psychologist* 48, no. 6 (1993): 621.
32 Dunbar, Robin I. M. "Coevolution of neocortical size, group size and language in humans." *Behavioral and Brain Sciences* 16, no. 4 (1993): 681–94.
33 Gonçalves, Bruno, Nicola Perra, and Alessandro Vespignani. "Modeling users' activity on Twitter networks: validation of Dunbar's number." *PloS One* 6, no. 8 (2011): e22656.
34 Buettner, Ricardo. "Getting a job via career-oriented social networking markets." *Electronic Markets* 27, no. 4 (2017): 371–85.
35 Wang, Yiran, Melissa Niiya, Gloria Mark, Stephanie M. Reich, and Mark Warschauer. "Coming of age (digitally): an ecological view of social media use among college students." In *Proceedings of the 18th ACM Conference on Computer Supported Cooperative Work & Social Computing*, New York: ACM Press, 571–82. 2015.

第 9 章

1 Brown, Chip. "The epic ups and downs of Peter Gelb." *The New York Times*, March 21, 2013. https://www.nytimes.com/2013/03/24/magazine/the-epic-ups-and-downs-of-peter-gelb.html.
2 Mischel, W., Y. Shoda, and P. K. Peake. "The nature of adolescent competencies predicted by preschool delay of gratification." *Journal of Personality and Social Psychology* 54, no. 4 (1988): 687.
3 Moffitt, T. E., L. Arseneault, D. Belsky, N. Dickson, R. J. Hancox, H. Harrington, R. Houts, R. Poulton, B. W. Roberts, S. Ross, and M. R. Sears. "A gradient of childhood self-control predicts health, wealth, and public safety." *Proceedings of the National Academy of Sciences* 108, no. 7 (2011): 2693–8.
4 Ayduk, Ozlem, Rodolfo Mendoza-Denton, Walter Mischel, Geraldine Downey, Philip K. Peake, and Monica Rodriguez. "Regulating the interpersonal self: strategic self-regulation for coping with rejection sensitivity." *Journal of Personality and Social Psychology* 79, no. 5 (2000): 776.
5 Mischel, Walter. *Personality and Assessment*. Psychology Press, 2013.『パーソナリティの理論　状況主義的アプローチ』(ウォルター・ミッシェル著、詫摩武俊監訳、誠信書房)
6 McCrae, Robert R., and Paul T. Costa. "Self-concept and the stability of personality: cross-sectional comparisons of self-reports and ratings." *Journal of Personality and Social Psychology* 43 (1982): 1282–92.
7 Mischel, W., and Y. Shoda. "Toward a unified theory of personality." *Handbook of Personality: Theory and Research* 3 (2008): 208–41.
8 McCrae, Robert R., and Paul T. Costa Jr. "The five-factor theory of personality." In *Handbook of Personality: Theory and Research*, edited by L. A. Pervin and O. P. John, 2nd ed. New York: Guilford, 1999.
9 Mischel, Walter, and Yuichi Shoda. "Personality psychology has two goals: must it be two fields?" *Psychological Inquiry* 5, no. 2 (1994): 156–8.
10 John, O. P., E. M. Donahue, and R. L. Kentle. 1991. *Big Five Inventory (BFI)* [Database record]. APA PsycTests. https://doi.org/10.1037/t07550-000.
11 Mischel, Walter, and Yuichi Shoda. "Personality psychology has two goals: must it be two fields?" *Psychological Inquiry* 5, no. 2 (1994): 156–8.

2 Chung, Alicia, Dorice Vieira, Tiffany Donley, Nicholas Tan, Girardin Jean-Louis, Kathleen Kiely Gouley, and Azizi Seixas. "Adolescent peer influence on eating behaviors via social media: scoping review." *Journal of Medical Internet Research* 23, no. 6 (2021): e19697.

3 Puri, Neha, Eric A. Coomes, Hourmazd Haghbayan, and Keith Gunaratne. "Social media and vaccine hesitancy: new updates for the era of COVID-19 and globalized infectious diseases." *Human Vaccines & Immunotherapeutics* 16, no. 11 (2020): 2586–93.

4 Krafft, Peter M., Nicolás Della Penna, and Alex Sandy Pentland. "An experimental study of cryptocurrency market dynamics." In *Proceedings of the 2018 CHI Conference on Human Factors in Computing Systems*, New York: ACM Press, 1–13. 2018.

5 Siddiqui, Yusra, 2020. "Emma Chamberlain just resurrected the pants we used to wear instead of leggings." *Who What Wear*. 2020. https://www.whowhatwear.com/emma-chamberlain-flared-leggings/slide2.

6 Humphrey, K. "Hashtags seep into everyday speech." *Star Tribune*. 2012. https://www.startribune.com/hashtags-seep-into-everyday-speech/173909961/.

7 Asch, S. E. "Studies of independence and conformity: I. A minority of one against a unanimous majority." *Psychological Monographs: General and Applied* 70, no. 9 (1956): 1.

8 Brandstetter, Jürgen, Péter Rácz, Clay Beckner, Eduardo B. Sandoval, Jennifer Hay, and Christoph Bartneck. "A peer pressure experiment: recreation of the Asch conformity experiment with robots." In *2014 IEEE/RSJ International Conference on Intelligent Robots and Systems*, 1335–40. IEEE, 2014.

9 Vilhauer, Ruvanee P. "Characteristics of inner reading voices." *Scandinavian Journal of Psychology* 58, no. 4 (2017): 269–74.

10 Nesi, Jacqueline, Sophia Choukas-Bradley, and Mitchell J. Prinstein. "Transformation of adolescent peer relations in the social media context: part 2—application to peer group processes and future directions for research." *Clinical Child and Family Psychology Review* 21, no. 3 (2018): 295–319.

11 Ohannessian, Christine McCauley, Anna Vannucci, Kaitlin M. Flannery, and Sarosh Khan. "Social media use and substance use during emerging adulthood." *Emerging Adulthood* 5, no. 5 (2017): 364–70.

12 CareerBuilder survey. "Number of employers using social media to screen candidates at all-time high, finds latest CareerBuilder study." 2017. https://www.prnewswire.com/news-releases/number-of-employers-using-social-media-to-screen-candidates-at-all-time-high-finds-latest-careerbuilder-study-300474228.html.

13 Sherman, Lauren E., Patricia M. Greenfield, Leanna M. Hernandez, and Mirella Dapretto. "Peer influence via Instagram: effects on brain and behavior in adolescence and young adulthood." *Child Development* 89, no. 1 (2018): 37–47.

14 Braams, Barbara R., Anna C. K. van Duijvenvoorde, Jiska S. Peper, and Eveline A. Crone. "Longitudinal changes in adolescent risk-taking: a comprehensive study of neural responses to rewards, pubertal development, and risk-taking behavior." *Journal of Neuroscience* 35, no. 18 (2015): 7226–38.

15 Mark, Gloria, Yiran Wang, and Melissa Niiya. "Stress and multitasking in everyday college life: an empirical study of online activity." In *Proceedings of the SIGCHI Conference on Human Factors in Computing Systems*, New York: ACM Press, 41–50. 2014.

16 Bradner, Erin, and Gloria Mark. "Why distance matters: effects on cooperation, persuasion and deception." In *Proceedings of the 2002 ACM Conference on Computer Supported Cooperative Work*, New York: ACM Press, 226–35. 2002.

17 Tajfel, Henri, ed. *Social Identity and Intergroup Relations*. Vol. 7. Cambridge University Press, 2010.

18 Buzzfeed, 2020. "A college student behind a massively popular paint-mixing TikTok page was fired from Sherwin-Williams." https://www.buzzfeednews.com/article/tanyachen/college-student-behind-a-massively-popular-paint-mixing.

19 Goffman, Erving. *The Presentation of Self in Everyday Life*. Vol. 21. London: Harmondsworth, 1978.『行為と演技 日常生活における自己呈示』（E・ゴッフマン著、石黒毅訳、誠信書房）

20 Barash, Vladimir, Nicolas Ducheneaut, Ellen Isaacs, and Victoria Bellotti. "Faceplant: impression (mis) management in Facebook status updates." In *Fourth International AAAI Conference on Weblogs and Social Media*. 2010.

21 Putnam, Robert D. *Bowling Alone: The Collapse and Revival of American Community*. New York: Simon and Schuster, 2000.『孤独なボウリング　米国コミュニティの崩壊と再生』（ロバート・D・パットナム著、柴内康文訳、柏書房）

22 Ellison, N. B., C. Steinfield, and C. Lampe. "The benefits of Facebook 'friends': social capital and college students'

5 Presbrey, F. "The history and development of advertising." *Advertising & Society Review* 1, no. 1 (2000).

6 The Eno Story. Accessed July 2022. https://www.eno.co.za/history-fruit-salts/.

7 Barnard, E. *Emporium: Selling the Dream in Colonial Australia*. National Library of Australia, 2015.

8 Plotnick, M., C. Eldering, and D. Ryder. Expanse Networks Inc., 2002. *Behavioral Targeted Advertising*. U.S. Patent Application 10/116,692.

9 Deshpande, N., S. Ahmed, and A. Khode. "Web based targeted advertising: a study based on patent information." *Procedia Economics and Finance* 11, (2014): 522–35.

10 Watson, David, Lee Anna Clark, and Auke Tellegen. "Development and validation of brief measures of positive and negative affect: the PANAS scales." *Journal of Personality and Social Psychology* 54, no. 6 (1988): 1063.

11 Ryff, Carol D., and Corey Lee M. Keyes. "The structure of psychological well-being revisited." *Journal of Personality and Social Psychology* 69, no. 4 (1995): 719.

12 Hao, Bibo, Lin Li, Rui Gao, Ang Li, and Tingshao Zhu. "Sensing subjective well-being from social media." In *International Conference on Active Media Technology*. Cham, Switzerland: Springer, 2014, 324–35

13 De Choudhury, Munmun, Michael Gamon, Scott Counts, and Eric Horvitz. "Predicting depression via social media." In *Seventh International AAAI Conference on Weblogs and Social Media*. 2013.

14 Reece, Andrew G., and Christopher M. Danforth. "Instagram photos reveal predictive markers of depression." *EPJ Data Science* 6 (2017): 1–12.

15 Kosinski, M., D. Stillwell, and T. Graepel. "Private traits and attributes are predictable from digital records of human behavior." *Proceedings of the National Academy of Sciences* 110, no. 15 (2013): 5802–5.

16 Kosinski, M., D. Stillwell, and T. Graepel. "Private traits and attributes are predictable from digital records of human behavior." *Proceedings of the National Academy of Sciences* 110, no. 15 (2013): 5802–5.

17 Youyou, W., M. Kosinski, and D. Stillwell. "Computer-based personality judgments are more accurate than those made by humans." *Proceedings of the National Academy of Sciences* 112, no. 4 (2015): 1036–40.

18 Reynaud, Emmanuelle, Myriam El Khoury-Malhame, Jérôme Rossier, Olivier Blin, and Stéphanie Khalfa. "Neuroticism modifies psychophysiological responses to fearful films." *PloS One* 7, no. 3 (2012): e32413.

19 Matz, Sandra C., Michal Kosinski, Gideon Nave, and David J. Stillwell. "Psychological targeting as an effective approach to digital mass persuasion." *Proceedings of the National Academy of Sciences* 114, no. 48 (2017): 12714–9.

20 Wang, Weichen, Gabriella M. Harari, Rui Wang, Sandrine R. Müller, Shayan Mirjafari, Kizito Masaba, and Andrew T. Campbell. "Sensing behavioral change over time: using within-person variability features from mobile sensing to predict personality traits." *Proceedings of the ACM on Interactive, Mobile, Wearable and Ubiquitous Technologies* 2, no. 3 (2018): 1–21.

21 Nowak, Michael, and Dean Eckles. 2014. "Determining user personality characteristics from social networking system communications and characteristics." Patent US8825764B2. https://patents.google.com/patent/US8825764B2/en.

22 LeDoux, J. *The Emotional Brain: The Mysterious Underpinnings of Emotional Life*. New York: Simon and Schuster, 1998.『エモーショナル・ブレイン　情動の脳科学』(ジョセフ・ルドゥー著、松本元ほか訳、東京大学出版会)

23 Merrill, Jeremy B., and Will Oremus. "Five points for anger, one for a 'like': How Facebook's formula fostered rage and misinformation." *The Washington Post* (2021). https://www.washingtonpost.com/technology/ 2021/10/26/facebook-angry-emoji-algorithm/.

24 Manninen, Sandra, Lauri Tuominen, Robin I. Dunbar, Tomi Karjalainen, Jussi Hirvonen, Eveliina Arponen, Riitta Hari, Iiro P. Jääskeläinen, Mikko Sams, and Lauri Nummenmaa. "Social laughter triggers endogenous opioid release in humans." *Journal of Neuroscience* 37, no. 25 (2017): 6125–31.

25 Bennett, Mary P., Zeller, Janice M., Rosenberg, Lisa, and McCann, Judith. "The Effect of Mirthful Laughter on Stress and Natural Killer Cell Activity." *Alternative Therapies in Health and Medicine* 9 (2), (2003): 38–45. Available http://digitalcommons.wku.edu/nurs_fac_pub/9.

26 Anannу, Mike. "The curious connection between apps for gay men and sex offenders." *The Atlantic*. April 14, 2011. https://www.theatlantic.com/technology/archive/2011/04/the-curious-connection-between-apps-for-gay-men-and-sex-offenders/237340/.

第 8 章

1 Becker, Barbara, and Gloria Mark. "Constructing social systems through computer-mediated communication." *Virtual Reality* 4, no. 1 (1999): 60–73.

草書房）
9 Kumar, Abhilasha A. "Semantic memory: a review of methods, models, and current challenges." *Psychonomic Bulletin & Review* 28, no. 1 (2021): 40–80.
10 Mark, Gloria, Jörg M. Haake, and Norbert A. Streitz. "The use of hypermedia in group problem solving: an evaluation of the DOLPHIN electronic meeting room environment." In *Proceedings of the Fourth European Conference on Computer-Supported Cooperative Work ECSCW '95*. Dordrecht: Springer, 1995. 197–213.
11 Killingsworth, Matthew A., and Daniel T. Gilbert. "A wandering mind is an unhappy mind." *Science* 330, no. 6006 (2010): 932.
12 Smallwood, Jonathan, and Jonathan W. Schooler. "The restless mind." *Psychological Bulletin* 132, no. 6 (2006): 946.
13 Becker, Suzanna, Morris Moscovitch, Marlene Behrmann, and Steve Joordens. "Long-term semantic priming: a computational account and empirical evidence." *Journal of Experimental Psychology: Learning, Memory, and Cognition* 23, no. 5 (1997): 1059.
14 Bargh, John A., Peter M. Gollwitzer, Annette Lee-Chai, Kimberly Barndollar, and Roman Trötschel. "The automated will: nonconscious activation and pursuit of behavioral goals." *Journal of Personality and Social Psychology* 81, no. 6 (2001): 1014.
15 Nedungadi, Prakash. "Recall and consumer consideration sets: Influencing choice without altering brand evaluations." *Journal of Consumer Research* 17, no. 3 (1990): 263–76.
16 Anderson, John R. "A spreading activation theory of memory." *Journal of Verbal Learning and Verbal Behavior* 22, no. 3 (1983): 261–95.
17 Bargh, John A., and Ezequiel Morsella. "The unconscious mind." *Perspectives on Psychological Science* 3, no. 1 (2008): 73–9.
18 Loewenstein, George. "The psychology of curiosity: a review and reinterpretation." *Psychological Bulletin* 116, no. 1 (1994): 75.
19 Kang, Min Jeong, Ming Hsu, Ian M. Krajbich, George Loewenstein, Samuel M. McClure, Joseph Tao-yi Wang, and Colin F. Camerer. "The wick in the candle of learning: epistemic curiosity activates reward circuitry and enhances memory." *Psychological Science* 20, no. 8 (2009): 963–73.
20 Clark, Andy. *Natural-Born Cyborgs: Minds, Technologies, and the Future of Human Intelligence*. Oxford: Oxford University Press, 2003.『生まれながらのサイボーグ　心・テクノロジー・知能の未来』（アンディ・クラーク著、呉羽真、久木田水生、西尾香苗訳、春秋社）
21 Fisher, Matthew, Mariel K. Goddu, and Frank C. Keil. "Searching for explanations: how the Internet inflates estimates of internal knowledge." *Journal of Experimental Psychology: General* 144, no. 3 (2015): 674.
22 Liu, Xiaoyue, Xiao Lin, Ming Zheng, Yanbo Hu, Yifan Wang, Lingxiao Wang, Xiaoxia Du, and Guangheng Dong. "Internet search alters intra- and inter-regional synchronization in the temporal Gyrus." *Frontiers in Psychology* 9 (2018): 260.
23 McLuhan, Marshall. *Understanding Media: The Extensions of Man*. MIT Press, 1994.『メディア論　人間の拡張の諸相』（マーシャル・マクルーハン著、栗原裕、河本仲聖訳、みすず書房）
24 Wan, Catherine Y., and Gottfried Schlaug. "Music making as a tool for promoting brain plasticity across the life span." *The Neuroscientist*, 16, no. 5 (2010): 566–77.
25 Small, Gary W., Teena D. Moody, Prabha Siddarth, and Susan Y. Bookheimer. "Your brain on Google: patterns of cerebral activation during internet searching." *The American Journal of Geriatric Psychiatry* 17, no. 2 (2009): 116–26.

第 7 章

1 Masood, Rahat, Shlomo Berkovsky, and Mohamed Ali Kaafar. "Tracking and personalization." In *Modern Socio-Technical Perspectives on Privacy*, Cham, Switzerland: Springer, 2022, 171–202.
2 Bornstein, Robert F. "Exposure and affect: overview and meta-analysis of research, 1968–1987." *Psychological Bulletin* 106, no. 2 (1989): 265.
3 Pereira, Carlos Silva, João Teixeira, Patrícia Figueiredo, João Xavier, São Luís Castro, and Elvira Brattico. "Music and emotions in the brain: familiarity matters." *PloS One* 6, no. 11 (2011): e27241.
4 Baker, William, J. Hutchinson, Danny Moore, and Prakash Nedungadi. "Brand Familiarity and Advertising: Effects on the Evoked Set and Brand Preference." In *NA—Advances in Consumer Research* Volume 13, eds. Richard J. Lutz. Provo, UT: Association for Consumer Research, 1986, 637–642.

10. 2008.
17 Monk, Christopher A. "The effect of frequent versus infrequent interruptions on primary task resumption." In *Proceedings of the Human Factors and Ergonomics Society Annual Meeting* 48, no. 3, 295–9. Los Angeles, CA: SAGE Publications, 2004.
18 Hart, Sandra G., and Lowell E. Staveland. "Development of NASA-TLX (Task Load Index): results of empirical and theoretical research." In *Advances in Psychology* 52 (1988): 139–83. Amsterdam: North-Holland Publishing.
19 Mark, Gloria, Shamsi Iqbal, Mary Czerwinski, and Paul Johns. "Focused, aroused, but so distractible: temporal perspectives on multitasking and communications." In *Proceedings of the 18th ACM Conference on Computer Supported Cooperative Work & Social Computing*, New York: ACM Press, 903–16. 2015.
20 Mark, Gloria, Shamsi T. Iqbal, Mary Czerwinski, Paul Johns, Akane Sano, and Yuliya Lutchyn. "Email duration, batching and self-interruption: patterns of email use on productivity and stress." In *Proceedings of the 2016 CHI Conference on Human Factors in Computing Systems*, New York: ACM Press, 1717–28. 2016.
21 Pew Research. "Social media fact sheet." 2021. https://www.pewresearch.org/internet/fact-sheet/social-media/.
22 Klosterman, C. "My zombie, myself: why modern life feels rather undead." *The New York Times*, Dec. 3, 2010.
23 Mark, Gloria, Stephen Voida, and Armand Cardello. "A pace not dictated by electrons, an empirical study of work without email." In *Proceedings of the SIGCHI Conference on Human Factors in Computing Systems*, New York: ACM Press, 555–64. 2012.
24 Mark, Gloria, Shamsi T. Iqbal, Mary Czerwinski, Paul Johns, Akane Sano, and Yuliya Lutchyn. "Email duration, batching and self-interruption: Patterns of email use on productivity and stress." In *Proceedings of the 2016 CHI Conference on Human Factors in Computing Systems*, New York: ACM Press, 1717–28. 2016.
25 Akbar, Fatema, Ayse Elvan Bayraktaroglu, Pradeep Buddharaju, Dennis Rodrigo Da Cunha Silva, Ge Gao, Ted Grover, Ricardo Gutierrez-Osuna, et al. "Email makes you sweat: examining email interruptions and stress using thermal imaging." In *Proceedings of the 2019 CHI Conference on Human Factors in Computing Systems*, New York, ACM Press, 1–14. 2019.
26 Miyata, Yoshiro, and Donald A. Norman. "Psychological issues in support of multiple activities." *User Centered System Design: New Perspectives on Human-Computer Interaction*, (1986): 265–84.
27 McFarlane, Daniel C. "Comparison of four primary methods for coordinating the interruption of people in human-computer interaction." *Human-Computer Interaction* 17, no. 1 (2002): 63–139.
28 Bailey, Brian P., and Shamsi T. Iqbal. "Understanding changes in mental workload during execution of goal-directed tasks and its application for interruption management." *ACM Transactions on Computer-Human Interaction (TOCHI)* 14, no. 4 (2008): 1–28.
29 Adamczyk, Piotr D., and Brian P. Bailey. "If not now, when? The effects of interruption at different moments within task execution." In *Proceedings of the SIGCHI Conference on Human Factors in Computing Systems*, New York: ACM Press, 271–8. 2004.
30 Westman, Mina. "Stress and strain crossover." *Human Relations* 54, no. 6 (2001): 717–51.
31 Scullin, Michael K., Madison L. Krueger, Hannah K. Ballard, Natalya Pruett, and Donald L. Bliwise. "The effects of bedtime writing on difficulty falling asleep: a polysomnographic study comparing to-do lists and completed activity lists." *Journal of Experimental Psychology: General*, 147, no. 1 (2018): 139.

第 6 章

1 Bush, Vannevar. "As we may think." *The Atlantic Monthly* 176, no. 1 (1945): 101–8.
2 Chan, Lois Mai, and Athena Salaba. *Cataloging and Classification: An Introduction*. Rowman & Littlefield, 2015.
3 Berkeley, Edmund Callis. *Giant Brains or Machines that Think*. New York: John Wiley & Sons, 1949.『人口頭脳』(E・C・バークレー著、高橋秀俊訳、みすず書房)
4 Ibid.
5 Nelson, T.H. "Complex information processing: a file structure for the complex, the changing and the indeterminate." In *Proceedings of the 1965 ACM 20th National Conference*, (August 1965): 84–100.
6 Nelson, T.H. "Complex information processing: a file structure for the complex, the changing and the indeterminate." In *Proceedings of the 1965 ACM 20th National Conference*, (August 1965): 84–100. Quote on pg. 96.
7 Bardini, Thierry. *Bootstrapping: Douglas Engelbart, Coevolution, and the Origins of Personal Computing*. Stanford: Stanford University Press, 2000.
8 Russell, Bertrand. *Analysis of Mind*. Oxfordshire: Routledge, 2005.『心の分析』(B・ラッセル著、竹尾治一郎訳、勁

44 Auxier, Brooke, and Monica Anderson. "Social media use in 2021." *Pew Research Center.* 2021. https://www.pewresearch.org/internet/2021/04/07/social-media-use-in-2021/.

45 Wang, Yiran, Melissa Niiya, Gloria Mark, Stephanie M. Reich, and Mark Warschauer. "Coming of age (digitally): an ecological view of social media use among college students." In *Proceedings of the 18th ACM Conference on Computer Supported Cooperative Work & Social Computing*, New York: ACM Press, 571–82. 2015.

46 Mark, Gloria, Yiran Wang, and Melissa Niiya. "Stress and multitasking in everyday college life: an empirical study of online activity." In *Proceedings of the SIGCHI Conference on Human Factors in Computing Systems*, New York: ACM Press, 41–50. 2014.

47 Ophir, Eyal, Clifford Nass, and Anthony D. Wagner. "Cognitive control in media multitaskers." *Proceedings of the National Academy of Sciences* 106, no. 37 (2009): 15583–7.

48 Baumgartner, Susanne E., Winneke A. van der Schuur, Jeroen S. Lemmens, and Fam te Poel. "The relationship between media multitasking and attention problems in adolescents: results of two longitudinal studies." *Human Communication Research* 44, no. 1 (2018): 3–30.

49 Green, C. Shawn, and Daphne Bavelier. "Effect of action video games on the spatial distribution of visuospatial attention." *Journal of Experimental Psychology: Human Perception and Performance* 32, no. 6 (2006): 1465.

50 Boot, Walter R., Arthur F. Kramer, Daniel J. Simons, Monica Fabiani, and Gabriele Gratton. "The effects of video game playing on attention, memory, and executive control." *Acta Psychologica* 129, no. 3 (2008): 387–98.

第 5 章

1 Carr, Nicholas. *The Shallows: What the Internet Is Doing to Our Brains*. New York: WW Norton & Company, 2020.『ネット・バカ　インターネットがわたしたちの脳にしていること』（ニコラス・G・カー著、篠儀直子訳、青土社）

2 Goodreads. Martin Luther King Jr. Quotes. Available https://www.goodreads.com/quotes/211372-the-major-problem-of-life-is-learning-how-to-handle.

3 "Manuscript of S T Coleridge's 'Kubla Khan.'" The British Library. Available https://www.bl.uk/collection-items/manuscript-of-s-t-coleridges-kubla-khan.

4 Perlow, Leslie A. "The time famine: toward a sociology of work time." *Administrative Science Quarterly* 44, no. 1 (1999): 57–81.

5 Feldman, Elana, and David Greenway. "It's a matter of time: the role of temporal perceptions in emotional experiences of work interruptions." *Group & Organization Management*, (2020): 1059601120959288.

6 Zeigarnik, Andrey V. "Bluma Zeigarnik: a memoir." *Gestalt Theory*, no. 3 (2007): 256–68.

7 Zeigarnik, Bluma. "On finished and unfinished tasks." (1938). Originally published as *Das Behalten erledigter und unerledigter Handlungen (1927).* https://scholar.google.com/scholar?hl=en&as_sdt=0%2C33&q=On+finished+and+unfinished+tasks+Zeigarnik&btn G=.

8 Lewin, Kurt. "Field theory and experiment in social psychology: concepts and methods." *American Journal of Sociology* 44, no. 6 (1939): 868–96.

9 Zeigarnik, Andrey V. "Bluma Zeigarnik: a memoir." *Gestalt Theory*, no. 3 (2007): 256–68.

10 González, Victor M., and Gloria Mark. "'Constant, constant, multi-tasking craziness': managing multiple working spheres." In *Proceedings of the SIGCHI Conference on Human Factors in Computing Systems*, New York: ACM Press, 113–20. 2004.

11 Jin, Jing, and Laura A. Dabbish. "Self-interruption on the computer: a typology of discretionary task interleaving." In *Proceedings of the SIGCHI conference on human factors in computing systems*, New York: ACM Press, 1799–808. 2009.

12 Lally, Phillippa, Cornelia H. M. Van Jaarsveld, Henry W. W. Potts, and Jane Wardle. "How are habits formed: Modelling habit formation in the real world." *European Journal of Social Psychology* 40, no. 6 (2010): 998–1009.

13 Dabbish, Laura, Gloria Mark, and Víctor M. González. "Why do I keep interrupting myself? Environment, habit and self-interruption." In *Proceedings of the SIGCHI Conference on Human Factors in Computing Systems*, New York: ACM Press, 3127–30. 2011.

14 Altmann, E. M., and J. G. Trafton. "Memory for goals: an activation – based model." *Cognitive Science* 26, no. 1 (2002): 39–83.

15 Altmann, Erik M., and J. Gregory Trafton. "Timecourse of recovery from task interruption: data and a model." *Psychonomic Bulletin & Review* 14, no. 6 (2007): 1079–84.

16 Mark, Gloria, Daniela Gudith, and Ulrich Klocke. "The cost of interrupted work: more speed and stress." In *Proceedings of the SIGCHI Conference on Human Factors in Computing Systems*, New York: ACM Press, 107–

work." In *Proceedings of the SIGCHI Conference on Human Factors in Computing Systems*, New York: ACM Press, 321–30. 2005.

24 Jersild, Arthur T. "Mental set and shift." *Archives of Psychology*, (1927).

25 Wegner, Daniel M., and Ralph Erber. "The hyperaccessibility of suppressed thoughts." *Journal of Personality and Social Psychology* 63, no. 6 (1992): 903.

26 Adler, Rachel F., and Raquel Benbunan-Fich. "Self-interruptions in discretionary multitasking." *Computers in Human Behavior* 29, no. 4 (2013): 1441–9.

27 Bailey, Brian P., and Joseph A. Konstan. "On the need for attention-aware systems: measuring effects of interruption on task performance, error rate, and affective state." *Computers in Human Behavior* 22, no. 4 (2006): 685–708.

28 Westbrook, Johanna I., Magdalena Z. Raban, Scott R. Walter, and Heather Douglas. "Task errors by emergency physicians are associated with interruptions, multitasking, fatigue and working memory capacity: a prospective, direct observation study." *BMJ Quality & Safety* 27, no. 8 (2018): 655–63.

29 Loukopoulos, Loukia D., R. Key Dismukes, and Immanuel Barshi. "Cockpit interruptions and distractions: a line observation study." In *Proceedings of the 11th International Symposium on Aviation Psychology*, 1–6. Columbus: Ohio State University Press, 2001.

30 Leroy, Sophie. "Why is it so hard to do my work? The challenge of attention residue when switching between work tasks." *Organizational Behavior and Human Decision Processes* 109, no. 2 (2009): 168–81.

31 Mark, Gloria, Shamsi Iqbal, Mary Czerwinski, and Paul Johns. "Focused, aroused, but so distractible: temporal perspectives on multitasking and communications." In *Proceedings of the 18th ACM Conference on Computer Supported Cooperative Work & Social Computing*, New York: ACM Press, 903–16. 2015.

32 Wetherell, Mark A., and Martin C. Sidgreaves. "Secretory immunoglobulin – A reactivity following increases in workload intensity using the Defined Intensity Stressor Simulation (DISS)." *Stress and Health: Journal of the International Society for the Investigation of Stress* 21, no. 2 (2005): 99–106.

33 Mark, Gloria, Daniela Gudith, and Ulrich Klocke. "The cost of interrupted work: more speed and stress." In *Proceedings of the SIGCHI Conference on Human Factors in Computing Systems*, New York: ACM Press, 107–10. 2008.

34 Wetherell, Mark A., and Kirsty Carter. "The multitasking framework: the effects of increasing workload on acute psychobiological stress reactivity." *Stress and Health* 30, no. 2 (2014): 103–9.

35 Reinecke, Leonard, Stefan Aufenanger, Manfred E. Beutel, Michael Dreier, Oliver Quiring, Birgit Stark, Klaus Wölfling, and Kai W. Müller. "Digital stress over the life span: the effects of communication load and internet multitasking on perceived stress and psychological health impairments in a German probability sample." *Media Psychology* 20, no. 1 (2017): 90–115.

36 Mark, Gloria, Shamsi Iqbal, Mary Czerwinski, and Paul Johns. "Focused, aroused, but so distractible: temporal perspectives on multitasking and communications." In *Proceedings of the 18th ACM Conference on Computer Supported Cooperative Work & Social Computing*, New York: ACM Press, 903–16. 2015.

37 Mark, Gloria, Shamsi T. Iqbal, Mary Czerwinski, Paul Johns, and Akane Sano. "Neurotics can't focus: an in situ study of online multitasking in the workplace." In *Proceedings of the 2016 CHI Conference on Human Factors in Computing Systems*, New York: ACM Press, 1739–44. 2016.

38 Rideout, Victoria, and Michael B. Robb. "The Common Sense census: media use by kids age zero to eight." San Francisco: Common Sense Media, 2020. https://www.commonsensemedia.org/sites/default/files/uploads/research/ 2020_zero_to_eight_census_final_web.pdf.

39 Plude, Dana J., Jim T. Enns, and Darlene Brodeur. "The development of selective attention: a life-span overview." *Acta Psychologica* 86, no. 2–3 (1994): 227–72.

40 Welsh, Marilyn C., Bruce F. Pennington, and Dena B. Groisser. "A normative – developmental study of executive function: a window on prefrontal function in children." *Developmental Neuropsychology* 7, no. 2 (1991): 131–49.

41 Statement of Frances Haugen, Oct. 4, 2021. "United States Senate Committee on Commerce, Science and Transportation." https://www.commerce.senate.gov/services/files/FC8A558E-824E-4914-BEDB-3A7B1190BD49.

42 Anderson, Monica, and Jingjing Jiang. "Teens, social media & technology 2018." *Pew Research Center* 31, no. 2018 (2018): 1673–89.

43 Ceci, L. "TikTok—Statistics & Facts. 2022." Statista. https://www.statista.com/topics/6077/tiktok/#topicHeader__wrapper.

ACM Press, 555–64. 2012.

Mark, Gloria, Shamsi T. Iqbal, Mary Czerwinski, and Paul Johns. "Bored Mondays and focused afternoons: the rhythm of attention and online activity in the workplace." *Proceedings of the SIGCHI Conference on Human Factors in Computing Systems*, New York: ACM Press, 3025–34. 2014. Mark, Gloria, Shamsi T. Iqbal, Mary Czerwinski, Paul Johns, and Akane Sano. "Neurotics can't focus: an in situ study of online multitasking in the workplace." *Proceedings of the 2016 CHI Conference on Human Factors in Computing Systems*, New York: ACM Press, 1739–44. 2016.

Meyer, Andre N., Laura E. Barton, Gail C. Murphy, Thomas Zimmermann, and Thomas Fritz. "The work life of developers: activities, switches and perceived productivity." *IEEE Transactions on Software Engineering* 43, no. 12 (2017): 1178–93.

Yeykelis, Leo, James J. Cummings, and Byron Reeves. "Multitasking on a single device: arousal and the frequency, anticipation, and prediction of switching between media content on a computer." *Journal of Communication* 64, no. 1 (2014): 167–92.

13 Leroy, Sophie. "Why is it so hard to do my work? The challenge of attention residue when switching between work tasks." *Organizational Behavior and Human Decision Processes* 109, no. 2 (2009): 168–81.

14 Horne, J. H., and T. Lupton. "The work activities of 'middle' managers—an exploratory study." *The Journal of Management Studies* 2 (1965): 14–33.

15 Mintzberg, H. "Structured observation as a method to study managerial work." *The Journal of Management Studies* 7 (1970): 87–104.

16 Sproull, L. S. "The nature of managerial attention." *Advances in Information Processing in Organizations* 1 (1984): 9–27.

17 González, Victor M., and Gloria Mark. "'Constant, constant, multi-tasking craziness': managing multiple working spheres." *Proceedings of the SIGCHI Conference on Human Factors in Computing Systems*, New York: ACM Press, 113–20. 2004.

18 Das Swain, Vedant, Koustuv Saha, Hemang Rajvanshy, Anusha Sirigiri, Julie M. Gregg, Suwen Lin, Gonzalo J. Martinez, et al. "A multisensor person-centered approach to understand the role of daily activities in job performance with organizational personas." *Proceedings of the ACM on Interactive, Mobile, Wearable and Ubiquitous Technologies* 3, no. 4 (2019): 1–27.

19 Das Swain, Vedant, Koustuv Saha, Hemang Rajvanshy, Anusha Sirigiri, Julie M. Gregg, Suwen Lin, Gonzalo J. Martinez, et al. "A multisensor person-centered approach to understand the role of daily activities in job performance with organizational personas." *Proceedings of the ACM on Interactive, Mobile, Wearable and Ubiquitous Technologies* 3, no. 4 (2019): 1–27.

González, Victor M., and Gloria Mark. "'Constant, constant, multi-tasking craziness': managing multiple working spheres." In *Proceedings of the SIGCHI Conference on Human Factors in Computing Systems*, New York: ACM Press, 113–20. 2004.

Horne, J. H., and T. Lupton. "The work activities of 'middle' managers-an exploratory study." *The Journal of Management Studies* 2 (1965): 14–33.

Hudson, J. M., J. Christensen, W. A. Kellogg, and T. Erickson. "'I'd be overwhelmed, but it's just one more thing to do': availability and interruption in research management." In *Proceedings of CHI 2002*, 97–104. New York: ACM Press, 2002.

Mintzberg, H. "Structured observation as a method to study managerial work." *The Journal of Management Studies* 7 (1970): 87–104.

Sproull, L. S. "The nature of managerial attention." *Advances in Information Processing in Organizations* 1 (1984): 9–27.

20 González, Victor M., and Gloria Mark. "'Constant, constant, multi-tasking craziness': managing multiple working spheres." *Proceedings of the SIGCHI Conference on Human Factors in Computing Systems*, New York: ACM Press, 113–20. 2004.

21 Mark, Gloria, Victor M. González, and Justin Harris. "No task left behind? Examining the nature of fragmented work." In *Proceedings of the SIGCHI Conference on Human Factors in Computing Systems*, New York: ACM Press, 321–30. 2005.

22 Van Merrienboer, Jeroen J. G., and John Sweller. "Cognitive load theory and complex learning: recent developments and future directions." *Educational Psychology Review* 17, no. 2 (2005): 147–77.

23 Mark, Gloria, Victor M. González, and Justin Harris. "No task left behind? Examining the nature of fragmented

20 Carrier, Julie, and Timothy H. Monk. "Circadian rhythms of performance: new trends." *Chronobiology International* 17, no. 6 (2000): 719–32.

21 Busch, Niko A., and Rufin VanRullen. "Spontaneous EEG oscillations reveal periodic sampling of visual attention." *Proceedings of the National Academy of Sciences* 107, no. 37 (2010): 16048–53.

22 Mark, Gloria, Shamsi T. Iqbal, Mary Czerwinski, and Paul Johns. "Bored Mondays and focused afternoons: the rhythm of attention and online activity in the workplace." *Proceedings of the SIGCHI Conference on Human Factors in Computing Systems*, New York: ACM Press, 3025–34. 2014.

23 Mark, Gloria, Shamsi T. Iqbal, Mary Czerwinski, and Paul Johns. "Bored Mondays and focused afternoons: the rhythm of attention and online activity in the workplace." *Proceedings of the SIGCHI Conference on Human Factors in Computing Systems*, New York: ACM Press, 3025–34. 2014.

24 Mark, Gloria, Shamsi Iqbal, Mary Czerwinski, and Paul Johns. "Focused, aroused, but so distractible: temporal perspectives on multitasking and communications." *Proceedings of the 18th ACM Conference on Computer Supported Cooperative Work & Social Computing*, New York: ACM Press, 903–16. 2015.

25 Abdullah, Saeed, Elizabeth L. Murnane, Mark Matthews, Matthew Kay, Julie A. Kientz, Geri Gay, and Tanzeem Choudhury. "Cognitive rhythms: unobtrusive and continuous sensing of alertness using a mobile phone." *Proceedings of the 2016 ACM International Joint Conference on Pervasive and Ubiquitous Computing*, 78–189. 2016.

26 Valdez, Pablo, Candelaria Ramírez, Aída García, Javier Talamantes, and Juventino Cortez. "Circadian and homeostatic variation in sustained attention." *Chronobiology International* 27, no. 2 (2010): 393–416.

27 Behrens, John. *America's Music Makers: Big Bands and Ballrooms: 1911-2011*. Bloomington: AuthorHouse, 2011.

第 4 章

1 Metcalfe, Bob. "Microsoft and Netscape open some new fronts in escalating Web Wars." *InfoWorld*, Aug. 21, 1995: 35.

2 Smith, Monica L. *A Prehistory of Ordinary People*. Tucson: University of Arizona Press, 2010.

3 Medeiros-Ward, Nathan, Jason M. Watson, and David L. Strayer. "On supertaskers and the neural basis of efficient multitasking." *Psychonomic Bulletin & Review* 22, no. 3 (2015): 876–83.

4 Poposki, Elizabeth M., and Frederick L. Oswald. "The multitasking preference inventory: toward an improved measure of individual differences in polychronicity." *Human Performance* 23, no. 3 (2010): 247–64.

5 Kaufman, Carol Felker, Paul M. Lane, and Jay D. Lindquist. "Exploring more than 24 hours a day: a preliminary investigation of polychronic time use." *Journal of Consumer Research* 18, no. 3 (1991): 392–401.

6 Cherry, E. Colin. "Some experiments on the recognition of speech, with one and with two ears." *The Journal of the Acoustical Society of America* 25, no. 5 (1953): 975–9.

7 Taylor, Frederick Winslow. *The Principles of Scientific Management*. New York: Cosimo Classics, 2010.『科学的管理法』(フレデリック・W・テイラー著、有賀裕子訳、ダイヤモンド社)

8 González, Victor M., and Gloria Mark. "'Constant, constant, multi-tasking craziness': managing multiple working spheres." *Proceedings of the SIGCHI Conference on Human Factors in Computing Systems*, New York: ACM Press, 113–20. 2004.

9 Meyer, Andre N., Laura E. Barton, Gail C. Murphy, Thomas Zimmermann, and Thomas Fritz. "The work life of developers: activities, switches and perceived productivity." *IEEE Transactions on Software Engineering* 43, no. 12 (2017): 1178–93.

10 Akbar, Fatema. *Stress and Human-Computer Interaction at the Workplace: Unobtrusive Tracking with Wearable Sensors and Computer Logs*. Unpublished PhD dissertation, University of California, Irvine, 2021.

11 Mark, Gloria, Shamsi T. Iqbal, Mary Czerwinski, Paul Johns, and Akane Sano. "Neurotics can't focus: an in situ study of online multitasking in the workplace." *Proceedings of the 2016 CHI Conference on Human Factors in Computing Systems*, New York: ACM Press, 1739–44. 2016.

12 Akbar, Fatema. *Stress and Human-Computer Interaction at the Workplace: Unobtrusive Tracking with Wearable Sensors and Computer Logs*. Unpublished PhD dissertation, University of California, Irvine, 2021.
González, Victor M., and Gloria Mark. "'Constant, constant, multi-tasking craziness': managing multiple working spheres." *Proceedings of the SIGCHI Conference on Human Factors in Computing Systems*, New York: ACM Press, 113–20. 2004.
Mark, Gloria, Stephen Voida, and Armand Cardello. "A pace not dictated by electrons, an empirical study of work without email." *Proceedings of the SIGCHI Conference on Human Factors in Computing Systems*, New York:

no. 10 (2012): 1117–22.

17 Kane, Michael J., and Jennifer C. McVay. "What mind wandering reveals about executive-control abilities and failures." *Current Directions in Psychological Science* 21, no. 5 (2012): 348–54.

18 Levy, David M., Jacob O. Wobbrock, Alfred W. Kaszniak, and Marilyn Ostergren. "The effects of mindfulness meditation training on multitasking in a high-stress information environment." *Proceedings of Graphics Interface*, (2012): 45-52.

19 Herrnstein, R.J. On the law of effect 1. *Journal of the Experimental Analysis of Behavior* 13, no. 2 (1970): 243-66.

20 Johnson, Samuel. *The Works of Samuel Johnson.* London: Jones & Co., 1825.

21 Baudrillard, J. *Simulacra and Simulation*. Ann Arbor, MI: University of Michigan Press, 1994.『シミュラークルとシミュレーション』（ジャン・ボードリヤール著、竹原あき子訳、法政大学出版局）

22 "The state of online gaming." Limelight, 2020. Accessed July 2022. https://de.limelight.com/resources/white-paper/state-of-online-gaming-2020/.

23 Kahneman, D. *Attention and Effort*. Englewood Cliffs, NJ: Prentice Hall, 1973.

24 James, William. *The Principles of Psychology*. Vol. 1, New York: Holt, 1890, pg. 403

第 3 章

1 Charney, Noah. "Maya Angelou: how I write." *The Daily Beast*, April 10, 2013, https://www.thedailybeast.com/maya-angelou-how-i-write.

2 Locke, John. *An Essay Concerning Human Understanding*. Philadelphia: Kay & Troutman, 1847.『人間知性論』（ジョン・ロック著、大槻春彦訳、岩波書店）

3 James, William. The Principles of Psychology. Vol. 1, New York: Holt, 1890, pg. 403.

4 Tellegen, Auke, and Gilbert Atkinson. "Openness to absorbing and self-altering experiences ('absorption'), a trait related to hypnotic susceptibility." *Journal of Abnormal Psychology* 83, no. 3 (1974): 268.

5 Lifshitz, Michael, Michiel van Elk, and Tanya M. Luhrmann. "Absorption and spiritual experience: a review of evidence and potential mechanisms." *Consciousness and Cognition* 73 (2019): 102760.

6 Angiulo, Michael J., and John F. Kihlstrom. "Dissociative experiences in a college population." Unpublished manuscript, University of Arizona, 1993.

7 Webster, Jane, and Hayes Ho. "Audience engagement in multimedia presentations." *ACM SIGMIS Database: The DATABASE for Advances in Information Systems* 28, no. 2 (1997): 63–77.

8 Csikszentmihalyi, Mihaly. *Flow: The Psychology of Optimal Experience.* New York: Harper & Row, 1990.『フロー体験　喜びの現象学』（M・チクセントミハイ著、今村浩明訳、世界思想社）

9 Friedman, William. *About Time: Inventing the Fourth Dimension*. The MIT Press, 1990.

10 Hektner, Joel M., Jennifer A. Schmidt, and Mihaly Csikszentmihalyi. *Experience Sampling Method: Measuring the Quality of Everyday Life*. Thousand Oaks, CA: Sage, 2007.

11 Plimpton, George. "Maya Angelou, the art of fiction." *The Paris Review* 119, no. 116 (1990). https://theparisreview.org/interviews/2279/the-art-of-fiction-no-119-maya-angelou.

12 Nakamura, Jeanne, and Mihaly Csikszentmihalyi. "The concept of flow." In *Flow and the Foundations of Positive Psychology*, 239–63. Dordrecht: Springer, 2014.

13 Mark, Gloria, Shamsi T. Iqbal, Mary Czerwinski, and Paul Johns. "Bored Mondays and focused afternoons: the rhythm of attention and online activity in the workplace." *Proceedings of the SIGCHI Conference on Human Factors in Computing Systems*, New York: ACM Press, 3025–34. 2014.

14 LeFevre, Judith. "Flow and the quality of experience during work and leisure." Cambridge: Cambridge University Press, 1988.

15 Curry, David. "Candy Crush revenue and usage statistics." *Business of Apps*, 2021. https://www.businessofapps.com/data/candy-crush-statistics/.

16 Sweney, Mark. "More than 9m play Candy Crush for three hours or more a day." *The Guardian*, June 26, 2019. https://www.theguardian.com/games/2019/jun/26/more-than-9m-play-candy-crush-for-three-hours-or-more-a-day-addiction.

17 Mikulas, William L., and Stephen J. Vodanovich. "The essence of boredom." *The Psychological Record* 43, no. 1 (1993): 3.

18 Fisher, Cynthia D. "Boredom at work: a neglected concept." *Human Relations* 46, no. 3 (1993): 395–417.

19 Valdez, Pablo, Candelaria Ramírez, Aída García, Javier Talamantes, Pablo Armijo, and Jorge Borrani. "Circadian rhythms in components of attention." *Biological Rhythm Research* 36, no. 1–2 (2005): 57–65.

17 Midha, Serena, Horia A. Maior, Max L. Wilson, and Sarah Sharples. "Measuring mental workload variations in office work tasks using fNIRS." *International Journal of Human-Computer Studies* 147 (2021): 102580.

18 Norman, Donald A., and Tim Shallice. "Attention to action." In *Consciousness and Self-Regulation*, 1-18. Boston: Springer, 1986.

19 Wickens, Christopher D. "Multiple resources and mental workload." *Human Factors* 50, no. 3 (2008): 449–55.

20 Kalimo, Raija, and Theo Mejman. "Psychological and behavioural responses to stress at work." *Psychosocial Factors at Work and Their Relation to Health* (1987): 23–36.

21 Hunter, Mary Carol R., Brenda W. Gillespie, and Sophie Yu-Pu Chen. "Urban nature experiences reduce stress in the context of daily life based on salivary biomarkers." *Frontiers in Psychology* 10 (2019): 722.

22 Rosenberg, Monica, Sarah Noonan, Joseph DeGutis, and Michael Esterman. "Sustaining visual attention in the face of distraction: a novel gradual-onset continuous performance task." *Attention, Perception, & Psychophysics* 75, no. 3 (2013): 426–39.

23 Fortenbaugh, F. C., D. Rothlein, R. McGlinchey, J. DeGutis, and M. Esterman. 2018. "Tracking behavioral and neural fluctuations during sustained attention: a robust replication and extension." *Neuroimage* 171, (2018): 148–64.

24 Esterman, M., and D. Rothlein. "Models of sustained attention." *Current Opinion in Psychology* 29, (2019): 174-80.

25 Monsell, S. "Task switching." *Trends in Cognitive Sciences* 7, no. 3 (March 2003): 134–40.

26 Bartlett, Frederic Charles, and F.C. Bartlett. *Remembering: A Study in Experimental and Social Psychology.* Cambridge: Cambridge University Press, 1932.『想起の心理学　実験的社会的心理学における一研究』（F・C・バートレット著、宇津木保、辻正三訳、誠信書房）

第 2 章

1 Chun, Marvin M., and Jeremy M. Wolfe. "Visual attention." *Blackwell Handbook of Perception*, (2001): 272310.

2 Birnbaum, I. M., and E. S. Parker. *Alcohol and Human Memory*. Lawrence Erlbaum Associates, 1977.

3 Stroop, J. Ridley. "Studies of interference in serial verbal reactions." *Journal of Experimental Psychology* 18, no. 6 (1935): 643.

4 Culler, Arthur Jerome. *Interference and Adaptability: An Experimental Study of Their Relation with Special Reference to Individual Differences*. No. 24. Science Press: 1912.

5 Blain, B., G. Hollard, and M. Pessiglione. "Neural mechanisms underlying the impact of daylong cognitive work on economic decisions." *Proceedings of the National Academy of Sciences* 113, no. 25 (2016): 6967–72.

6 James, William. *The Principles of Psychology*. Vol. 1, New York: Holt, 1890, pg. 403.『心理学の根本問題』（ウィリアム・ジェームス著、松浦孝作訳、三笠書房）

7 Chun, Marvin M., and Jeremy M. Wolfe. "Visual attention." *Blackwell Handbook of Perception*, (2001): 272310.

8 Monsell, S. (2003). "Task switching." *Trends in Cognitive Sciences* 7, no. 3 (March 2003): 134–40.

9 Nasar, J. L., and D. Troyer. "Pedestrian injuries due to mobile phone use in public places." *Accident Analysis & Prevention* 57 (2013): 91–5.

10 Shapiro, Emily. 2021. "How hiker overcame mental hurdles to survive 8 days missing in wilderness." ABC News, June 30, 2021, https://abcnews.go.com/US/hiker-overcame-mental-hurdles-survive-days-missing-wilderness/story?id=78533463.

11 Paxton, J. L., D. M. Barch, C. A. Racine, and T. S. Braver. "Cognitive control, goal maintenance, and prefrontal function in healthy aging." *Cerebral Cortex* 18, no. 5 (2008): 1010–28.

12 Braver, T. S., and J. D. Cohen. "On the control of control: the role of dopamine in regulating prefrontal function and working memory." *Control of Cognitive Processes: Attention and Performance XVIII*, (2000): 713–37.

13 Blain, B., G. Hollard, and M. Pessiglione. "Neural mechanisms underlying the impact of daylong cognitive work on economic decisions." *Proceedings of the National Academy of Sciences* 113, no. 25 (2016): 6967–72.

14 Collopy, F. "Biases in retrospective self-reports of time use: an empirical study of computer users." *Management Science* 42, no. 5 (1996): 758–67.

15 Kane, Michael J., Leslie H. Brown, Jennifer C. McVay, Paul J. Silvia, Inez Myin-Germeys, and Thomas R. Kwapil. "For whom the mind wanders, and when: an experience-sampling study of working memory and executive control in daily life." *Psychological Science* 18, no. 7 (2007): 614–21.

16 Baird, Benjamin, Jonathan Smallwood, Michael D. Mrazek, Julia W. Y. Kam, Michael S. Franklin, and Jonathan W. Schooler. "Inspired by distraction: mind wandering facilitates creative incubation." *Psychological Science* 23,

[注]

はじめに

1 Fink, George. "Stress: the health epidemic of the 21st century." Elsevier SciTech Connect. http://scitechconnect.elsevier.com/stress-health-epidemic-21st-century/.

2 Mark, Gloria, Stephen Voida, and Armand Cardello. "A pace not dictated by electrons, an empirical study of work without email." *Proceedings of the SIGCHI Conference on Human Factors in Computing Systems*, New York: ACM Press, 2012: 555–64.

3 Simon, H. A. "Designing organizations for an information-rich world." In *Computers, Communication, and the Public Interest,* edited by Martin Greenberger, 40–1. Baltimore: The Johns Hopkins Press, 1971.

4 Song, Peige, Mingming Zha, Qingwen Yang, Yan Zhang, Xue Li, and Igor Rudan. "The prevalence of adult attention-deficit hyperactivity disorder: a global systematic review and meta-analysis." *Journal of Global Health* 11 (2021).

5 Danielson, Melissa L., Rebecca H. Bitsko, Reem M. Ghandour, Joseph R. Holbrook, Michael D. Kogan, and Stephen J. Blumberg. "Prevalence of parent-reported ADHD diagnosis and associated treatment among US children and adolescents, 2016." *Journal of Clinical Child & Adolescent Psychology* 47, no. 2 (2018): 199–212.

6 Seo, Mihye, Jung-Hyun Kim, and Prabu David. "Always connected or always distracted? ADHD symptoms and social assurance explain problematic use of mobile phone and multicommunicating." *Journal of Computer-Mediated Communication* 20, no. 6 (2015): 667–81.

7 Currey, Mason, ed. *Daily Rituals: How Artists Work*. New York: Knopf, 2013.『天才たちの日課　クリエイティブな人々の必ずしもクリエイティブでない日々』（メイソン・カリー著、金原瑞人、石田文子訳、フィルムアート社）

第 1 章

1 James, William. *The Letters of William James*. Vol. 1. Little, Brown, 1920.

2 James, William. *The Principles of Psychology*. Vol. 1, New York: Holt, 1890, pg. 403.『心理学の根本問題』（ウィリアム・ジェームス著、松浦孝作訳、三笠書房）

3 同上

4 Raz, Amir, and Jason Buhle. "Typologies of attentional networks." *Nature Reviews Neuroscience* 7, no. 5 (2006): 367–79.

5 Kahneman, Daniel. *Attention and Effort*. Vol. 1063. Englewood Cliffs, NJ: Prentice-Hall, 1973.

6 Banich, M.T. "Executive function: the search for an integrated account." *Current Directions in Psychological Science* 18, no. 2 (2009): 89–94.

7 Kahneman, Daniel. *Attention and Effort*. Vol. 1063. Englewood Cliffs, NJ: Prentice-Hall, 1973.

8 Wickens, Christopher D. *Processing Resources and Attention*. CRC Press, 2020.

9 Valdez, Pablo, Candelaria Ramírez, Aída García, Javier Talamantes, and Juventino Cortez. "Circadian and homeostatic variation in sustained attention." *Chronobiology International* 27, no. 2 (2010): 393–416.

10 Wickens, Christopher D. "Multiple resources and mental workload." *Human Factors* 50, no. 3 (2008): 449–55.

11 Schneider, Walter, Sue T. Dumais, and Richard M. Shiffrin. *Automatic/Control Processing and Attention*. Illinois University Champaign Human Attention Research Lab, 1982.

12 Wickens, Christopher D. "Multiple resources and mental workload." *Human Factors* 50, no. 3 (2008): 449–55.

13 Sirois, Sylvain, and Julie Brisson. "Pupillometry." *Wiley Interdisciplinary Reviews: Cognitive Science* 5, no. 6 (2014): 679–92.

14 Warm, Joel S., Gerald Matthews, and Victor S. Finomore Jr. "Vigilance, workload, and stress." In *Performance Under Stress*, 131–58. CRC Press, 2018.

15 Warm, Joel S., and Raja Parasuraman. "Cerebral hemodynamics and vigilance." In *Neuroergonomics: The Brain at Work*, 146–58. 2007.

16 Hitchcock, Edward M., Joel S. Warm, Gerald Matthews, William N. Dember, Paula K. Shear, Lloyd D. Tripp, David W. Mayleben, and Raja Parasuraman. "Automation cueing modulates cerebral blood flow and vigilance in a simulated air traffic control task." *Theoretical Issues in Ergonomics Science* 4, no. 1–2 (2003): 89–112.

著者紹介　グロリア・マーク（Gloria Mark, PhD）

心理学者・情報科学者。カリフォルニア大学アーバイン校総長特任教授。コロンビア大学で心理学の博士号取得後、約20年にわたりデジタルメディアが人間の生活に与える影響を研究する。主な研究テーマは、マルチタスク、集中の中断、デジタル機器の使用にともなう感情など。これまでに200以上の論文を発表し、テクノロジーに関する優れた学術研究に与えられる「グーグル・リサーチ・アワード」を2度受賞。その業績はニューヨーク・タイムズ、ウォール・ストリート・ジャーナルなどに紹介されている。本書が初の著書となる。

訳者紹介　依田卓巳（よだ・たくみ）

翻訳家。東京大学法学部卒。主な訳書に『使える脳の鍛え方』（ピーター・ブラウン他著、NTT出版）、『善と悪のパラドックス』（リチャード・ランガム著、NTT出版）、『チャヴ』（オーウェン・ジョーンズ著、海と月社）、『AGELESS（エイジレス）』（アンドリュー・スティール著、共訳、NewsPicksパブリッシング）、『ザ・コピーライティング』（ジョン・ケープルズ著、共訳、ダイヤモンド社）などがある。

ATTENTION SPAN（アテンション・スパン）
――デジタル時代の「集中力」の科学

2024年3月25日　1版1刷

著者　グロリア・マーク
訳者　依田卓巳

発行者　國分正哉
発行　株式会社日経BP
日本経済新聞出版
発売　株式会社日経BPマーケティング
〒105-8308 東京都港区虎ノ門4-3-12

ブックデザイン　小口翔平＋後藤司＋須貝美咲（tobufune）
本文DTP　CAPS
印刷・製本　シナノ印刷株式会社

ISBN 978-4-296-11733-8